2 MINUTES TO MIDNIGHT

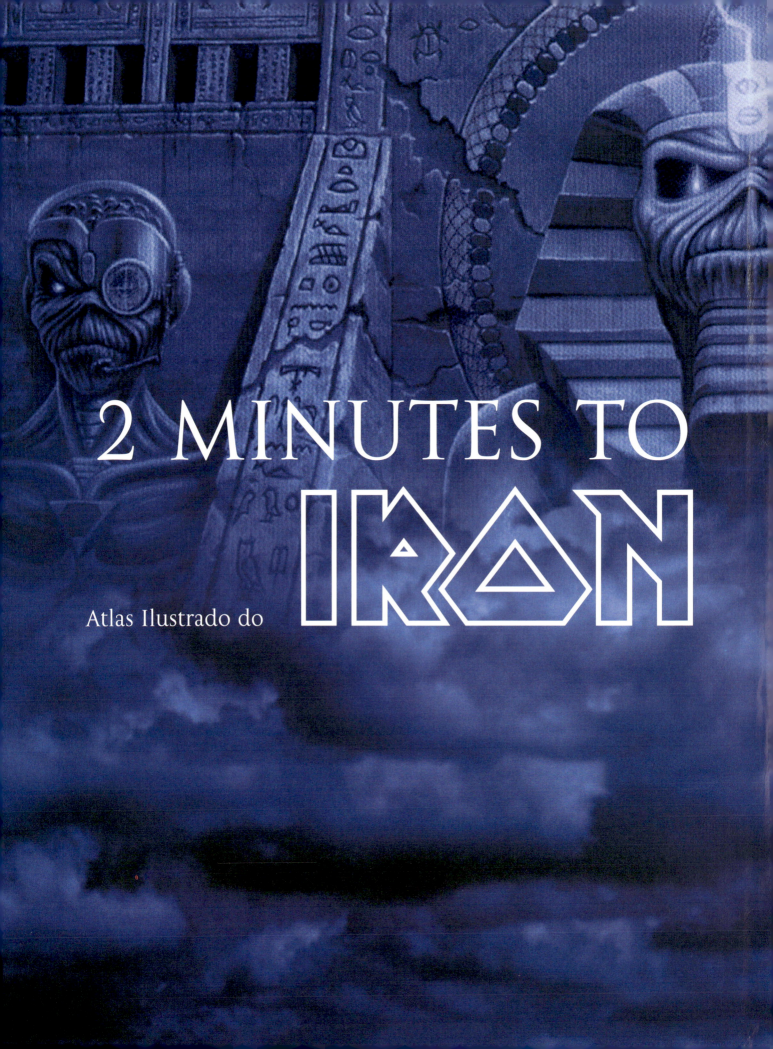

MIDNIGHT MAIDEN

O definitivo e mais completo guia sobre a banda

MARTIN POPOFF

Rio de Janeiro, 2019
1ª edição

Copyright © 2013 by Martin Popoff
Publicado mediante contrato com Backbeat Books, um selo editorial da Hal Leonard Corporation.

TÍTULO ORIGINAL
2 Minutes to Midnight — an Iron Maiden Day-by-day

CAPA
Elmo Rosa

PROJETO GRÁFICO
Damien Castaneda

TRADUÇÃO
Renato Viliegas
Ananda Alves

EDITORAÇÃO
Kátia Regina Silva | editorîarte

Impresso no Brasil
Printed in Brazil
2019

CIP-BRASIL. CATALOGAÇÃO NA PUBLICAÇÃO
SINDICATO NACIONAL DOS EDITORES DE LIVROS, RJ
MERI GLEICI RODRIGUES DE SOUZA – BIBLIOTECÁRIA CRB-7/6439

P865t

Popoff, Martin, 1963-
     2 minutes to midnight: atlas ilustrado do Iron Maiden: o definitivo e mais completo guia sobre a banda/Martin Popoff; [tradução Renato Viliegas, Ananda Alves]. – 1. ed. – Rio de Janeiro: Valentina, 2019.
     256p.: il.; 28 cm.

     Tradução de: 2 minutes to midnight: an Iron Maiden day-by-day
     ISBN 978-85-5889-098-4

     1. Iron Maiden (Conjunto musical). 2. Grupos de rock – Inglaterra – Biografia. I. Viliegas, Renato. II. Alves, Ananda. III. Título.

19-59893	CDD: 927.8166
	CDU: 929:78.071.2

Todos os livros da Editora Valentina estão em conformidade com
o novo Acordo Ortográfico da Língua Portuguesa.

Todos os direitos desta edição reservados à

EDITORA VALENTINA
Rua Santa Clara 50/1107 – Copacabana
Rio de Janeiro – 22041-012
Tel/Fax: (21) 3208-8777
www.editoravalentina.com.br

Sumário

INTRODUÇÃO	7
OS PRIMÓRDIOS	12
OS ANOS 70	22
OS ANOS 80	44
OS ANOS 90	130
OS ANOS 2000	184
OS ANOS 2010	228
DISCOGRAFIA SELECIONADA	243
FONTES	251
SOBRE O AUTOR	255

Introdução

AH, Iron Maiden. Por mais que nós, superfãs, gritemos e ranjamos os dentes para os altos e baixos dos deuses do rock do Rod, não deixamos de aplaudir a forma como as coisas aconteceram e fizeram com que a banda superasse vagarosa, metódica e inquestionavelmente todas as adversidades e se tornasse, apenas com pequenas cicatrizes, maior e maior conforme os anos foram passando. Não se trata apenas de uma vitória para o New Wave of British Heavy Metal (NWOBHM) e seu puro heavy metal de raiz, mas também para o heavy metal simples, executado com ferramentas tradicionais. São todas essas coisas, e também um conceito mais profundo: a ideia de que a banda, em sua busca de se tornar grande, bebeu numa fonte mais vasta da cultura pop, assim como fez o Kiss, e até um pouco na mesma toada, durante o mesmo período de tempo e pelo mesmo passar vagaroso de anos, o AC/DC, o Aerosmith e até mesmo o Lynyrd Skynyrd. A questão aqui é que gente não ligada ao rock consegue entender referências ao Maiden, algo que costuma deixar completamente intrigadas pessoas como nós, o exército de jaquetas jeans lotadas de patches que encontrou uma coisa caótica, perigosa e sedutora naquele disco de estreia autointitulado, cheio de pretensões ainda maiores do que nomes como Tygers, Quartz, Fist, Saxon e até mesmo Angel Witch, sons mais próximos a um competidor direto que o Iron Maiden tinha lá em 1980.

Há algumas outras coisas em cena também que fizeram do Maiden o icônico exército que ele se tornou. Há uma uniformidade em seus produtos oficiais, há uma galeria de verdadeiros hinos e hits que a banda colecionou ao longo dos anos, e há a energia inspiradora que o grupo emana em suas apresentações ao vivo, ao ponto de ficar fácil perceber que a banda e seus fãs fiéis estão juntos, lutando a mesma guerra cultural lado a lado. E quem são os vilões nessa guerra? Bem, no fundo, os mesmos valores defendidos pelo NWOBHM, em apoio à musicalidade, contra o punk; só que agora é contra a sintética e patética música feita por computadores e eletrônicos, e não apenas a porcaria de ficar castigando um único acorde que impedia que cabeludos de jeans conseguissem fazer shows em pubs em 1976.

Então essa é a banda que celebramos, de uma forma diferente, bem longe de uma narrativa tradicional, principalmente porque os caras são sempre tão acessíveis, e sua história já foi contada, não necessariamente tantas vezes no formato de livro, mas através de pilhas de entrevistas em revistas e

Uma jaqueta jeans coberta de bótons e patches
era o uniforme do New Wave of British Heavy Metal.
COLEÇÃO DE DAVE WRIGHT

INTRODUÇÃO

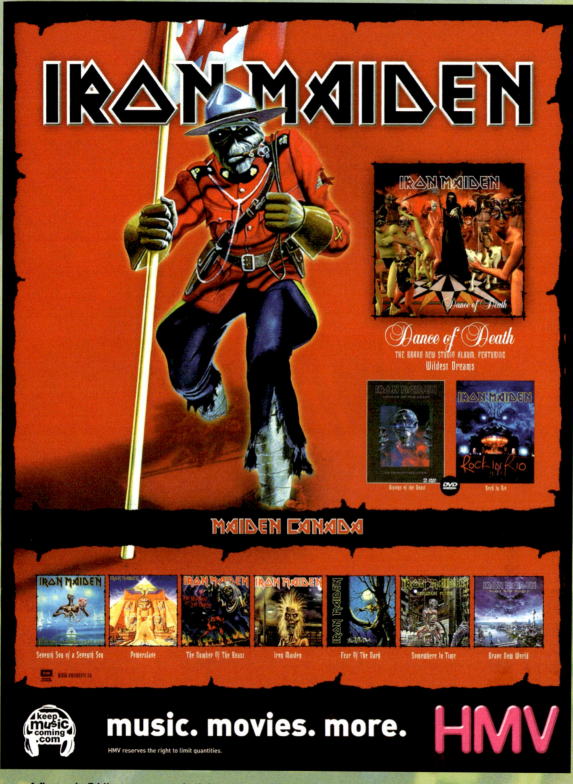

A figura do Eddie gerou uma picuinha com a Polícia Montada canadense.
COLEÇÃO DO AUTOR

INTRODUÇÃO

pela internet. Com isso em mente, eu também me inclinei para o fato de que a carreira do Iron Maiden é um evento seguido de outro, batendo recorde atrás de recorde, produtividade, carreiras paralelas, relançamentos, megaturnês, singles com lados B geniais. Então, aqui temos uma linha do tempo com declarações explicativas, ao lado de comentários pontuais, eventos fora da história do Maiden que ajudam a influenciar épocas, um verdadeiro exercício acadêmico, assim como as letras de Bruce e 'Arry.

O resultado final, eu espero, é como ter um atlas para ilustrar as histórias de viagens, um trabalho de referência recheado de fatos e imagens, e, o mais importante, uma sensação única de passagem do tempo. As declarações, também espero, farão deste livro uma leitura agradável, e as belas imagens (a maioria cortesia do meu estimado parceiro e professor Dave Wright) nos ajudarão a aliviar um pouco toda essa loucura de bateção de cabeça tão divertida que fizemos ao lado do Maiden por tantos anos e histórias, do punk ao NWOBHM, hair metal, grunge e hard alternativo, seja qual tenha sido o contexto em que nos encontrávamos na última década. Um bônus que me esforcei para adicionar são esses momentos mágicos, onde vemos, por exemplo, o que o AC/DC ou o Ozzy estavam fazendo naquele mesmo mês, o que Bruce estava aprontando como artista solo no mesmo ano em que o Maiden estava enfrentando dificuldades com o Blaze. Em outras palavras, aqueles cruzamentos tão bacanas que surgem em linhas do tempo.

Em todo caso, de forma geral, a ideia que eu estava procurando era a de um livro de referência que pudesse ser consultado com frequência enquanto você ouve a música do Iron Maiden, enquanto se prepara para a próxima vez que as tropas do Rod invadirem sua cidade, ou enquanto checa as entrevistas recentes e as antigas, e todas as vezes que o Maiden fez algo relevante, o que acontece com bastante frequência. Mas OK, chega de mim. É hora de virar o calendário e deixar as três guitarras-machado abrirem rombos na sua cabeça.

Martin Popoff

O cartucho era um formato usado em meados dos anos 60, até basicamente o final de 1982, quando o Maiden ainda estava em sua infância como artista.
COLEÇÃO DE DAVE WRIGHT

9

O Iron Maiden, no início dos anos 80.
(CHRIS WALTER/WIREIMAGE/GETTY IMAGES)

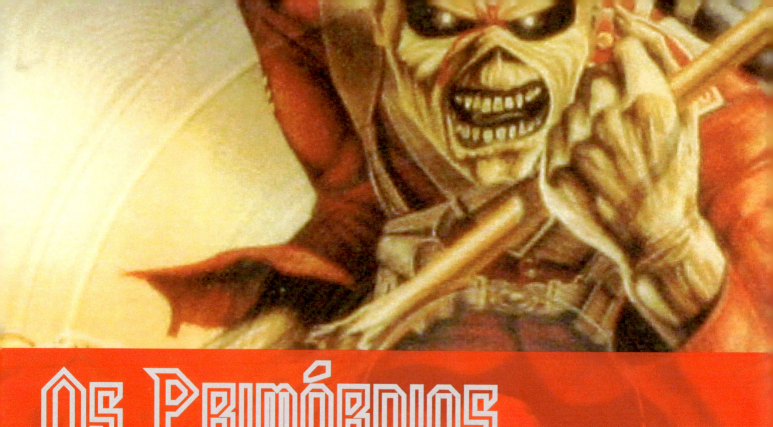

Os Primórdios

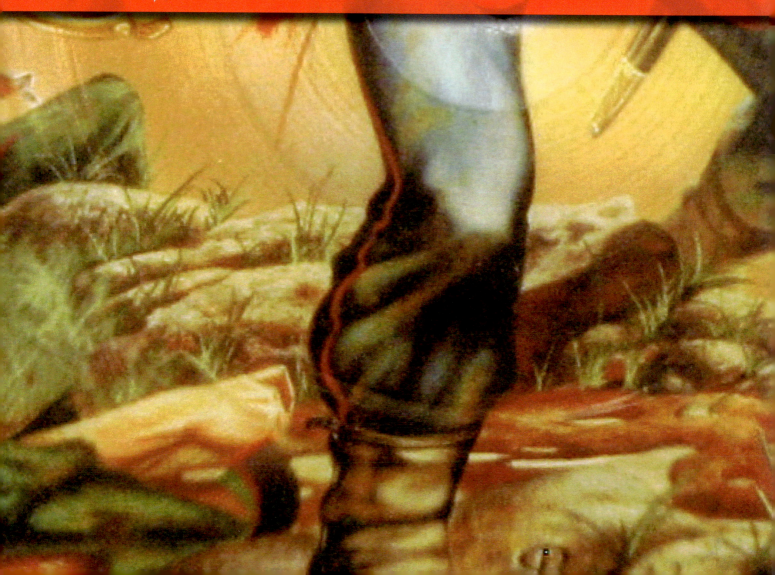

Bem-vindos ao primeiro capítulo contextualizado, editado, e, de alguma forma, com o livre-arbítrio deste livro, criado para emoldurar cada ano do Iron Maiden (ou década, como os anos 70, ou algumas centenas de anos de história antiga, como a que você está lendo neste exato momento com o seu querido autor!). Esta parte será rápida, pois é óbvio que não há muita história do Maiden antes que pilhados headbangers voltassem seus olhos brilhantes para o mundo da Inglaterra pós-guerra, embora ainda sentindo os efeitos devastadores do Grande Conflito.

Ainda assim, há alguma munição intelectual para ser usada. Além das obviedades como datas de nascimento, e, em alguns casos, as primeiras experiências com música, qualquer um poderá ver rapidamente que há uma enorme mina de história e cultura — boa parte dela, de forma muito apropriada, de puro sangue azul britânico que os dois criadores do Maiden, Steve Harris e Bruce Dickinson, seguem escavando com entusiasmo para os hinos do heavy metal de sua banda. Passemos ao século vinte, e lá descobriremos que a tecnologia da TV e dos filmes, quanto mais aterrorizantes melhor, terão um grande impacto nos principais protagonistas deste livro, que, como a maioria dos astros do rock, encontravam magia e fantasia naqueles utópicos anos da adolescência assistindo aos clássicos e aos épicos de guerra e de terror. Essencialmente, apesar de uma educação tradicional e até mesmo tirânica, assim como da terrivelmente enfadonha programação televisiva, os jovens britânicos encontravam seu caminho nas coisas mais obscuras, dando luz a grupos como o Black Sabbath e aos heróis de nossa saga, o Iron Maiden. Então, que tal começarmos?

A loucura dos patches diminuiu bastante por volta de 1985, mas a produção de itens como esse continuou no caso de bandas populares.
COLEÇÃO DE DAVE WRIGHT

2 MINUTES TO MIDNIGHT

2500 A.C. | Hórus e Osíris são citados em textos nas pirâmides egípcias. Séculos depois, Bruce Dickinson, vocalista do Iron Maiden, evoca essa época em uma música chamada "Powerslave".

336-323 A.C. | Alexandre, o Grande, governa a Macedônia, onde atualmente é o norte da Grécia. Sua vida e conquistas inspiram Bruce Dickinson a escrever uma música batizada com seu nome para o disco *Somewhere in Time*.

44 A.C. | Apesar da frase "Os Idos de Março" significar apenas o meio do mês de março, a expressão se refere historicamente à data em que o Imperador Júlio César foi assassinado. Consideravelmente depois do ocorrido, o Iron Maiden escreveria uma música instrumental em referência ao evento, que seria usada como faixa de abertura de seu segundo disco, *Killers*.

95 | João de Patmos, ou São João Evangelista, coloca no papel o que seria o *Livro do Apocalipse*. Alguns anos depois, um headbanger do East End de Londres chamado Steve Harris resolveu que poderia retirar algumas frases demoníacas de lá — especificamente do Capítulo 13, Versículo 8 — para usar como introdução numa música chamada "The Number of the Beast". A banda também iria imprimir um excerto do Capítulo 21, Versículo 4, na contracapa do disco *Piece of Mind*.

1599 | William Shakespeare escreve *A Tragédia de Júlio César*, que inspira as letras de "The Evil That Man Do", do sétimo disco, *Seventh Son of a Seventh Son*, do Iron Maiden.

1616 | É a data de publicação de *Chymical Wedding of Christian Rosenkreutz*, um livro de suspense baseado na alquimia e na sociedade secreta conhecida como Fraternidade Rosacruz. Esta foi a inspiração para a obra-prima solo de Bruce Dickinson, *The Chemical Wedding*.

Algumas das melhores ilustrações do Eddie estão, exclusivamente, nas camisetas de turnês da banda.
COLEÇÃO DE DAVE WRIGHT

Anúncios como este alimentaram a controvérsia sobre o suposto satanismo do Maiden.
COLEÇÃO DE DAVE WRIGHT

Bruce Dickinson: um historiador do esotérico.
COLEÇÃO DE DAVE WRIGHT

OS PRIMÓRDIOS

ADRIAN SMITH SOBRE "RIME OF THE ANCIENT MARINER":

Foi uma trabalheira danada. Steve chegou um dia no estúdio e disse: "Eu tenho esta música", segurando a letra nas mãos. Ele meio que soltou o papel, que foi se desenrolando até bater no chão, tem ideia? Depois, Bruce estava gravando os vocais-guia durante os ensaios, e a gente teve que pregar o papel com a letra em algum lugar, para poder ler. Encontramos uma escada enorme, e pregamos a letra da música no alto dela, para que o papel ficasse lá e a gente pudesse ver todos os versos. Batizamos a coisa de "pirâmide do poder".

DAVE MURRAY:

Sim, havia uma escada. Estava abandonada no estúdio, e parecia mesmo uma pirâmide. Alguém tirou ela de lá, e aí as coisas começaram a dar errado. Foi um desses troços de mau agouro mesmo, então tivemos que trazer a escada de volta, e tudo começou a fluir de novo. Mas, basicamente, aquelas músicas eram excelentes para se tocar, e sobreviveram à prova do tempo. E mais, eram ótimas ao vivo.

25 DE OUTUBRO, 1854

Data da Carga da Brigada Ligeira, desastroso ataque das tropas britânicas contra os russos, durante a Guerra da Crimeia. Uma falha de comunicação resultou em um massacre do lado britânico. O evento, que ficou imortalizado no poema de Alfred Lord Tennyson, "The Charge of the Light Brigade", foi a inspiração para o clássico do Iron Maiden "The Trooper", assim como a figura do Eddie com a tradicional farda vermelha usada na capa do single.

1790 | Robert Burns escreve um poema chamado "Tam o' Shanter", uma segunda inspiração histórica para Steve Harris compor a letra de "The Number of the Beast".

1793 | Johann Philipp Siebenkees escreve sobre algo que seria um instrumento imaginário de tortura chamado *iron maiden* (donzela de ferro), uma espécie de caixão cheio de espetos em seu interior. Não há nenhuma utilização conhecida desse aparelho, mas o primeiro a ser construído para exibição data de aproximadamente 1802.

1798 | Samuel Taylor Coleridge escreve o livro *A Balada do Velho Marinheiro* (*The Rime of the Ancient Mariner*), que terá trechos utilizados na música "The Rime of the Ancient Mariner", para o disco *Powerslave* do Iron Maiden.

1841 | O livro *Assassinatos na Rua Morgue* (*The Murders in the Rue Morgue*), de Edgar Allan Poe, considerado a primeira história de detetive já escrita, é publicado. O Maiden dedica a música "Murders in the Rue Morgue" à obra, em seu segundo disco, *Killers*.

Uma das mais icônicas e reconhecidas personificações do Eddie.
COLEÇÃO DE DAVE WRIGHT

2 MINUTES TO MIDNIGHT

26 DE MAIO, 1897 | Bram Stocker publica *Drácula*, obra que inspirou a faixa instrumental "Transylvania", do primeiro e autointitulado disco do Iron Maiden.

3 DE SETEMBRO, 1909-8 DE JANEIRO, 1910

O escritor francês Gaston publica *O Fantasma da Ópera* em forma de folhetim.

JUNHO-NOVEMBRO DE 1917 | Data da Batalha de Passchendaele, que coloca os ingleses e seus aliados contra os alemães. A campanha militar inspirou Bruce Dickinson a escrever a letra de "Paschendale", uma das faixas do disco *Dance of Death*.

14 DE ABRIL, 1920

Aleister Crowley inaugura O Beco de Thelema, conhecido como Cefalù, local na Sicília onde criou suas obras mais satânicas. Bruce escreveu a letra de "Revelations", do disco *Piece of Mind*, inspirada na vida de Crowley. Além disso, Crowley também iria publicar um livro chamado *Moonchild*, o mesmo nome que foi dado à faixa de abertura do disco *Seventh Son of a Seventh Son*.

BRUCE DICKINSON:
Bem, eu estava me dedicando à leitura de todos os meus livros do Aleister Crowley, e era muito interessado no Egito, nas pirâmides e tudo mais, então peguei uma boa dose de toda essa imaginação e fantasia que se descortinavam para mim, e pus tudo junto com as letras de um antigo cântico inglês para fazer a introdução e o final.

ADRIAN SMITH:
Nós ainda tocamos "Revelations" em nossos shows, e ela é uma das minhas favoritas do *Piece of Mind*. Para ser honesto, acho a letra maravilhosa, mas eu não sabia nada sobre Crowley, e algumas vezes não é preciso mesmo saber. Pode ser apenas o jeito como as palavras são organizadas, e o som de tudo no final. A melodia e tudo mais são ótimos. Desde que o vocalista saiba sobre o que está cantando, e acredite nisso, então está tudo bem. Você não precisa saber exatamente sobre o que é a música para que ela possa te tocar.

O Maiden é especialmente amado no México e na América do Sul.
COLEÇÃO DE DAVE WRIGHT

1932 | Aldous Huxley lança *Admirável Mundo Novo* (*Brave New World*), obra que inspirou o Maiden a batizar o disco de mesmo nome, lançado em 2000.

1938 | Lançamento do livro de ficção científica de C.S. Lewis: *Além do Planeta Silencioso* (*Out of the Silent Planet*).

OS PRIMÓRDIOS

13 DE JULHO, 1939 |
Data da estreia do filme *O Homem da Máscara de Ferro* (*The Man in the Iron Mask*), a inspiração de Steve Harris para o nome da banda.

4 DE JUNHO, 1940 |
Winston Churchill faz seu clássico discurso de desafio aos nazistas durante a Segunda Guerra Mundial, que o Maiden usaria para a introdução de "Aces High", durante a turnê do *Powerslave* (assim como nas turnês mundiais *Ed Hunter* e *Somewhere Back in Time*).

Um compacto promo japonês, com uma bela "tira obi" de cores combinando.
COLEÇÃO DE DAVE WRIGHT

2 MINUTES TO MIDNIGHT

21 DE NOVEMBRO, 1941 | Estreia do filme de faroeste *O Intrépido General Custer* (*They Died with Their Boots On*). O quarto disco do Maiden, *Piece of Mind*, traz uma música chamada "Die with Your Boots On", e o videoclipe de "The Trooper", a principal faixa do disco, contém cenas do filme.

5 JUNHO, 1952 | Nasce Michael Henry McBrain, no Hackney Salvation Army Hospital, em Hackney, na região leste de Londres.

1953 | Tanto os Estados Unidos quanto a União Soviética conduzem testes de dispositivos termonucleares. É a única vez em que o Relógio do Apocalipse, inaugurado por cientistas da Universidade de Chicago, mostra 2 minutos para a meia-noite, como Bruce Dickinson canta no disco *Powerslave*, "2 Minutes to Midnight".

18 DE JULHO-22 DE AGOSTO, 1953 | A Hammer Film Productions, inaugurada em 1934, entra em sua era de ouro, os anos Hammer Horror, com a produção de uma série de seis episódios chamada *The Quatermass Experiment*. Os filmes de terror que seriam lançados pela produtora acabaram não apenas divertindo, mas também inspirando certos adolescentes ingleses com propensão às artes.

17 DE SETEMBRO, 1954 | Data da publicação de *O Senhor das Moscas* (*Lord of the Flies*), obra que inspirou Steve Harris a escrever a letra da música de mesmo nome.

12 DE MARÇO, 1956 | Stephen Percy Harris nasce em Leytonstone, Londres.

1º DE ABRIL, 1956 | Data de estreia do filme de ficção científica *O Planeta Proibido* (*Forbidden Planet*), uma grande influência para a música "Out of the Silent Planet", do Iron Maiden.

23 DE DEZEMBRO, 1956 | Dave Murray nasce em Edmonton, Londres.

27 DE JANEIRO, 1957 | Janick Gers nasce em Hartlepool, Inglaterra.

16 DE FEVEREIRO, 1957 | Estreia do filme sueco *O Sétimo Selo* (*The Seventh Seal*), de Ingmar Bergman, cuja cena final serviu de inspiração para a letra de "Dance of Death".

27 DE FEVEREIRO, 1957 | Adrian Frederick Smith nasce em Hackney, na região leste de Londres.

OS PRIMÓRDIOS

Aqui é possível perceber que, por volta de 1986, data de lançamento do single, Eddie começa a curtir estar sempre trocando de roupa.
COLEÇÃO DE DAVE WRIGHT

8 DE MARÇO, 1957 | Clive Burr, baterista do Iron Maiden de 1979 a 1982, nasce na região leste de Londres.

13 DE FEVEREIRO, 1958 | Derek Riggs, ilustrador e criador das capas do Iron Maiden, assim como do mascote Eddie, nasce em Portsmouth, Inglaterra.

19

2 MINUTES TO MIDNIGHT

27 DE MARÇO, 1958

A United Artists lança o filme *O Mar é Nosso Túmulo* (*Run Silent, Run Deep*), estrelado por Clark Gable e Burt Lancaster, que depois seria resumido na canção homônima do disco *No Prayer for the Dying*.

17 DE MAIO, 1958 |

Paul Andrews, conhecido como Paul Di'Anno, nasce em Chingford, Londres.

7 DE AGOSTO, 1958

Paul Bruce Dickinson nasce em Worksop, Nottinghamshire.

1º DE JUNHO, 1961 |

O clássico da ficção científica, *Um Estranho numa Terra Estranha* (*Stranger in a Strange Land*), de Robert Heinlein, é publicado na Inglaterra.

1962 |

O conto "The Loneliness of the Long Distance Runner", escrito em 1958 por Alan Sillitoe, é transformado em filme (lançado no Brasil como *A Solidão do Corredor de Fundo*). Um quarto de século depois, Steve Harris o transformaria em música.

1962 |

Uma comédia britânica chamada *The Iron Maiden* é lançada. O filme chega aos Estados Unidos um ano depois, com o nome de *Swinging Maiden*. O "iron maiden" do filme era um motor de tração, um tipo de locomotiva usada para mover veículos pesados.

22 DE MARÇO, 1963 |

Os Beatles lançam *Please, Please Me*, seu primeiro disco na Grã-Bretanha. Apesar de terem mudado a vida de muitos roqueiros ao redor do planeta, os Beatles pouco influenciaram os membros do Iron Maiden, que eram jovens demais para fazer parte da Beatlemania.

29 DE MAIO, 1963 |

Blaze Bayley, vocalista do Iron Maiden durante os anos 90, nasce em Birmingham, Inglaterra.

FINAL DE 1963 |

Nicko McBrain descobre sua vocação depois de ver o baterista Joe Morello tocar um solo com o Dave Brubeck Quartet.

1964 |

Bruce Dickinson, até então criado pelos seus avós, se muda de Worksop, Nottinghamshire, para Sheffield, a fim de ficar com os pais.

29 DE JANEIRO, 1964 |

Data de estreia do filme *A Estirpe dos Malditos* (*Children of the Damned*), que serviu de inspiração para a música homônima do Iron Maiden.

ADRIAN SMITH SOBRE "BACK IN THE VILLAGE":

Havia um riff que eu ficava tocando durante todas as passagens de som das turnês, e as pessoas sempre diziam, "você tem que fazer alguma coisa com esse riff". Então, Bruce e eu nos juntamos e tivemos a ideia de "Back in the Village". Ele é um grande fã de *The Prisoner*, aquele antigo programa de TV, e acho que a letra toda fala disso. Acho que é uma das músicas que eu tocava com o Untouchables (N.E.: banda paralela de Adrian durante os anos 90), e eu cantava, acredite se quiser (risos)!

OS PRIMÓRDIOS

1965 | Frank Herbert publica *Duna*, obra que serviu de inspiração para a faixa "To Tame a Land", do disco *Piece of Mind*.

1966 | Um impressionável Bruce Dickinson, até então com 8 anos de idade, conhece a banda Octopus, que se hospedou no hotel onde seus pais trabalhavam. Há paralelos aqui sobre como um dos heróis do Maiden, Phil Lynott, começou a se apaixonar pelo show business, pois Philomena, mãe de Lynott, gerenciava o hotel que servia um já estável grupo de artistas.

8 DE SETEMBRO, 1966 |
Estreia *Jornada nas Estrelas* (*Star Trek*), a clássica série de TV que ficou no ar até o dia 3 de junho de 1969.

1967 | Steve Harris desiste oficialmente do que poderia ter sido uma promissora carreira de jogador de futebol para tocar rock'n'roll.

29 DE SETEMBRO, 1967 |
Primeira exibição do famoso seriado inglês *The Prisoner*, que inspirou a música de mesmo nome no disco *The Number of the Beast*, assim como a faixa "Back in the Village", do *Powerslave*.

4 DE DEZEMBRO, 1968 |
Data de estreia do filme *O Desafio das Águias* (*Where Eagles Dare*), thriller de espionagem com roteiro assinado por Alistair MacLean, que também escreveu a versão em livro no mesmo período.

1969 | Frank Herbert lança *O Messias de Duna* (*Dune Messiah*), a sequência de *Duna*. A série continuou por mais alguns anos influenciando vários headbangers, inclusive o Iron Maiden, que a homenageia com a música "To Tame a Land".

1969 | Nicko McBrain toca com uma banda chamada Axe, que se inspirou em grupos como 18th Fairfield Walk, Peyton Bond e Wells Street Blues Band

4 DE NOVEMBRO, 1969
O The Allman Brothers Band lança seu autointitulado disco de estreia. A banda foi uma das criadoras/inovadoras das guitarras gêmeas, cortesia de Dickie Betts e Duane Allman.

BRUCE DICKINSON SOBRE "WHERE EAGLES DARE":

Eu me lembro muito bem dessa música, principalmente porque eu era um grande fã do filme — todos nós éramos. E depois, há um trecho na bateria em que, devo dizer, sei um pouco de bateria, não sou lá grande coisa, mas sei reconhecer uma boa passagem quando ouço. E Nicko queria usar bumbo duplo, mas nós não deixamos (risos). E ele fez a coisa toda com um único bumbo, e faz isso até hoje, ele se recusa a usar bumbo duplo. E é assim porque, depois de tocar esse trecho com um único bumbo, disse: "É isso, eu vou usar só um pedal, e ponto final. Todo mundo vai ter que me acompanhar."

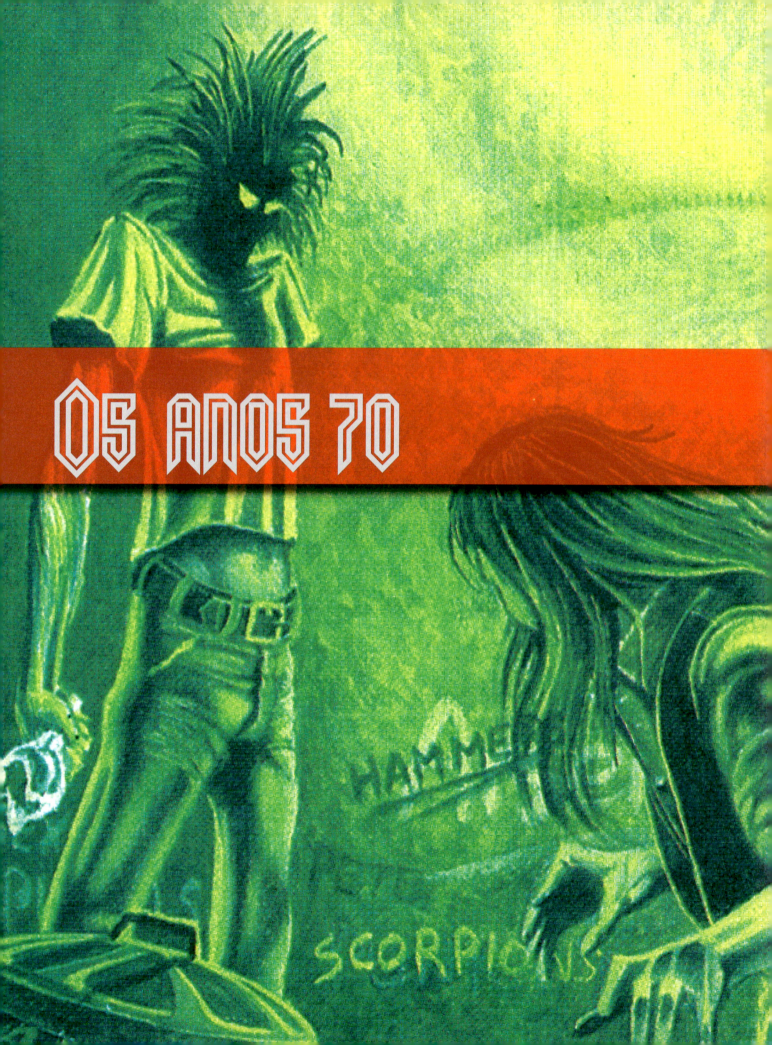

OS ANOS 70

Os membros do Iron Maiden viveram os anos 70 procurando caminhos no metal em meio às carreiras de seus heróis, que inadvertidamente estavam fazendo o que um dia se tornaria o classic rock. Do lado mais pesado, temos Black Sabbath, Deep Purple, Judas Priest, Uriah Heep, UFO e Thin Lizzy, boa parte dos monstros lendários da música que influenciaram o Maiden por serem ingleses, e por terem seguido a mesma linha de outras inspirações da banda vindas da TV, do cinema e da literatura.

Roqueiros adolescentes também evoluíram naturalmente para o rock progressivo, de cortes e tempos diferentes à complexidade estrutural de letras e conceitos, que alimentavam com ainda mais substância o fogo e o desejo de roqueiros em desempenharem seu ofício com excelência. Curiosamente, todos aqueles que influenciaram os rapazes do Iron Maiden também são ingleses, como Yes, Genesis, Emerson, Lake & Palmer, King Crimson e, principalmente, Jethro Tull, que impressionou demais a todos eles, sobretudo Steve.

Vamos até meados da década, e dois acontecimentos na indústria do rock ajudaram a erguer uma banda como o Maiden. Primeiro, o punk levanta a cabeça e irrita os fãs mais tradicionais de "rock" — esse foi o termo usado na época, "rock", e, de vez em quando, "hard rock", mas raramente "heavy metal". O punk se tornou o queridinho da imprensa britânica, conhecida pela exigência, e dava tanta exposição que aumentava a tensão entre os fãs. Os caras do Maiden esperaram, de cara amarrada, até que tudo aquilo fosse visto como algo sem substância.

A segunda engrenagem em movimento foi o fato de que muitas das grandes bandas de hard rock estavam fazendo discos ruins, passando todo o tempo que tinham enfurnadas na América do Norte ou simplesmente implodindo. Enquanto o punk injetava a irreverência e a energia da juventude num mundo roqueiro mais amplo, a comunidade heavy metal, sempre fechada, também estava precisando de uma injeção de ânimo. Assim, nasceu o movimento conhecido como The New Wave of British Heavy Metal (algo como "a nova onda do heavy metal britânico"), com sua ideia central sendo um orgulho evidente e sempre demonstrado em tudo que era

2 MINUTES TO MIDNIGHT

metal, um conceito que não apenas nunca fora defendido, mas que era quase uma forma de se pedir perdão: "Desculpe, mas gostamos de rock."

Se formos medir a participação do Maiden nisso tudo, no final dos anos 70, a contribuição da banda poderia ser considerada algo quase infantil, infelizmente ainda soando como um grupo de apoio a nomes como Motörhead e Saxon, que já tinham lançado discos naquela época.

Tocando pelos pubs.
© ROB "ANGELO" SAWYER

1970 – 1975

1970 | Uma banda chamada Bum, que nessa época completava 6 anos, muda seu nome para Iron Maiden ao assinar contrato com a Gemini Records. Um disco de estreia é produzido, mas, antes de ser lançado, a gravadora fecha. Uma cópia da fita master fica em poder de um dos membros da banda, e é usada para lançar o que seria o primeiro disco do grupo, agora chamado *Maiden Voyage*, em 1998. Apesar de não ter absolutamente nenhuma relação com o nosso Iron Maiden, o som da banda é um tipo de hard rock sombrio e psicodélico.

DAVE MURRAY:

Ah, sim, eu adorava Sabbath. Sempre, acho que por toda a minha vida. Sempre gostei do grupo, desde o disco de estreia. Consegui ver os Sabs logo depois que o primeiro disco foi lançado. Foi em algum lugar de Londres, uma espécie de teatro, e eu me lembro de estar no camarote, e havia esse som altíssimo, era impressionante. E a plateia estava cheia de bruxas e coisas do tipo (risos). Bruxas e feiticeiros, esse era o clima. Foi demais. E é fantástico que estejamos em turnê juntos agora. Eles continuam demais hoje em dia. As músicas são realmente geniais, os riffs tinham algo de sinistro, e era um som de fato pesado. Havia algo sobre como Tony Iommi tocava guitarra que era assombroso. Porque é claro que ele conseguia fazer as coisas pesadas, mas também ia para o acústico de tudo, e até pro piano. Não era unidimensional, eles iam além de tudo. E, como eu disse, a coisa mais forte sobre uma banda é seu material, são suas músicas. E o Sabbath definitivamente tinha isso. Segui o grupo do início, do disco de estreia em diante. E quando foi lançado, eu saí na hora e comprei (risos), toquei aquele vinil até ele quase furar.

13 DE FEVEREIRO, 1970

Uma sexta-feira 13, data do lançamento inglês de *Black Sabbath*, o primeiro disco do Black Sabbath. O álbum continha faixas do mais puro metal, como "Black Sabbath", "The Wizard" e "N.I.B.", assinalando o nascimento do heavy metal na cabeça de muitos estudantes de música de todos os gêneros. Ele alcançou o 8º lugar na parada inglesa.

3 DE JUNHO, 1970

O Deep Purple lança *In Rock*. Gravado entre agosto de 1969 e maio de 1970, *In Rock* é considerado — por aqueles que se recusam a dar o título a *Black Sabbath* — o primeiro álbum de heavy metal já lançado. Ainda assim, ele foi o primeiro disco que Bruce Dickinson comprou na vida, seguido logo depois pela estreia do Black Sabbath e por discos do Jethro Tull e do ELP. A faixa "Hard Lovin' Man" pode ser considerada a primeira grande influência ao som do Maiden, sendo um exemplo claro do estilo de heavy metal "galopante" do grupo.

OS ANOS 70

JUNHO DE 1970

O Uriah Heep lança o pesadíssimo e moderno *Very 'Eavy, Very 'Umble*, que foi para os Estados Unidos apenas com o nome da banda. Para muitos, o disco completa a trindade de fundação do heavy metal inglês. O rosto bizarro que foi usado na capa norte-americana é, de alguma forma, um precursor do que o Iron Maiden fez com a capa de seu primeiro disco.

24 DE NOVEMBRO, 1970

O vigésimo segundo episódio de *Monty Python's Flying Circus* vai ao ar, incluindo "a esquete do Bruce", que depois serviria para o apelido de Bruce Dickinson em seus tempos com a banda Samson, Bruce Bruce.

BRUCE DICKINSON SOBRE SEU FANATISMO PELO DEEP PURPLE:

Há uma música minha, chamada "Confeos", que eu acho que a melhor maneira de descrevê-la seria como uma homenagem ao Deep Purple. O que aconteceu é que começamos a tocar uma base, e eu disse: "Nossa, isso tem a cara do Purple. Por que a gente não se diverte um pouco, traz um Hammond, avisa o cara pra fazer sua melhor imitação de Jon Lord, e eu tento fazer a minha melhor voz de Ian Gillan, apesar de não ser digno? Tentamos escrever letras apropriadas, ou seja, algo sobre uma garota no Japão e ficar bêbado num bar (risos). E foi o que fizemos. Eu faço um programa chamado *The Rock Radio Network* por aqui, onde tocamos isso hoje, e eu disse: "Temos aqui uma fita misteriosa, eu acho que é o Purple tocando com Ritchie Blackmore, ouçam aí." E parece tanto com Deep Purple (risos). Por isso que mandei essa mensagem criptografada pro Ian. Agora fico imaginando se eles vão começar a receber e-mails dizendo "Ei, soube que vocês estão tocando com o Ritchie de novo; eu ouvi essa música... o que está havendo?" (risos).

O Bachman-Turner Overdrive talvez não concorde.

COLEÇÃO DO AUTOR

2 MINUTES TO MIDNIGHT

Steve Harris: fundador e incontestável coração e alma do Iron Maiden.
COLEÇÃO DO AUTOR

1971 | Bruce Dickinson, então com 13 anos e desafiadoramente metido a independente depois de ter passado por vários colégios, é mandado à sua própria sorte para uma escola pública em Northamptonshire chamada Oundle. Foi onde Bruce se rendeu ao rock pesado e onde também viu seu primeiro show ao vivo, uma banda chamada Wild Turkey, que contava com Glenn Cornick, baixista do Jethro Tull.

DAVE MURRAY SOBRE SER UM JOVEM FÃ DE MÚSICA:

Sempre foi uma coisa fantástica ir comprar os vinis na loja de discos, esperar o álbum ser lançado, ter o vinil, toda essa parafernália. Eu tenho todos os meus num depósito em algum lugar, todos os meus Deep Purple, Zeppelin, Sabbath, os discos do Hendrix. Se eu gostava de uma banda, simplesmente saía e comprava tudo que encontrava. E, naqueles dias, a maioria dos discos tinha umas oito faixas, e ponto final. Hoje, você compra um disco, tem umas dezesseis, vinte músicas. Mas havia algo especial em simplesmente sair e comprar o vinil, era a arte da coisa. E, às vezes, eu ainda ficava esperando o disco sair. Você tinha que ser uma espécie de detetive naquele tempo. Comprava as revistas e tudo mais. É genial como tudo se tornou acessível hoje. Jethro Tull, Cream, tudo isso. O primeiro disco que comprei foi o *Electric Warrior*, do T. Rex, que eu acho que saiu em 71. Eu sabia que ele estava pra sair, e me lembro de ter ido até a loja e esperar chegar, havia todo um clima. A capa, com a silhueta em dourado, eu acho que é das minhas favoritas. E custou só duas pratas (risos).

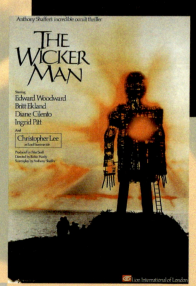

Bruce e Steve sempre foram muito impressionados por filmes de terror bem-feitos.
COLEÇÃO DE DAVE WRIGHT

JULHO DE 1971 | O Deep Purple lança *Fireball* nos Estados Unidos e no Canadá, chegando em setembro à Inglaterra e ao restante da Europa. "Fireball" é uma música de power metal, com notas de speed metal, e uma base do que seria o material inicial do Iron Maiden.

30 DE MARÇO, 1972

O Deep Purple lança *Machine Head*, seu terceiro disco com a segunda formação. Esse foi o primeiro que Adrian Smith comprou e que ouvia junto com o colega de escola Dave Murray. Os dois formam, então, sua primeira banda, chamada Stone Free, para logo depois Dave se mudar para o grupo de soft rock Electric Gas. "Smoke on the Water" se torna uma das músicas principais do Gypsy's Kiss, a banda de Steve Harris, junto com "Paranoid", do Black Sabbath, e "All Right Now", do Free.

28 DE ABRIL, 1972

O Wishbone Ash lança seu terceiro e mais elogiado disco, *Argus*. A banda é considerada uma das inovadoras nas guitarras gêmeas, e talvez a inspiração inicial de todo mundo nesse departamento, ao mostrar a técnica em baladas por Londres. Martin Birch foi o engenheiro de som em *Argus*, e acabou produzindo muitos dos álbuns mais memoráveis do Maiden anos depois.

1973 | Steve Harris ganha seu primeiro baixo, uma réplica Fender Precision, e decide viver de rock'n'roll, tendo largado a escola um ano antes.

OS ANOS 70

STEVE HARRIS:

Tudo o que eu sabia era que queria tocar rock pesado e agressivo, com muita melodia, com muita guitarra de fundo e muitas mudanças de tempo. E acho que foi isso que eu fiz (risos). Eu fui muito influenciado por bastante coisa pesada, tipo Sabbath e Deep Purple, Led Zeppelin. Mas eu também adorava coisas como Free e Wishbone Ash, The Who. E também coisas progressivas, como Jethro Tull, Yes, o começo do Genesis. Eu queria incorporar tudo aquilo. Lizzy não foi uma influência muito grande nas guitarras. Gostava deles até certo ponto, mas a coisa foi mais Wishbone Ash. Eu sei que eles não eram tão conhecidos. Mas se você ouvir um disco antigo chamado *Argus*, vai perceber isso. Quer dizer, é mais suave que o Maiden.

2 MINUTES TO MIDNIGHT

NOVEMBRO DE 1973 | Steve Harris começa com sua primeira banda, a Gypsy's Kiss, antes chamada Influence. Gypsy's Kiss é uma gíria para mijo.

DEZEMBRO DE 1973 | Estreia o clássico do terror inglês *O Homem de Palha* (*The Wicker Man*).

1974 | O Praying Mantis grava, apesar de seu primeiro registro ser somente em 1979, um EP *Soundhouse Tapes*, como fez o Iron Maiden.

1974 | O famoso RPG *Dungeons & Dragons* (*D&D* ou *DnD*) é publicado pela primeira vez.

1974 | Dennis Wilcock, o primeiro vocalista do Iron Maiden, forma uma banda chamada Front Room, com Paul Samson e Chris Aylmer, ambos futuros membros do Samson.

O Samson, indiscutivelmente, foi o primeiro a lançar um single, disco, ou ambos, de NWOBHM.
COLEÇÃO DO AUTOR

1974 | Adrian Smith compra, por 235 libras, sua primeira guitarra profissional, uma Gibson Les Paul Goldtop, a qual usa até hoje.

Até pelo menos a era do hair metal, tanto as Fender Stratocasters quanto vários modelos Gibson mandavam no heavy metal.
COLEÇÃO DO AUTOR

OS ANOS 70

6 DE SETEMBRO, 1974

O Judas Priest lança *Rocka Rolla*, seu disco de estreia. No começo dos anos 80, o grupo vai ter o Iron Maiden como banda de abertura, sendo finalmente considerada a banda que passou o "bastão do metal" inglês ao Maiden, depois de Rob Halford e seus parceiros o terem recebido do Black Sabbath. O Judas Priest também seria proclamado como a primeira banda na história do heavy metal a ter duas guitarras solo, apesar de Glenn Tipton e K.K. Downing não se concentrarem tanto nas harmonias como era praxe no Maiden.

OUTUBRO DE 1974

Steve está numa banda chamada Smiler, junto com Doug Sampson (bateria), Dennis Wilcock (voz), Mick Clee e Tony Clee (guitarras).

11 DE OUTUBRO, 1974

O Montrose lança *Paper Money*, o disco que traz "I Got the Fire", uma faixa de metal bem ousada, que se torna uma das favoritas dos fãs entre as covers do Iron Maiden.

1975

O DJ de rock Neal Kay abre o Soundhouse nos fundos do pub Prince of Wales, em Kingsbury. Também chamada de Bandwagon, a casa se tornou conhecida como "a única noitada de rock pesado de Londres". Logo ele passou a se chamar Heavy Metal Soundhouse, apresentando bandas como Praying Mantis, Nutz, Iron Maiden, Angel Witch e Samson. Depois de um tempo, a demo *The Soundhouse Tapes* seria gravada lá, tornando-se o primeiro lançamento oficial do Iron Maiden, um EP.

O The Soundhouse era um santuário do hard rock contra o punk e sua constante luta por atenção da mídia.
COLEÇÃO DE DAVE WRIGHT

NEAL KAY:

Não havia espaço para bandas novas. Tampouco para as que todo mundo conhecia. As casas de shows não estavam interessadas, ninguém estava interessado. A indústria tinha decidido que o punk é que era legal, e eu estava pouco a pouco ficando cada vez mais estressado com essa coisa toda, mas eu era apenas um. Tá, eu era um DJ profissional, mas e daí? Eu estava mesmo bem incomodado. Então, uma noite, me levaram para esse pub. Eu estava em outro negócio, afastado da música, já não queria mais trabalhar nisso. Eu estava trabalhando como motorista de caminhão, e um colega tinha me levado a um lugar depois do expediente, era uma quarta-feira à noite, bem próximo de onde eu morava em Kingsbury, perto de Wembley. Chamava-se The Prince of Wales, e tinha uma noite de rock uma vez por semana. Me disseram: "Você vai curtir a parada, aparece pra tomar uma cerveja." Fui lá e fiquei bem impressionado. O sistema de som era poderoso pra caralho, cara. Era enorme mesmo. Não era um sistema de discoteca, era uma porra de um PA gigante para bandas. Tomei minha cerveja, e, de repente, alguém perguntou no PA se havia algum DJ por ali a fim de trabalhar com eles, porque eles não eram realmente DJs especializados em rock. Subi lá e aceitei o emprego no ato, e foi assim que começou. Assim a guerra começou. Era vital tentar mostrar para a indústria que finalmente havia um lugar que iria dar espaço pro rock, e o trem meio que começou a andar daquele momento em diante. O formato era tipo cinco noites de música pop da época, rock uma vez por semana, e eles fechavam no sétimo dia. Tinha muito menor de idade que estava começando a curtir as noites de música comercial, e a casa acabou tendo o alvará de funcionamento ameaçado logo depois que eu comecei. Eu lembro de ter ido à justiça lutar pelo alvará, e você sabe a coisa mais bizarra desse papo todo? Quando descobriram que não havia problema algum nas noites de hard rock e heavy metal, então as pessoas começaram a aparecer em casais. Era um povo mais velho, e o juiz, aquele filho de uma puta do cacete, apareceu por lá e mandou essa: "Tá legal, dou o alvará, com a condição de que esse tipo de música ocupe pelo menos cinco noites por semana!" (risos). Uau! E assim disse sua majestade. Inacreditavelmente poderoso!

2 MINUTES TO MIDNIGHT

Dave Murray: essencialmente metade de cada dupla que formou as guitarras gêmeas que o Maiden já teve.
© BILL BARAN

1975 | Dave Murray começa sua carreira em estúdio, gravando uma demo de "Café De Dance", com sua banda "mad punk" Secret.

ABRIL DE 1975 | Ian Gillan, o ex-vocalista do Deep Purple, forma a Ian Gillan Band. Ainda em 1975, Janick Gers, que depois iria tocar com Gillan e também no Maiden, forma o White Spirit, em sua cidade natal, Hartlepool.

Janick Gers: eternamente o cara novo no Maiden.
COLEÇÃO DO AUTOR

OUTUBRO DE 1975 | O Streetwalkers lança *Downtown Flyers*, seu álbum de estreia. Essa é a primeira banda importante de Nicko McBrain, futuro baterista do Iron Maiden, que também iria gravar o disco seguinte, *Red Card*, em 1976, antes de se mudar para o Pat Travers.

17 DE DEZEMBRO, 1975 | A Allied Artists lança o épico *O Homem que Queria Ser Rei* (*The Man Who Would Be King*), baseado no livro homônimo de Rudyard Kipling, de 1888. Steve Harris depois escreveria uma música com o mesmo nome para o Maiden, parte do disco de 2010, *The Final Frontier*.

25 DE DEZEMBRO, 1975 | O Iron Maiden é formado pouco depois de Steve Harris ter deixado o Smiler, sua banda anterior. A primeira formação tinha Steve no baixo, Paul Mario Day (que depois foi para o More e para o Wildfire) nos vocais, Dave Sullivan e Terry Rance (ambos ex-The Tinted Aspex) nas guitarras e Ron Matthews na bateria. John Northfield mais tarde iria substituir Dave Sullivan, no que foi uma curta segunda formação. Paul Mario Day logo seria trocado por Dennis Wilcock, resultando na terceira formação, que também teve a volta de Dave Sullivan no lugar de John Northfield.

Um baixo azul, mas esses dedos rápidos não tocam blues.
© BILL BARAN

OS ANOS 70

Maiden, Def Leppard e, sim, Praying Mantis (que se escreve dessa forma) eram consideradas as três bandas de NWOBHM com mais possibilidade de conseguir contratos a curto prazo.
COLEÇÃO DO AUTOR

1976 | Em 1976, de acordo com Neal Kaye, Rob Loonhouse aparece na Soundhouse com uma "guitarra" de madeira. Assim nasceu o air guitar.

1976 | O Saxon é formado em Barnsley, Yorkshire. Os primórdios da banda, com o nome de Son of a Bitch, datam de 1975.

1976 | Rod Smallwood e Andy Taylor fundam a Smallwood-Taylor Enterprises, que mais tarde se tornaria o Sanctuary Group, batizado em homenagem à música meio punk dos primeiros anos do Maiden.

23 DE MARÇO, 1976 | O Judas Priest lança seu clássico *Sad Wings of Destiny*, uma gigantesca influência power metal, com temas religiosos, dark e bem sérios de suas letras, o vocal excepcional de Rob Halford, riffs matadores e estruturas épicas. Além de outros detalhes que inspiraram o Maiden, a voz aguda e teatral de Rob Halford acabou se tornando o modelo de vocalistas desse gênero, que iria proliferar nos anos 80. Bruce Dickinson, do Iron Maiden, foi um de seus primeiros discípulos, apesar de Ian Gillan, do Deep Purple, também ter tido uma importante influência na época.

PAUL DI'ANNO SOBRE ROD SMALLWOOD:

Ah, um dos melhores caras no ramo, porque você sempre lida com uns imbecis nesse meio, obviamente. Mas ele é um cara de Yorkshire. Ele é do norte, e é correto em tudo o que diz e faz (o combinado não sai caro). Ele é realmente um cara bacana. Já faz uns bons anos que não o vejo.

26 DE MARÇO, 1976 | Thin Lizzy lança *Jailbreak*. O Thin Lizzy — e antes deles, o Wishbone Ash e o The Allman Brothers, e agora o Judas Priest — é considerada uma das quatro bandas conhecidas por trabalharem com guitarras gêmeas, uma eterna marca registrada do Iron Maiden. *Jailbreak* foi o primeiro disco de sucesso da banda e o primeiro melhor exemplo da aproximação dos solos gêmeos com o mundo do hard rock, da forma como eram praticados por Brian Robertson e Scott Gorham. Em 1988, o Maiden gravaria um cover de "Massacre", do disco seguinte do grupo, *Johnny the Fox*, e lançou a faixa como um lado B.

1º DE ABRIL, 1976 | O Rush lança *2112*, seu quarto disco. Conceitual, pesado, sci-fi, dark, ele é quase um protótipo do power metal musical e tematicamente falando. O power metal se tornou um subgênero muito associado ao Maiden. O disco é um sucesso, além de um clássico dos primórdios do rock progressivo que tão intensamente influenciou Steve Harris.

1º DE MAIO, 1976 | O Iron Maiden se apresenta em seu primeiro show da história, no St. Nicholas Hall, em Poplar. O cachê foi de 5 libras.

2 MINUTES TO MIDNIGHT

17 DE MAIO, 1976 | O Rainbow lança *Rising*, seu segundo disco, um clássico do power metal, com "Light in the Black" e "Stargazer", duas músicas épicas de 8 minutos, e muitos temas antigos e místicos por toda a obra. O Rainbow também foi uma influência-chave para o Maiden e todo o conceito de fantasy metal.

VERÃO DE 1976 | Bruce Dickinson tenta a sorte com sua primeira banda, o Styx (nome original: Paradox). O primeiro show aconteceu em Sheffield, na Broadfield Tavern.

Bruce Dickinson, do Styx, o verdadeiro "blue collar man".
COLEÇÃO DO AUTOR

AGOSTO DE 1976

O Evil Ways, banda de Adrian Smith, muda o nome para Urchin e assina contrato com a DJM Records.

NOVEMBRO DE 1976

Dave Murray e Dennis Wilcock, o primeiro vocalista do Maiden, montam uma banda chamada Warlock. A formação do Maiden não para de mudar durante esse período. A quarta formação tem a base antiga de Steve, Dennis e Ron, com dois novos guitarristas substituindo Dave e Terry, chamados Dave Murray e Rob Angelo (que logo iria para o Praying Mantis e depois para o Weapon).

13 DE NOVEMBRO, 1976

O Iron Maiden toca num festival de bandas no Queen Elizabeth Public House, em Chingford. Fica em segundo lugar.

Note a semelhança com Eddie.
COLEÇÃO DO AUTOR

OS ANOS 70

1977

1977 | A banda que depois ficaria conhecida como Angel Witch se forma em Londres, com o nome de Lucifer. Há uma conexão com o Iron Maiden através de Steve Jones, que depois formaria o Speed com Bruce Dickinson. Além disso, a banda tem um estilo que é considerado similar ao do Maiden, e acabou se tornando uma grande concorrente por um breve período nos anos 80.

1977 | Paul Samson forma o Samson.

PRIMAVERA DE 1977 | A formação número 5 do Iron Maiden traz grandes mudanças, com apenas Steve e Dennis permanecendo. Agora a banda tem Terry Wapram na guitarra, Tony Moore nos teclados e Barry Graham (que logo iria para o Samson com o nome de Thunderstick) na bateria.

MARÇO DE 1977 | A Pat Travers Band lança seu segundo disco, *Makin' Magic*, que seria seguido ainda no mesmo ano por *Puttin' it Straight*. O baterista da banda é Nicko McBrain, em seu trabalho mais importante antes de se juntar ao Maiden.

ABRIL DE 1977 | Lançamento nos EUA da revista *Heavy Metal*, trazendo quadrinhos, sci-fi e fantasia com um clima de Dungeons and Dragons. Criada na França, em 1974, com o nome de *Metal Hurlant*.

23 DE ABRIL, 1977

Sin After Sin, o primeiro disco do Judas Priest pela gravadora CBS, é lançado. Um megadisco de protopower metal, com faixas de speed metal super-rápidas, como "Let Us Prey" e "Call for the Priest", músicas com tema espacial, como "Starbreaker", e faixas complicadas com uma vibe heavy metal, bem nas características do Iron Maiden.

13 DE MAIO, 1977

O Urchin lança o single de "Black Leather Fantasy"/"Rock and Roll Woman". O guitarrista da banda é Adrian Smith, e a faixa do lado A foi escrita por ele. Por um breve período, Dave Murray também esteve na banda. A história de "Charlotte the Harlot" e "22 Acacia Avenue" surgiu nos tempos do Urchin.

Adrian Smith tem a sua própria história no NWOBHM fora do Maiden.
© MARTIN POPOFF

DAVE MURRAY
SOBRE SEUS PRIMEIROS ANOS:

Pessoalmente, quando comecei, eu estava ouvindo esse povo do blues, Hendrix e coisas assim. Santana, Free, e também bandas como Wishbone Ash e Thin Lizzy — eu realmente curtia o que eles faziam. A gente não tentava imitar esses caras, mas estava lá de forma subconsciente, quando as músicas começavam a surgir. Tem aquelas coisas em que você diz: OK, isso é legal, há uma melodia, vamos colocar a harmonia em cima disso. A coisa meio que vai se ajeitando quando você tem um som-guia pesado. Então, basicamente, o Wishbone Ash nos colocou nessa trilha.

DAVE MURRAY:

Naquela época, a gente tinha feito shows com o Motörhead, eles eram demais. Era realmente cru, direto, pra frente, sem frescura (risos). E eles tinham mesmo um material diferenciado, pesado pra caramba. Mas, naquela época, nós sabíamos das bandas que estavam crescendo, como o Leppard, que não era tão pesado, e o Saxon. Mas a gente não estava realmente ouvindo aquilo tudo, apesar de não ter como não ouvir, já que fazíamos muitos shows juntos. Mas não necessariamente eu ouvia os discos ou coisa assim. Eu ainda estava curtindo as bandas dos anos 1970 — Zeppelin, Purple, Scorpions —, então eu basicamente ouvia coisas daquela época. A gente não sentia que havia algum tipo de competição. O mundo era grande o suficiente para todos esses tipos de música. Eu não achava que estávamos competindo com eles. Todos estávamos produzindo nossas coisas para conseguir algum sucesso e fazer turnês, e apenas continuar tocando, tocando para o máximo possível de pessoas. Mas eu realmente não me sentia competindo com essas outras bandas. A música deveria ser puro entretenimento. Não é como algum tipo de esporte, em que você está tentando vencer um adversário.

25 DE MAIO, 1977

É divulgado o primeiro trailer de *Guerra nas Estrelas*, inspirando muitos que brincariam com o reino do fantasy metal.

MEADOS DE 1977 |

A sexta formação do Iron Maiden é igual à quinta, mas sem o tecladista. A formação número 7 tem a volta de Dave Murray. O logo da banda, com sua fonte característica, já é usado a essa altura, e a perspectiva de shows é promissora. O logo foi criado por Ray Hollingsworth e pelo vocalista do Maiden na época, Dennis Wilcock. A fonte foi patenteada pela Larabie Fonts como uma True Type em 1996, com o nome de Metal Lord Heavy.

24 DE SETEMBRO, 1977

O Motörhead lança, em Chiswick, seu autointitulado disco de estreia, um rock'n'roll descompromissadamente sujo, assumidamente pesado, mas com uma característica diferente dos conceitos do NWOBHM, além da imagem e da arte de capa. O Motörhead, o Saxon e o Iron Maiden iriam liderar o NWOBHM.

27 DE OUTUBRO, 1977

O Sex Pistols lança *Never Mind the Bollocks, Here's the Sex Pistols*, seu disco mais famoso. Por enquanto, o punk está com tudo, enquanto o rock tradicional definha.

STEVE HARRIS:

O maior problema era conseguir trabalho. Eu queria tocar a música que gosto, que era, e ainda é, rock pesado. Para ser honesto, eu não gostava de new wave, e não via sentido em tocar uma coisa pela qual eu não me interessava. Na verdade, na minha opinião, todo o new wave era basicamente heavy metal mal tocado. (*Record Mirror*, 1980)

OS ANOS 70

BRIDGE HOUSE	23 BARKING ROAD CANNING TOWN, E.16
ALL ADMISSION FREE	
THURS 7th	HARD RAIN + GUESTS
FRI 8th	SLOWBONE PLUS SUPPORT
SAT 9th	COCK SPARRA
SUN 10th	ZETH
MON 11th	IRON MAIDEN
TUES 12th WED 13th	HARD RAIN + GUESTS
THURS 14th	THE RETURN OF SOME OLD FRIENDS

Destruindo pensionistas, um pub de cada vez.
COLEÇÃO DO AUTOR

Jeans e couro, sem o jeans.
COLEÇÃO DO AUTOR

NOVEMBRO DE 1977

Depois de um show particularmente ruim no Bridge House, em Canning Town, Steve Harris repensa o Iron Maiden e demite a banda inteira.

DEZEMBRO DE 1977

Bruce Dickinson canta numa banda chamada Speed, durante todo o verão de 1978 (Bruce dizia que a banda era "uma mistura de Judas Priest com Stranglers"). Além de participar da banda, Bruce ainda fazia parte do comitê de entretenimento da faculdade, ajudando a montar o equipamento das bandas nos shows.

2 MINUTES TO MIDNIGHT

1978

1978 | Nicko McBrain, agora fora do Pat Travers Band, está no Blazer Blazer, para depois tocar com Stretch, Jenny Darren, McKitty, Marshall Fury e Informer, até 1980.

1978 | Dennis Wilcock e Terry Wapram, dois ex-Iron Maiden, gravam uma demo como V1, no Spaceward Studios. Steve Harris gosta do som e resolve usar o mesmo estúdio para a demo do Iron Maiden. A banda seguinte de Dennis se chama Gibraltar, que continuou na ativa até 1981.

3-4 DE FEVEREIRO, 1978 | O equipamento da banda é roubado, forçando o cancelamento de uma série de shows em pubs.

10 DE FEVEREIRO, 1978 | O quarto disco do Judas Priest, *Stained Class* é lançado. Mais uma vez trata-se de um verdadeiro marco do power metal. "Exciter" é, ao mesmo tempo, protopower e protothrash. "Stained Class" tem a clássica galopada power metal, um formato muito usado pelo Maiden.

13 DE MARÇO, 1978 | A banda australiana Skyhooks lança *Guilty Until Proven Insane*, que contém a música "Woman in Uniform", que logo seria um hit menor do Iron Maiden.

ABRIL DE 1978 | Adrian Smith (ex-Stone Free, Evil Ways, Urchin) se une ao Iron Maiden pela segunda vez, deixando o Urchin, que em 1978 lança seu segundo single: "She's a Roller"/"Long Time no Woman". A faixa do lado A é composição de Adrian Smith.

9 DE ABRIL, 1978 | Último show do Maiden com Dennis Wilcock e Thunderstick.

14 DE ABRIL, 1978 | O Rainbow lança *Long Live Rock'n'Roll*, seu terceiro disco, que traz o power metal egiptomístico da faixa "Gates of Babylon". O clima egípcio da música, assim como o de "Kashmir", do Led Zeppelin, foi uma grande inspiração ao Maiden, particularmente no disco *Powerslave*.

9 DE JUNHO, 1978 | Data de lançamento do filme de terror *A Profecia 2* (*Damien: Omen II*). Steve Harris disse que, depois de assistir ao filme, foi dormir e teve um pesadelo, que foi parte de sua inspiração para a letra de "The Number of the Beast".

The Number of the Beast seria um dos últimos discos a serem lançados no formato de cartucho.
COLEÇÃO DE DAVE WRIGHT

OS ANOS 70

VERÃO DE 1978

A banda, agora composta por Steve Harris, Doug Sampson na bateria e Adrian Smith na guitarra, ensaia no Star Studios, na cidade de Bow. Logo, Steve conhece Paul Di'Anno, e Di'Anno se junta à banda no lugar de Dennis Wilcox.

28 DE SETEMBRO, 1978

O Black Sabbath lança o muito criticado e comercialmente fracassado *Never Say Die!*, que acabou de vez com a formação clássica da primeira banda de heavy metal da história. É hora de um novo herói do metal surgir.

OUTUBRO DE 1978

O Samson (Bruce Dickinson ainda não havia entrado no grupo) lança dois singles no ano: "Telephone Man" e "Mr. Rock'n'roll", ambos produzidos por John McCoy. Nas quatro faixas divididas entre esses dois singles, apenas a do lado B do segundo, "Drivin' Man", se inclina significativamente na direção de plantar sementes do NWOBHM.

FINAL DE 1978

Bruce está numa banda chamada Shots, fica até o verão de 1979, quando se junta ao Samson. A primeira gravação de Bruce foi "Dracula", uma música do Shots. Ela foi gravada como parte de um take de três músicas, logo após Bruce ter sido contratado pela banda.

PAUL DI'ANNO SOBRE SEU PASSADO PUNK:

Sim, eu tive uma série de bandas punk. Droga, isso não vai me ajudar em nada, né? (risos). Eu tinha uma banda chamada Pedophiles (risos). Quão podre é isso?! Mas éramos garotos de 14, 15 anos. Quer dizer, entrei no Maiden quando tinha 16. Steve tinha a cabeça muito fechada. Era a banda dele, e ele queria que ela andasse. Eu tinha visto o Iron Maiden tocar algumas vezes, com vários vocalistas, e numas três oportunidades, saímos no meio da apresentação, porque a gente achava que não tinham chance alguma (risos). Eu não estava errado, estava? De repente, estávamos juntos, quer dizer, alguém juntou a gente. Steve era um pouco mais adiantado que eu na escola. Ele estava terminando o ensino médio e eu começando. E eles me convidaram pra ir lá, se eu topava fazer um teste. Pensei: ah, não tenho nada melhor pra fazer, então fui lá e meio que consegui o emprego, mas eu não queria aquilo de verdade. Eu não estava interessado porque curtia punk. E sei lá, a gente apenas se sentou, começou a escrever e alguma coisa simplesmente se encaixou. Foi demais.

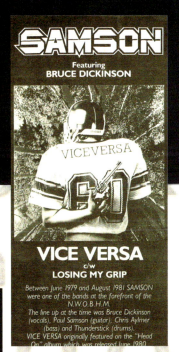

Depois de Bruce ter ficado famoso, seu trabalho com o Samson foi relançado várias vezes para capitalizar em cima de seu nome e sucesso.

COLEÇÃO DO AUTOR

BRUCE DICKINSON SOBRE SOBREVIVER NO FINAL DOS ANOS 70:

Quando eu era sozinho e morava em Isle of Dogs, era comum não ter nada pra comer. Tudo o que eu tinha era uma colher e uma canecona de porcelana. Eu cortava pão com o cabo da colher, metia queijo dentro, passava geleia em cima, e essa era a minha refeição básica. Eu também gostava de granola, que metia na caneca, mexia com a colher e comia. Com a mesma colher! Mas tudo isso acabou. Agora temos pratos, facas e garfos, e todas essas coisas modernas. (*Sounds*, 1985)

30-31 DE DEZEMBRO, 1978

O Iron Maiden grava "Prowler", "Invasion", "Strange World" e "Iron Maiden", no Spaceward Studios, em Cambridge, que depois seriam lançadas como *The Soundhouse Tapes* (sem a faixa "Strange World"). A banda, a essa altura, era Steve Harris, Dave Murray, Paul Di'Anno, Doug Sampson e Paul Cairns. "Invasion" marca o início da exploração de temas vikings no metal, com "The Immigrant Song", do Led Zeppelin, sendo sua precursora mais famosa. Temas assim se tornaram a base do já mencionado subgênero conhecido como power metal, pelo qual o Iron Maiden é hoje visto como importante desbravador. E, realmente, Steve Harris voltaria várias vezes aos temas nórdicos, até colocando "Invaders" no terceiro disco do grupo, *The Number of the Beast*.

PAUL DI'ANNO
SOBRE "IRON MAIDEN":

Na verdade, dessa eu gostava. Foi uma das músicas que me fizeram entrar no Maiden. Eles já tinham a música antes de mim, já haviam trabalhado ela com dois outros vocalistas. Uma noite, fui ver os caras. Tinham me oferecido o emprego, e eu queria vê-los tocar. Eu e um amigo, na verdade o cara que se tornou o técnico de bateria do Maiden, éramos colegas no colégio, e fomos ver a banda duas vezes. Achei eles um lixo. Essa foi a única música que eu realmente achei que era boa (risos).

1979

STEVE HARRIS SOBRE COVERS GRAVADOS EM 1995:

Na verdade, temos três gravações originais que são lados B, mas os covers nós não usamos ainda. Gravamos "Doctor, Doctor", do UFO, uma das minhas bandas favoritas. Usamos essa música como introdução de nossos shows por anos. O disco novo deles tem umas coisas bem bacanas.

JANEIRO DE 1979

O UFO lança seu renomado disco *Strangers in the Night*, considerado um dos maiores ao vivo de hard rock de todos os tempos. Ele foi particularmente bem recebido pelos fãs britânicos de metal, tornando o UFO mais um exemplo de uma banda antiga se beneficiando com o NWOBHM. Steve Harris tem uma predileção especial pela postura de palco e trejeitos do baixista Pete Way.

7 DE FEVEREIRO, 1979

Sid Vicious, baixista do Sex Pistols, morre por overdose de heroína. O punk, já morto há um tempo, agora esfria oficialmente de vez.

9 DE ABRIL, 1979

O guitarrista Paul Cairns perde um show por ter quebrado a perna e nunca mais toca com o Iron Maiden.

21 DE ABRIL, 1979

A parada de heavy metal da revista *The Sounds* coloca "Prowler", do Iron Maiden, na primeira posição, enquanto a música "Iron Maiden" fica em 11º na lista.

OS ANOS 70

NEAL KAY SOBRE A RELAÇÃO ENTRE A SOUNDHOUSE E A *SOUNDS*:

Finalmente, depois de uma trabalheira atroz, Geoff Barton, o editor da *Sounds*, veio ver o que estávamos fazendo e ficou completamente maravilhado. Ele então escreveu uma matéria com duas páginas duplas centrais na *Sounds*, que era a revista do momento. E, acredite, com uma chamada na capa: "Relatos de um Sobrevivente do Heavy Metal!", porque aquilo tudo era coisa que ninguém tinha ouvido falar. E não tocávamos nada além de rock. Tocávamos o que hoje é conhecido como classic rock, e aos poucos as fitas começaram a chegar, vindas do mundo todo, e ficou muito claro rapidamente que as gravadoras não estavam dando bola pra ninguém. E tenha em mente que o rádio — ou a total falta dele —, o DJ, o DJ de rádio Tommy Vance fazia um programa de três horas por semana na Radio One chamado "The Friday Night Rock Show". E esse era o único veículo que o rock tinha. Era isso no rádio, e na Soundhouse, porque a *Sounds* resolveu dar apoio à casa, e logo depois outros jornalistas apareceram. Porra, o *Guardian* e o *Times* vieram ver que barulho todo era aquele no domingo à noite. Nós detonamos — é até engraçado isso.

O heavy metal era uma forma de música nervosa e proletária, que se encaixava muito bem na difícil era Thatcher.
COLEÇÃO DE DAVE WRIGHT

28 DE ABRIL, 1979
O primeiro show do Maiden no Bandwagon.

MAIO DE 1979
Paul Todd faz teste para a vaga de guitarrista no Maiden, consegue o emprego, mas prefere não se juntar ao grupo, logo depois indo para o More.

4 DE MAIO, 1979
Margaret "Dama de Ferro" Thatcher e o Partido Conservador assumem o poder na Inglaterra.

8 DE MAIO, 1979
O show do Maiden no Music Machine, em Camden, Londres, ganha uma notinha na *Sounds*.

19 DE MAIO, 1979
A edição de 19 de maio de 1979 da *Sounds*, com Ted Nugent na capa, traz uma matéria detalhada (e não exatamente elogiosa) sobre uma noite de shows com três bandas do NWOBHM — Angel Witch, Iron Maiden e Samson — assinada por Geoff Barton, com o pseudônimo Deaf Barton. O editor da revista (fã de soul e da Motown, obviamente), Alan Lewis, acrescentou algumas palavras na legenda da matéria, que incluía a expressão "New Wave of British Heavy Metal" pela primeira vez.

PAUL DI'ANNO SOBRE QUANTOS SHOWS A BANDA FEZ ANTES DO PRIMEIRO DISCO:

Muitos. Sim, eu me lembro bem de umas duas centenas. A gente tinha outros empregos durante o dia, se virava, e chegava em casa às 5 da manhã de algum lugar distante e ensolarado da Escócia, e só tinha tempo para uma xícara de café e um banho antes de encarar o emprego (risos). Era realmente divertido, era mesmo. Mas valeu a pena no final, não valeu?

21 DE MAIO, 1979
O Saxon lança seu primeiro disco, provavelmente o primeiro do NWOBHM, se deixarmos o Motörhead de lado pelo seu som mais sujo e com estilo motociclista. Ainda assim, *Saxon*, o disco, também pode ser desclassificado devido ao seu conceito diferenciado do new heavy metal.

2 MINUTES TO MIDNIGHT

O Reino Unido não era apenas NWOBHM 24 horas por dia. As bandas de metal ainda precisavam competir com os praticantes de várias formas de pós-punk.
COLEÇÃO DO AUTOR

As capas dos discos do NWOBHM deixavam claro o que estava dentro da embalagem.
COLEÇÃO DE DAVE WRIGHT

JUNHO DE 1979 | O Samson lança seu primeiro trabalho, *Survivors*, reconhecido como o segundo disco do NWOBHM da história, apesar do som da banda nessa época ser esforçado, quase amador e sem foco.

VERÃO DE 1979 | Rod Smallwood entra na história. Assim como Bruce, ele esteve envolvido em empresariar bandas na faculdade (em Cambridge, com seu amigo Andy Taylor) e usou essa experiência para conseguir um emprego na agência MAM, trabalhando com Be Bop Deluxe, Cockney Rebel, Judas Priest e o grupo de rock holandês Golden Earring. Rod também trabalhou com o Cockney Rebel diretamente, através da Trigram Music, e depois, um pouco antes de ir para o Maiden, trabalhou na Silver Star Ltd. Ele estava quase desistindo de vez do mundo da música, quando uma cópia da fita de Steve com o Maiden caiu em suas mãos. Rod procurou a banda, primeiro para acertar alguns shows de demonstração, depois para ter uma conversa sobre empresariar o grupo.

ROD SMALLWOOD:

Eu tinha retornado ao mundo da música. Ia voltar à faculdade e cursar Direito. Vivia um período de transição, porque empresariar bandas por ali não estava dando muito retorno. Punk, eu não me envolvia muito com o punk. Eu era um cara mais pop, mais comportado, na verdade. Certas coisas eram ótimas, como os Pistols, mas a maioria era apenas uma questão de moda e eu não me interessava muito por isso. Nada estava dando certo pra mim. Eu achava que podia ser um bom empresário, mas não havia nada que eu gostasse para administrar, então pensei que podia simplesmente fazer outra coisa. Eu estava voltando à faculdade quando, coincidentemente, meu melhor amigo no clube de rugby disse que um amigo no trabalho dele tinha uma fita de um tal de Iron Maiden, e me perguntou se eu não queria ouvir. Eu ouvi, e quando vi a banda, pensei que eles tinham qualidades muito especiais, o tratamento que dispensavam aos fãs e a honestidade que se via nos olhos deles. O clima com o público era demais. Desisti de voltar para a faculdade, fui trabalhar com o Maiden, e foi isso. Não fiz nada além do que dizer "vai". (*Brave Words & Bloody Knuckles*, 2005)

AGOSTO DE 1979 | Bruce Dickinson se junta ao Samson, depois de ser tirado do Shots por Paul Samson e Thunderstick, que viram Bruce cantar no pub The Prince of Wales, em Gravesend, Kent. Enquanto isso, a primeira leva de singles independentes do NWOBHM continua a surgir durante o ano.

15 DE AGOSTO, 1979 | O Led Zeppelin lança *In Through the Out Door*, que seria seu último disco. Ele é, de longe, o trabalho menos heavy metal ou hard rock, e traz até alguns teclados. Era preciso atender ao chamado das guitarras, e o Iron Maiden e os outros membros do NWOBHM prontamente responderam.

OS ANOS 70

15 DE AGOSTO, 1979 | Data de lançamento do épico *Apocalypse Now*, que inspirou Steve Harris a escrever a letra de "The Edge of Darkness".

17 DE AGOSTO, 1979 | Lançamento de *A Vida de Brian* (*Life of Brian*), do grupo Monty Python, um enorme marco cultural para a juventude britânica e mundial, tanto na TV como no primeiro filme do grupo, *Monty Python: em Busca do Cálice Sagrado* (*Monty Python and the Holy Grail*).

A amostra que começou tudo — para o NWOBHM e para o Maiden.
COLEÇÃO DO AUTOR

SETEMBRO DE 1979 | A formação do Iron Maiden agora tem Steve e Paul Di'Anno, com Dave Murray e Tony Parsons nas guitarras, e Doug Sampson na bateria. Parsons sairia do grupo logo depois, deixando a banda novamente com apenas quatro membros.

OUTUBRO DE 1979 | O Maiden (um quarteto, com a saída de Parson) grava sua participação na coletânea *Metal for Muthas*, no Manchester Square, Londres.

MEADOS DE OUTUBRO, 1979 | Rod Smallwood chama Derek Riggs em seu escritório para dar uma olhada no portifólio do ilustrador. Rod garante o uso da imagem do Eddie no primeiro disco da banda, apesar de que, àquela altura, um contrato com uma gravadora ainda faltava ser assinado.

Um raro pôster do NWOBHM, que se tornou possível graças a esta amostra icônica em um grande selo, no caso, a EMI.
COLEÇÃO DE DAVE WRIGHT

19 DE OUTUBRO, 1979

O primeiro show do Iron Maiden como atração principal no lendário Marquee Club. Shows realizados durante outubro tiveram a presença de vários caça-talentos de gravadoras para ver a banda, mas a Chrysalis, a CBS e a Warner se recusaram a contratá-los.

27 DE OUTUBRO, 1979 | O Iron Maiden (mais especificamente Paul e Eddie) está na capa da revista *Sounds*.

9 DE NOVEMBRO, 1979 | Enquanto espera uma proposta de contrato com a EMI, o Maiden lança, pelo selo próprio e independente Rock Hard Records, *The Soundhouse Tapes*, gravado no Spaceward Studios. Lá estão "Prowler", "First Invasion" e o hino do NWOBHM, "Iron Maiden". Na contracapa, um testemunho do DJ de metal Neal Kay. Os shows dessa época apresentavam a banda como um quarteto. O grupo prensou 5 mil cópias do EP, e 3 mil delas foram vendidas pelo correio na primeira semana.

Paul ajudou a vender discos no Japão fornecendo as suas próprias faixas obi.
© BILL BARAN

41

NEAL KAY:

The Soundhouse Tapes era vendido pela própria banda em seus shows. Foi lançado antes da assinatura do contrato e chamado de *Soundhouse Tapes* devido à Soundhouse. A história é que inicialmente só tinham 500 cópias, e Steve não tinha dinheiro para pagar pela fita master daquelas gravações. Ficou negociado que ele deveria conseguir o dinheiro, voltar em algumas semanas e pegar a fita. Mas, quando voltou, os engenheiros tinham gravado outra por cima, porque ele demorara um pouco mais do que o combinado. Já era. Tudo o que eles tinham eram as 500 cópias prensadas antes. Só se tocaram quando precisaram de mais. Quer dizer, havia mesmo um movimento acontecendo. O movimento era entre as bandas novas que lançavam fitas, que começavam a ajudar outras bandas a espalhar essas fitas por toda a indústria. E essa indústria vivia com a cabeça enfiada na bunda. Eu tinha vários amigos nas gravadoras, todos diretores nos departamentos de talentos, só alto escalão. Metade deles não sabia dizer a hora do dia. Quer dizer, se eu te contar quantas pessoas rejeitaram a demo do Iron Maiden... E eu posso dizer que ficaria mais do que feliz em te mostrar a fita do Maiden. Só existem duas no mundo. Steve tem uma e eu estou com a outra, e ela ainda toca. Isso é história de verdade. Porém, quando eu levei a fita para as gravadoras, riram da minha cara na CBS, que nem aguentou ouvir. Eu fui até a A&M com ela, e conhecia um cara lá chamado Charlie, que era o chefe do departamento de talentos. Por lá eles tinham o Styx e bandas do gênero, tinham uma boa lista de bandas que nem faziam rock de verdade, mas eu estava mais interessado em fazer o nome, entende? E Charlie apenas riu de mim. Ele me olhou e disse "O que é isso?", e eu acho que retruquei: "Seu futuro, Charlie". Mas não funcionou.

25-26 DE NOVEMBRO, 1979

O quarteto composto por Steve, Paul, Dave e Doug grava uma versão demo de "Running Free", no Wessex Studios, e a faixa entra na coletânea *Axe Attack*. A banda também grava uma versão de estúdio mais avançada da música, além de "Burning Ambition", que se tornaria o primeiro single do grupo.

A primeira arte de Derek criada especificamente para a banda. Note que Eddie é apenas cabelos e olhos.
COLEÇÃO DE DAVE WRIGHT

DEZEMBRO DE 1979

A formação (a décima segunda do grupo) era o quinteto Steve, Paul, Dave, Doug e agora Dennis Stratton na guitarra. Gravam um especial do *Friday Rock Show*, com "Iron Maiden", "Running Free", "Transylvania" e "Sanctuary". Dennis Stratton é ex-Harvest, Wedgewood e R.D.B.

OS ANOS 70

DEZEMBRO DE 1979 | O Iron Maiden assina com a EMI, ainda com Samson na banda.

DENNIS STRATTON SOBRE SE JUNTAR AO MAIDEN:

Na época, eu trabalhava com a minha banda, a R.D.B., que começou como uma banda de rock. Havia muita influência do blues, seguindo a linha de Rory Gallagher, Status Quo, esse tipo de coisa. Entrar no Maiden foi um despertar para mim, porque o Steve tinha escrito as músicas do primeiro disco. Dave Murray e Paul Di'Anno eram os únicos na banda. Não havia papo furado, nem força secundária, eram apenas os três. Eles já haviam passado por diferentes formações, diferentes guitarristas e diferentes bateras que não aguentavam o tranco dos pubs. Mas, quando assinaram com a EMI, começaram a pensar mais sério, tipo, "estamos indo para algum lugar". Rod Smallwood me telefonou, me mandou um telegrama — ele sabia que eu estava em outra banda naquela época — e eu fui lá. Mas com o Maiden, como eles eram uma banda com riffs de metal pesado, não brincavam muito com guitarras mais harmônicas, que era o que eu ouvia com o Capability Brown e o Wishbone Ash, como todas as antigas bandas americanas que usavam esse tipo de guitarra. Scott Gorham costumava ver a gente tocar porque ele adorava esse lance de guitarras harmônicas. Então, quando entrei pro Maiden, eu não sabia fazer outra coisa; não sabia fazer nada além de botar harmonia no que Dave Murray estivesse tocando. As músicas já haviam sido escritas, o disco estava prestes a ser gravado, mas, com meu jeito de tocar e meu amor pelas guitarras harmônicas, a coisa ficou meio "OK, vamos fazer 'Phantom of the Opera', vamos fazer isso, vamos fazer aquilo", mas a guitarra harmônica tem que entrar aí. É mais do que uma guitarra rítmica e uma guitarra solo, tinha que haver duas guitarras. Basicamente, o disco estava escrito, as músicas, prontas, nós apenas gravamos, e pronto. Eu não sabia nada além de como a banda soava antes de eu me juntar a eles. Ouvi as fitas demo, ouvi *The Soundhouse Tapes*, mas eram apenas demos cruas. Quando finalmente me toquei, "eu estive no estúdio, gravando muitas e muitas vezes", pensei que, quando esse disco fosse lançado, esse disco de estreia teria que ser um dos melhores. A ideia era ir lá e colocar essa guitarra harmônica, e isso mudou o som do Maiden um pouco. Eles ainda tinham o mesmo estilo — o peso ainda estava lá —, apenas deixei um pouco mais interessante com a harmonia nas guitarras.

PAUL DI'ANNO SOBRE O QUE A BANDA ACHOU DO CONTRATO PARA O DISCO:

Ah, sim, muito, muito feliz. Com a primeira assinatura, claro. Eu vendi umas músicas minhas para o Maiden há alguns anos. Não fiquei muito feliz com o contrato, mas o cara que estava me empresariando na época meio que não se esforçou muito. Então eu ganhei uma certa porcentagem, mas ouvi alguém lá de dentro falar que eles teriam até me oferecido algo em torno de 1 milhão de dólares pelas minhas coisas, aí saquei que tinha feito merda! (risos). Mas tudo bem. Dinheiro não é tudo, né? Mas eu ainda estou recebendo os direitos, com certeza. Bem polpudos algumas vezes, devo confessar (risos). Mas, de novo, a grana vai pros meus filhos, eu realmente não ligo.

Di'Anno, com visual metaleiro minimamente aceitável para a mais descolada das bandas de metal.
© MARTIN POPOFF

Nossos jovens conquistadores parecendo-se mais com os Ramones do que haviam planejado.
COLEÇÃO DE DAVE WRIGHT

43

Os anos 80 seriam uma era de ouro para o heavy metal, dos dois lados do Atlântico. No início da década, uma espécie de ignição aconteceu com o movimento New Wave of British Heavy Metal. E essa fagulha acabou inflamando incubadoras de rock em São Francisco e Los Angeles, dando à luz a era de ouro do trash, assim como o estouro comercial de uma série de bandas de hair metal por toda a Costa Oeste. E onde o Maiden se encaixa nessa era de heavy metal? Bem, primeiramente como uma banda típica da terra mágica da Inglaterra, depois como um iconoclasta — assim como o Motörhead e o AC/DC —, então como uma banda que nunca abaixaria a cabeça para os modismos da época, que seguiria firme, gravando discos com o seu som pesado característico e basicamente se divertindo durante todo o período.

Ainda há um certo declínio a ser discutido, uma certa queda criativa, crítica e comercial ao final da década, ao menos dentro de casa. Mas até onde os grandes discos e as megaturnês podem ir, a natureza global da banda os sustentou — e bem —, na verdade, até os anos 90. Qualquer tipo de escorregada, de maneira geral, principalmente nos anos seguintes, acabou se tornando quase imperceptível. O período mais marcante para o Iron Maiden como banda acabaria sendo 1980–81, início de uma década na qual o heavy metal nunca ficaria longe do topo das paradas, de uma forma ou de outra. O ano marcaria nada menos que o surgimento do EP de estreia, sucesso instantâneo,

Temos um sucesso em nossas mãos.
COLEÇÃO DO AUTOR

2 MINUTES TO MIDNIGHT

assim como a participação histórica na coletânea de NWOBHM *Metal for Muthas*, a empolgação crescente do lançamento dos primeiros singles do grupo (para um público que estava adorando esse formato), sua primeira grande turnê e, o mais importante, o lançamento do disco de estreia, *Iron Maiden*. O álbum pesado, mas extremamente acelerado, era um disco de heavy metal puro, porém marcado pelo punk e pelo progressivo, e se tornaria um sucesso imediato no underground. O disco trazia uma atmosfera única, havia química, um porquê e até mesmo bizarrices, com letras (e também uma capa) que reprisavam uma ideia brilhantemente executada pelo Black Sabbath havia quase exatos 10 anos: usar o terror como tema para criar todo um pacote que entregava de forma pura e objetiva o que sempre fora deixado de forma subliminar nas linhas do heavy metal. Nesse ponto, o Maiden surgiu como uma das bandas mais intensas e totalmente comprometidas com o movimento heavy metal, que já tinha como base de apoio a excelência do metal.

Munhequeiras combinando não estão inclusas.
COLEÇÃO DE DAVE WRIGHT

O Maiden iria começar também o próximo ano com o pé direito, lançando *Killers*, seu segundo disco. As resenhas se dividiram, mas não restavam dúvidas de que o senso de profissionalismo da banda estava crescendo. *Killers* fez *Iron Maiden* parecer, por comparação, *Machine Gun Etiquette*, do Damned, graças à produção mais caprichada, ao refinamento do progressivo e ao ganho de uma maior confiança roqueira nas apresentações. Além disso, em 1981, a cena metal ganhou sua própria revista, a *Kerrang!*, lançada no meio do ano e sem se importar com nada. O Judas Priest quase que voluntariamente abriu mão da coroa do heavy metal em favor dos novos talentos — capitaneados, entre outros, pelo Maiden e pelo Def Leppard — ao ficar

IRON MAIDEN

> Repare no antigo Eddie "Cabeção" no logotipo.
> COLEÇÃO DE DAVE WRIGHT

mais leve com o disco *Point of Entry*. Mas ninguém estava a fim de descansar ou mesmo de tirar o pé do acelerador, e, ao fim do ano, o Iron Maiden surpreende e troca de vocalista, contratando um nome mais em sintonia com as aspirações de metal progressivo da banda.

Esse período de 24 meses cheios de ação iria destinar a banda a fazer parte do Hall da Fama do Heavy Metal. Tudo aconteceu tão rápido para o Maiden que quase não houve tempo de chorar pela iminente perda de seu amado vocalista Paul Di'Anno. Na melhor das hipóteses, o que tudo isso causou

2 MINUTES TO MIDNIGHT
IRON MAIDEN

Parece que a falta de perspectiva econômica deixou Eddie exatamente como tantos outros ingleses, que foram afogar suas mágoas no show daquela noite.
COLEÇÃO DE DAVE WRIGHT

foi mais falatório com o povo de jaquetas jeans, além da emoção de que a nova contratação, Bruce Dickinson, já era um de nós, tendo servido muito bem em seus momentos à frente do Samson.

Quando *The Number of the Beast* surgiu, no início de 1982, foi como se um tiro tivesse sido disparado. O Maiden era claramente o que havia de melhor da nova turma do heavy metal, escrevendo letras inovadoras, criando hits, épicos

OS ANOS 80

progressivos, e arrebatando os roqueiros de pubs, todos animados por um vocalista carismático, com personalidade e entrega total. *The Number of the Beast* colocaria a Moral Majority em pé de guerra com esses headbangers satanistas estrangeiros. Mas, logo que a direita cristã resolveu apertar o cerco, o Maiden precisou deixar de lado a grosseria do tema desse disco, e faria o que é tido por muitos como o seu melhor trabalho, *Piece of Mind* —, graças em grande parte ao novo baterista da banda, Nicko McBrain, que se transformaria em um enigma de uma parte de "Where Eagles Dare". Finalmente, após sete anos contratando e demitindo sem sentido, a formação clássica da banda estava no lugar, pronta para dominar o mundo.

Nesse ponto, já como headliners mundiais, o Iron Maiden voltaria em 1984 com um disco sólido, considerado o "filho" do *Piece of Mind*. *Powerslave* era brilhante, por pouco não tão genial quanto seu antecessor. Ainda assim, a banda trouxe um épico fantástico chamado "The Rime of the Ancient Mariner", e o hino do Maiden favorito deste autor, "2 Minutes to Midnight".

Depois de um barulhento banquete duplo ao vivo chamado *Live After Death*, o Maiden iria calmamente se mudar para uma categoria onde não eram mais vistos como os excitantes e misteriosos iniciantes que remodelaram o metal no início dos anos 80. Bandas como o Metallica e até mesmo clones do Maiden como o Helloween estavam roubando um pouco dos holofotes, isso sem mencionar crescentes brigadas do hair metal, lideradas por bandas como Mötley Crüe e Twisted Sister, seguidos por Quiet Riot, Dokken e Ratt. Enquanto o Maiden trabalhava no som fatigado de seu novo disco, *Somewhere in Time*, repleto de guitarras com sintetizadores e muitas músicas que pareciam sobras do *Powerslave*, o Van Halen ainda seguia firme com seu novo vocalista, enquanto o Scorpions e o Judas Priest decidiam, por pura simpatia, simultaneamente baixar a guarda.

Seventh Son of a Seventh Son seria o último disco do Maiden da década, e seu perfil conceitual ajudou a elevá-lo ao patamar de um dos favoritos de, eu diria, alguns milhares de fãs mais exigentes. Até poderíamos debater números, mas já é de alguma forma bem conhecido, nos grupos de discussão sobre o Maiden, que esse é um disco que merece uma segunda olhada, que é certamente melhor que seu predecessor, e, frente aos fatos, a década da maidenmania termina de uma forma mais positiva do que havia sido reconhecida lá atrás.

O Maiden se tornou rapidamente grande no Japão, com Steve fazendo a conexão com o mercado nipônico da mesma forma que seus heróis do UFO haviam feito uma década antes.
COLEÇÃO DE DAVE WRIGHT

2 MINUTES TO MIDNIGHT

1980

1980 | A banda More grava um episódio do programa *BBC Radio 1 Rock Show*. O vocalista Paul Mario Day é um ex-Iron Maiden, enquanto o guitarrista Paul Todd quase se uniu à banda certa vez (Todd ficaria de fora de todos os discos relevantes do More).

1980 | O Speed lança, de forma póstuma, "Man in the Street", com Bruce Dickinson nos vocais.

JANEIRO DE 1980 | Clive Burr substitui Doug Sampson na bateria. A formação agora é Steve, Dave, Dennis, Paul e Clive, o novo baterista.

Repare na bateria branca característica de Clive. Como não notar?
© MARTIN POPOFF

OS ANOS 80

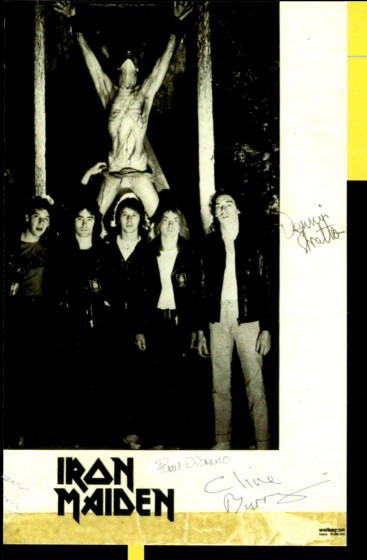

A primeira formação com seis integrantes do Maiden?
COLEÇÃO DE DAVE WRIGHT

DENNIS STRATTON SOBRE WILL MALONE, PRODUTOR DO PRIMEIRO DISCO:

No geral, até que me dei bem com ele e com o engenheiro de som também. O engraçado é que, pelo fato de Dave Murray, Paul Di'Anno e Steve Harris nunca terem gravado um disco de forma decente — era o primeiro deles — e porque eu já havia gravado algumas coisas, sabia que estar no estúdio era muito, muito importante. Então fiquei bastante tempo por lá, fazendo um monte de coisas nos bastidores, como as guitarras em harmonia, backing vocals, vozes complementares. Passei muito mais tempo no estúdio do que eles, porque eu estava fazendo a música crescer. Depois que o Dave terminou as guitarras-base e os solos, eu fiquei de fazer as minhas partes, e nesse momento você pode desenvolver a faixa. A escolha de Steve Harris foi Will Malone. Hoje eu acho que foi uma escolha equivocada, pois creio que ele imaginava que seria melhor. Sobre Will Malone, não teve nada a ver com a gente. Steve o escolheu. Mas me dei bem com ele porque eu ficava direto no estúdio.

FEVEREIRO DE 1980

O Iron Maiden trabalha em seu disco de estreia, no Kingsway Studios.

FEVEREIRO DE 1980

O Maiden toca "Running Free" no programa *Top of the Pops*, sua primeira apresentação no famoso programa de TV britânico.

ROD SMALLWOOD:

O primeiro disco foi estupendo. Decolou logo de cara — estreamos na 4ª posição das paradas inglesas. Fomos nesse programa de TV ridículo... bem, não exatamente ridículo, até que é um bom programa de sucessos chamado *Top of the Pops*, que já está no ar há uns 30 anos. E fomos lá na primeira semana de lançamento do nosso single de estreia — ninguém faz isso. Ninguém lança um single e vai ao *Top of the Pops* na primeira semana, não naquela época. Como uma banda de metal, a gente achou isso legal. Fomos lá, e tocamos ao vivo pela primeira vez desde que o The Who tinha feito isso, doze anos antes. Pegamos nosso equipamento, aumentamos o volume e nos divertimos muito. (*Brave Words & Bloody Knuckles*, 2005)

2 MINUTES TO MIDNIGHT

1º DE FEVEREIRO-2 DE MARÇO, 1980 | A turnê de *Metal for Muthas* leva o new metal às massas, com headliners que variavam entre Samson, Saxon e Motörhead. A turnê teve, em diferentes momentos, 22 bandas de NWOBHM, incluindo o Iron Maiden.

8 DE FEVEREIRO, 1980

Primeira aparição ao vivo de "Eddie the Head".

Surge nosso herói, bem menor, mas, de alguma forma, mais heroico do que quando a fama o transformou num gigante desajeitado.
© MARTIN POPOFF

DENNIS STRATTON SOBRE EDDIE:

Um dos meus melhores amigos é Dave Lights, que saiu do Maiden antes de eu entrar. Ele era o responsável pela iluminação, e teve a ideia de colocar Eddie the Head num mastro, com um pano de fundo. Eu acho que eles levaram Eddie até onde podiam, e tinham que fazer isso de forma inteligente, trabalhar o lado artístico dele. Eddie foi trazido a nós quando estávamos no meio da gravação do disco. Trouxeram, nós olhamos e dissemos: "Boa, tá irado", e foi só isso. O engraçado é que Rod Smallwood queria chamar ele de Bert, ou algo assim, mas nós insistimos com Eddie (risos).

8 DE FEVEREIRO, 1980

O Iron Maiden lança o single de "Running Free"/"Burning Ambition", que coincide com o lançamento da coletânea *Metal for Muthas*, ambos pela EMI.

PAUL DI'ANNO SOBRE "RUNNING FREE":

Aaah, essa é minha queridinha. Sabe, Steve ficou com os créditos porque ele meio que reduziu a linha do baixo, mas eu tinha toda a ideia de como queria que ela fosse. E eu tive a ideia ouvindo um disco da minha mãe, do Gary Glitter (risos). Acredite, peguei de lá a ideia da batida, é de "Rock and Roll Part 1", ou seja lá qual for o nome daquilo. Minha mãe estava ouvindo, ela era uma grande fã do Gary Glitter, apesar de não gostar muito dele hoje em dia (risos). Então ouvi aquilo e pensei: "Hum, isso me deu uma ideia." E a letra obviamente representa a mim e a minha juventude, essas coisas, era isso. Uma vez que você tem a ideia, normalmente tudo se encaixa com facilidade, e tudo ficou pronto em algumas horas, acho eu. Mas aí o Steve reduziu a linha do baixo nela, e recebeu os créditos por isso.

OS ANOS 80

DEREK RIGGS SOBRE A ARTE DA CAPA DO SINGLE:

Eles queriam algo sinistro espreitando ao fundo, mas não queriam que mostrasse o rosto. Então ficou um tipo obscuro de Eddie. Esse era o truque com o single: ele sai antes do disco, sem entregar o que estará na capa. E assim foi. Então, Eddie é basicamente uma silhueta — você consegue ver o que está acontecendo. Aquela mancha branca... é uma garrafa quebrada, eu tive que iluminá-la de algum jeito, pois não aparecia muito. Por isso tem esse branco aí. Foi ideia minha colocar aqueles nomes de bandas de heavy metal ali — eu só queria grafite nas paredes —, mas os caras sugeriram nomes mais contemporâneos, como Scorpions e Judas Priest. O cara correndo não se baseia em ninguém, é só uma figura qualquer. E aquela mão extra lá... bem, é "Running Free", mas ele não está livre, está? Ele está indo direto para a encrenca (risos).

15 DE FEVEREIRO, 1980

Metal for Muthas é lançado pela EMI. O disco alcançou um surpreendente 12º lugar nas paradas britânicas e deu início à já citada turnê NWOBHM (a data real de início foi em 1º de fevereiro). "Sanctuary" era uma das músicas do Maiden no disco, que inspirou o nome da empresa da banda, a Sanctuary Records. Presentes no disco estavam Iron Maiden (duas músicas), Sledgehammer, EF Band, Toad the Wet Sprocket, Praying Mantis, Ethel the Frog, Angel Witch, Samson e Nutz.

19 DE FEVEREIRO, 1980

Bon Scott, do AC/DC, morre em Londres, congelado num carro após uma noite de bebedeira braba.

MARÇO DE 1980

A *Sounds* publica sua seleção de melhores de 1979, e o metal domina a lista. O Def Leppard vence como melhor banda nova, com o Iron Maiden (em quarto lugar), Samson e Saxon também no ranking. Rush, uma grande influência do NWOBHM, vence como melhor banda.

2 DE MARÇO, 1980

A última data da turnê de *Metal for Muthas*, totalizando 30 shows em um mês.

Se as capas dos discos servissem como referência, o AIIZ era duas vezes mais assustador que o Maiden.
COLEÇÃO DO AUTOR

2 MINUTES TO MIDNIGHT

7-27 DE MARÇO, 1980 |
Começa a turnê de *British Steel*, do Judas Priest. Fato relevante: o Iron Maiden estava abrindo os shows e constantemente se vangloriando de ofuscar o Priest no palco, de acordo com testemunhas. E de fato ofuscavam. Foram 19 shows por todo o Reino Unido.

DENNIS STRATTON SOBRE IRRITAR O JUDAS PRIEST:

Bem, o Paul não sabia muita coisa, já que havia insultado o Judas Priest antes mesmo da turnê começar. Basicamente, eles não ficaram muito felizes com o que ele disse, então ficaram de má vontade com a banda. Era algo como "gente velha, gente nova", era tipo "não nos importamos em abrir shows", apenas uma coisa que não se diz. Quando você sai em turnê... eu estava em turnê com o Status Quo entre 1976 e 1977, e, para mim, eles eram deuses, eu respeito meus parceiros, eu olhava pra eles e pensava: "É isso, vocês conseguiram, vocês fizeram tudo, e eu estou só aprendendo." Eu acho que você pode se tornar um grande cabeça-dura, e sua boca só acompanha isso. Pessoalmente, eu me dei muito bem com Glenn Tipton. A gente costumava beber juntos, sentar no camarim e conversar, sem problemas. Mas acho que o que aconteceu com o Priest foi o mesmo que aconteceu com o Kiss na Europa. Eles não perceberam que, quando há uma banda que tem um grande público, que está faminta pelo estrelato e doida para chegar ao topo, abrindo pra você, o que posso dizer é que você escolheu a banda errada para abrir. O que aconteceu foi que, quando o Priest chegava a alguns dos locais dos shows que fizemos juntos, metade do público era do Maiden. Foi a mesma coisa com o Kiss na Europa: quando chegávamos aos estádios, havia milhares de jovens com camisetas do Iron Maiden, o que uma banda de abertura não está acostumada a ver. Todo mundo segue a banda principal. Então, basicamente o que houve na turnê com o Priest foi que eles não gostaram muito do que o Paul disse para a imprensa, e também não gostaram da ideia de estarmos no encalço deles, pensando "seremos tão bons quanto vocês", e ainda com metade do público sendo fã do Maiden. Sabe, para uma banda principal, isso é muito preocupante. Nós apenas sabíamos o que era preciso fazer. Você se prepara, porque, cada vez que vai lá fora, você quer roubar o show. Não há problema para a banda de abertura, afinal você não está sob pressão. Então a gente estava tranquilo e rindo disso tudo, pois pensávamos: "Se o público é metade do Maiden e metade do Priest, então a gente tem uma chance." E tudo o que era preciso era ir lá e dar o nosso melhor.

STEVE HARRIS:

Eu até que gostei do primeiro disco do Angel Witch. Eu achava que eles iriam se dar bem. Fizemos alguns shows juntos. O problema é que eles se separaram antes de terem chance de evoluir. Acho que isso acontece com muitas bandas novas: são forçadas a evoluir muito rapidamente, e precisam fazer isso sob o olhar da imprensa, o que não é nada fácil.

12 DE MARÇO, 1980 |
O Angel Witch lança o seu clássico disco de estreia autointitulado. Ele é reverenciado como uma obra-prima do NWOBHM, tão bom quanto a estreia do Iron Maiden, senão melhor. Mas rapidamente o domínio do Maiden sobre as apresentações ao vivo ajudaria a coroar o grupo como vencedor dessa batalha entre bandas.

14 DE MARÇO, 1980 |
O Def Leppard lança *On Through the Night*, seu disco de estreia, pela Polygram, chegando ao 15º lugar nas paradas. O Def Leppard ficou conhecido por ter levado o NWOBHM ao interior do país, apesar de apenas o Saxon, o Motörhead e o Maiden parecerem ter aproveitado o convite.

OS ANOS 80

1º DE ABRIL-23 DE AGOSTO, 1980 |

O Iron Maiden embarca para sua primeira turnê como headliner, dividida em duas partes, para poder acomodar shows de abertura para o Kiss, que fazia a turnê do disco *Unmasked*. O primeiro show importante do Maiden como banda principal foi em 1º de abril, no Rainbow Theatre, em Londres. O Praying Mantis abriu.

DENNIS STRATTON SOBRE ABRIR OS SHOWS DO KISS:

Quando terminou a turnê com o Kiss, nos disseram claramente que não íamos tocar com eles na Inglaterra. E isso apenas provava que estavam preocupados. Não queriam a gente abrindo os shows na Inglaterra, já que a maioria do público, acho que uns 75%, ou talvez metade, como antes, seria do Iron Maiden. Então, claro, eles não queriam a gente abrindo na Inglaterra de jeito nenhum. Como já disse, fomos até um lugar na Itália, ou França, sei lá, e quando chegamos no meio da tarde... foi bem no meio da tarde, a gente deu de cara com um lugar gigante tipo um estádio, um ginásio, e viu 50, 60 mil pessoas andando pelas ruas, ou sentadas na grama ou nos bares. E, quando passamos de ônibus, deu pra notar que metade da galera usava camisetas do Kiss, e a outra metade, camisetas do Iron Maiden. Tivemos uma receptividade enorme na turnê com o Kiss. E também me dei muito bem com o Gene Simmons e com o Paul Stanley, porque eles me levaram pra sair no meu aniversário, e nos divertimos muito. Mas estava chegando a um ponto em que, conforme a turnê avançava, o Maiden ia ficando maior e maior, e ganhando ainda mais fãs. O Kiss sempre foi uma banda enorme, mas, na época, acho que foi um excelente trabalho da EMI, ou do Rod Smallwood, sei lá, mas o Kiss estava tentando provar que ainda era um dos nomes principais. Apesar da banda estar aí até hoje, eles viveram umas fases mais mornas, e quando estávamos em turnê com eles, como eu disse, não tínhamos nada a perder, e tudo a ganhar.

3 DE ABRIL, 1980

O Maiden toca no Marquee e faz gravações que renderiam as versões de "Drifter" e "I Got the Fire", que seriam lançadas no mês seguinte, no single de "Sanctuary".

5 DE ABRIL, 1980

O Maiden faz seu primeiro show fora do Reino Unido, no Wheel Pop Festival, na Bélgica. O destaque da noite acabou ficando por conta de um defeito na cabeça do boneco Eddie, que, em vez de expelir fumaça vermelha, explodiu!

PAUL DI'ANNO:

"Drifter" foi outra que o Maiden já tinha antes de eu entrar na banda. Ela já estava pronta e definida, então eu apenas fui lá e cantei. Acho que dá pra ver a diferença entre essa e as outras músicas que fizemos. Então foi isso. Eu não gostei muito dela, mas era sensacional ao vivo. A molecada ia à loucura.

10 DE ABRIL, 1980 |

O Maiden toca um set inteiro instrumental no Central Hall, em Grimsby, pois Paul Di'Anno alega estar doente.

2 MINUTES TO MIDNIGHT

11 DE ABRIL, 1980

Data do lançamento britânico do autointitulado álbum de estreia do Iron Maiden. O disco chega ao 4º lugar das paradas britânicas e se torna o segundo mais vendido na Inglaterra em menos de um mês.

PAUL DI'ANNO SOBRE O PRODUTOR DO DISCO, WILL MALONE:

Cara, quem diabos era ele?!? Eu não tenho ideia de que buraco tiramos o sujeito. Acho que somos a única coisa que ele fez na vida, pra você ter uma ideia (risos). Ah, me lembrei de algo. Acho que ele fez alguma orquestração pro Mike Oldfield. Nossa, isso é que é heavy metal, né? Mas a coisa ficou assim. Eu nem me lembro da cara dele. É a banda do Steve Harris, e sempre vai ser. Engolimos e foi assim. Acho que procuramos uns aos outros por orientação. Tínhamos feito a demo *The Soundhouse Tapes*, então a gente já havia estado em estúdio, mas apenas para fazer demos que nunca lançaríamos.

Uma pintura clássica (preexistente) de Derek Riggs: malevolência em neon verde.
COLEÇÃO DE DAVE WRIGHT

14 DE ABRIL, 1980

O Judas Priest lança *British Steel*. Apesar de que musicalmente possa se argumentar que o som do disco pisa um pouco fora do NWOBHM, o conceito de *British Steel* ajudou a dar formas reais ao movimento. Além disso, reúne verdadeiros hinos do metal, que transformam o disco num sucesso para a banda. O Priest, sem dúvida, abriu — e é tomado de assalto depois — o apetite por metal no Reino Unido e nos Estados Unidos. O Iron Maiden se tornará o maior beneficiado desse fenômeno.

25 DE ABRIL, 1980

O Black Sabbath lança o clássico *Heaven and Hell*, que reacende a carreira da banda. É o primeiro disco a trazer Ronnie James Dio nos vocais.

OS ANOS 80

ABRIL-MAIO DE 1980 | Bruce Dickinson trabalha a parte vocal das faixas que viriam a ser o seu primeiro registro em disco, o álbum *Head on*, do Samson.

5 DE MAIO, 1980 | O Saxon lança o segundo disco, *Wheels of Steel*. O Iron Maiden, o Motörhead e agora o Saxon se tornariam os estandartes do NWOBHM.

MAIO DE 1980

A gravadora Neat lança o single de estreia da banda White Spirit, "Backs to the Grind"/"Cheetah". O guitarrista da banda é Janick Gers.

O Maiden, que era fã de gravações, logo percebeu o valor de oferecer faixas inéditas, boas versões de covers e material ao vivo.
COLEÇÃO DE DAVE WRIGHT

**15 DE MAIO-
1º DE JULHO, 1980**

A maioria das datas da turnê do Maiden pelo Reino Unido, com o Praying Mantis abrindo os shows e tendo o DJ de heavy metal Neal Kay no line-up.

16 DE MAIO, 1980

O Iron Maiden lança o single de "Sanctuary"/"Drifter"/"I Got the Fire" como um compacto, trazendo a controversa capa com Eddie esfaqueando Margaret Thatcher.

DENNIS STRATTON
SOBRE O MURO QUE SEPARAVA PUNK E METAL:

Não, sem misturas. No início, quando a gente crescia em Londres, lá nos pubs onde tocávamos, o Bridge House ou o Ruskin Arms, eles tinham muitos fãs, mas a cena era diferente. A cena punk era mais zoneada — me desculpe por dizer isso —, fora de sintonia, mais zoneada que todo o resto. Nada a ver com a cena metal, eram públicos diferentes. Eu costumava ir aos pubs assistir a bandas de punk. Até trabalhei montando o PA para o Siouxsie and the Banshees. Era tudo uma zona. Mas os dois públicos jamais iriam estar no mesmo show. Você nunca teria uma banda punk junto com uma banda de metal, apesar disso ter acontecido depois. Naquele tempo, você tinha uma banda de soft rock, de rock pesado, ou tinha uma banda punk, eram públicos totalmente diferentes.

BRUCE DICKINSON
SOBRE A CONEXÃO ENTRE O MAIDEN E *HEAVEN AND HELL*:

Eu adoro "Children of the Damned". Devo dizer que fomos muito influenciados por "Children of the Sea", do Black Sabbath. Dá uma escutada (risos). Há alguma coisa naquela música em termos de estrutura. Mas, além disso, é uma bela canção, quase melancólica às vezes … até que começa a andar (risos).

PAUL DI'ANNO SOBRE SUA POUCA CONTRIBUIÇÃO NAS COMPOSIÇÕES DO MAIDEN:

"Running Free", "Remember Tomorrow", "Sanctuary" e "Killers" são minhas. E é meio que só isso. Era basicamente a banda do Steve. Tem mais uma coisa que eu quero dizer: como algumas das músicas que eu escrevi eram provavelmente algumas das melhores, eu tinha que levar isso a sério. Mas você só podia colocar certas coisas ali, a maioria das músicas era do Steve Harris. Quer dizer, o Dave e o Steve uniam trechos para fazer uma única música, mas 90% da coisa eram do Steve. Eu não estava compondo música com o Maiden, só estava escrevendo algumas letras.

2 MINUTES TO MIDNIGHT

20 DE MAIO, 1980 |

O *Daily Mirror*, de Londres, reproduz a ilustração de *Sanctuary* com a chamada "ASSASSINATO! Maggie é dominada pelo rock". O single sobe para o 29º lugar dos mais vendidos.

31 DE MAIO, 1980 |

O Samson desiste de assinar com a EMI, o mesmo selo do Iron Maiden, preferindo a gravadora Gem. Os planos de Bruce Dickinson para a dominação mundial estão temporariamente suspensos.

MEADOS DE 1980

Metal for Muthas Volume II é lançado. O disco é ainda mais focado no heavy metal independente que seu predecessor e traz Trespass (duas músicas), Eazy Money, Xero, White Spirit, Dark Star, Horsepower, Red Alert, Chevy e Raid.

JUNHO DE 1980

O Samson lança seu segundo disco, *Head On*. É o primeiro com o novo vocalista, Bruce Dickinson, aqui chamado de Bruce Bruce.

JUNHO DE 1980 |

O Samson lança o single de "Vice Versa"/"Hammerhead", faixas do disco *Head on*. O single foi seguido pelo de "Hard Times"/"Angel with a Machine Gun".

20 DE JUNHO, 1980

O Iron Maiden vende todos os ingressos de um show no Rainbow Theatre de Londres.

JULHO DE 1980 |

De acordo com John Tucker, da revista *Suzie Smiled... The New Wave of British Heavy Metal*, o desemprego no Reino Unido atinge seu nível mais alto desde 1936, subindo de 1,5 milhão de pessoas em abril de 1980 para 1,9 milhão. Em abril de 81, esse número seria de 2,5 milhões, e, em fevereiro de 83, de 3,2 milhões.

DEREK RIGGS SOBRE A ILUSTRAÇÃO:

Quando tive a ideia, eles recusaram, porque não queriam nenhuma ligação com Margaret Thatcher, damas de ferro ou coisas assim. Mas devem ter mudado de ideia, e me disseram para fazer a Thatcher. E aí eles colocaram um adesivo no rosto dela. A letra da música diz "Eu nunca matei uma mulher, mas sei como é", uma letra idiota, percebe-se. Eu apenas peguei aquilo e ilustrei, só isso. E quando já estava na metade do trabalho, eles disseram: OK, faça a Margaret Thatcher, então eu fiz. Eu tento criar uma narrativa nos meus desenhos, afinal isso cria interação com os fãs (risos). Eles podem olhar o negócio e dizer que isso ou aquilo está acontecendo.

DENNIS STRATTON SOBRE A IMAGEM PUNK DE PAUL AO VIVO:

Eu acho que ele estava meio perdidão no quesito moda ou no... eu não faço ideia. Quando entrei na banda, ele estava totalmente entrosado com o Maiden, e nos shows ele às vezes usava um chapéu reto, ou saía dançando de um jeito estranho ou coisa assim. A banda continuava igual, não havia problema entre o show do Maiden antes e depois de gravarmos o disco. Paul apenas gostava de ser um pouco exótico. Steve Harris sempre foi um grande líder, e ainda é, então ele não questionava isso. Mas eu me lembro de quando levamos o Paul para o Japão, em 1995, e ele colocou dreadlocks. Era apenas uma questão de imagem.

OS ANOS 80

3-5 DE JULHO, 1980

O Iron Maiden faz três noites de shows no Marquee. O Raven abre a primeira noite, com o show sendo gravado para a ITV. O Fist abriu os shows de 4 e 5 de julho.

INÍCIO DE JULHO, 1980

Fist, Raven e White Spirit tocam em Newcastle, três bandas do North-East New Wave of British Heavy Metal, ou NENWOBHM.

19 DE JULHO, 1980

Dave Murray quebra sua guitarra no primeiro show da história da banda na Finlândia.

STEVE HARRIS SOBRE A CONSTANTE PREOCUPAÇÃO DA INDÚSTRIA COM O PUNK:

Esse rótulo punk era tudo pra essa fedelha da RCA, uma chata que não parava de nos dizer "virem punk". Ela tentou agendar um show no Roxy. Acho que até colocou nosso nome num pôster, mas falamos pra ela onde enfiá-lo. A gente não queria nada com aquilo tudo. Ela até nos colocou no meio de uma matéria de new wave na *Sounds*. Ficamos possessos quando vimos aquilo, e mandamos uma carta pra lá na época. (*Sounds*, 1980)

DENNIS STRATTON SOBRE AS VIRTUDES E FRAQUEZAS DE STEVE HARRIS E ROD SMALLWOOD:

Bem, não havia fraquezas. Era apenas Steve e Rod gerenciando a banda: eles mandavam, a gente obedecia. Acontecia daquele jeito. Steve sempre foi um bom líder, e sempre teve a palavra final, sempre soube o que queria, e, para ser honesto contigo, se tivesse ocorrido algum desentendimento e o Rod tivesse pedido demissão, o Maiden ainda seria tão grande quanto hoje, pois Steve tinha um sonho, e estava focado nele. E teria realizado de qualquer jeito com o Rod por lá ou não. Tudo era ótimo, uma ótima direção, ótima organização, mas Steve sempre... é a banda dele, e foi isso o que ele fez.

Dave Murray: o K.K. Downing do Maiden.
© BILL BARAN

DENNIS STRATTON SOBRE O NASCIMENTO DO NWOBHM:

Basicamente, eu acho que desbravadores como Deep Purple, Black Sabbath e Led Zeppelin estiveram na cena por um bom tempo durante os anos 60 e 70. Você tem que pensar que somos a Inglaterra, um país muito pequeno, então as influências musicais, a cena musical, tudo muda bem rápido. Não é como nos Estados Unidos, onde você tem várias estações de rádio. Acho que o que aconteceu foi que as bandas tocavam por toda a Inglaterra — eu sou de Londres, então só posso falar de Londres —, mas a maioria era de Londres ou das áreas próximas. Todo mundo estava tocando o seu tipo de música, mas nada acontecia, porque não havia muitas bandas em turnê na época. O UFO foi para os Estados Unidos. Você tinha bandas como Maiden, Saxon, Def Leppard e Tygers of Pan Tang compondo, ensaiando, tentando crescer. Lembro que, em 76 ou 77, a banda em que eu tocava, Remus Down Boulevard, tinha o mesmo empresário que cuidava do Status Quo. E, logo em seguida, estávamos em turnê com o Status Quo, e isso era 76, 77 e tínhamos que viajar. Europa, Escandinávia, Alemanha, França, todos os lugares. Nenhum show na Inglaterra, porque eu acho que, na época, o cenário musical inglês para o rock pesado estava desaparecendo. Então, essas bandas tinham que viajar atrás de público. Acho que, quando o Maiden surgiu, eles já estavam se apresentando há muitos e muitos anos, mas nada de shows grandes de verdade, apenas pubs. Mais tarde, depois que a cena punk aconteceu, com o Neal Kay, o Maiden e o Saxon, houve uma nova onda de heavy metal que precisava acontecer, porque os chefões originais tinham ido dormir. Estavam no Japão ou nos Estados Unidos.

25 DE JULHO, 1980

O AC/DC lança *Back in Black*, que já vendeu mais de 50 milhões de cópias, tornando-o o segundo disco mais vendido da história. O AC/DC se torna a maior banda de hard rock dos anos 80, com nomes como Judas Priest, Ozzy Osbourne e Iron Maiden pegando carona no sucesso dos caras.

26 DE JULHO, 1980

Data do festival The Heavy Metal Barn Dance no Bingley Hall, apresentando Mythra, Vardis e White Spirit; Girlschool e Angel Witch; e Saxon, com o Motörhead como headliner. Na camiseta comemorativa para o festival, nas costas, lia-se: "Over The Top, H.M.B.D. Mayhem Party, Bringley Hall, July 26." Era o heavy metal a caminho se tornar o queridinho da indústria fonográfica britânica.

10 DE AGOSTO, 1980

O Maiden toca no Global Village, em Londres. As bandas de abertura foram o Angel Witch, o maior concorrente do Maiden no NWOBHM já com disco gravado, e o Urchin, a banda de Adrian Smith.

17 DE AGOSTO, 1980

O canal ITV apresenta o episódio de *Twentieth Century Box* com o Iron Maiden, gravado no mês anterior, no Marquee.

17 DE AGOSTO, 1980

Data do lançamento nos Estados Unidos do autointitulado disco de estreia do Iron Maiden.

OS ANOS 80

DEREK RIGGS SOBRE A ILUSTRAÇÃO DA CAPA DE IRON MAIDEN:

O heavy metal ainda não tinha decolado. O punk era enorme na Inglaterra, e todos andavam pelas ruas de cabelo moicano com gel, usando roupa de leopardo e umas merdas assim. Eu trabalhava com monstros. Queria fazer capas de livros, e havia versões de monstros tipo uma porra de um macaco com asas (risos). Um demônio do inferno, e a coisa mais medonha que você consegue imaginar é uma porra de um macaco com asas. Aqui não é o Kansas. Então eu pensei, vejamos, vou fazer como se fosse uma pessoa, e eu tinha essa imagem de uma cabeça presa num tanque de algum lugar, de alguma guerra ou coisa assim. Acho que era uma peça da capa publicitária, mas parecia bem legal, então eu meio que usei isso como referência anatômica, porque é difícil conseguir imagens de caveiras. E o cenário eram as ruas em que eu vivia em Londres. Então, meio que juntei as duas coisas. Eu costumava ler H.P. Lovecraft, e vi uma entrevista em que ele dizia que qualquer um pode escrever uma história de terror nas florestas da Transilvânia, com uma coruja piando e tudo mais, mas como seria jogar tudo isso na porta da sua casa? Então eu coloquei ele bem na sua porta da frente. E até eu fazer isso... era algo tão diferente do que as pessoas estavam fazendo. É difícil enxergar isso agora, olhando pra trás, mas, na época, demônios eram apenas macacos com asas; fantasia e terror eram apenas homens se enfrentando com espadas, e tudo acontecia dentro da moldura. Não havia muito contato com o mundo da fantasia. E nunca ninguém pintava algo realmente horripilante. Eram apenas fadas. Mas a arte de terror realmente não havia chegado a lugar algum, estava empacada. Não era interessante. Então eu fiz essa coisa, que era duplamente mais horrível do que qualquer outra que estava por aí, e fiz com que ela olhasse direto pra você. Ele estava te encarando, e você não ia escapar (risos). E isso criou uma conexão direta com o espectador. Não havia barreiras, não havia nenhum mundinho. Você olhava para um desenho do seu mundo, e ele estava olhando de volta pra você.

22-24 DE AGOSTO, 1980

O famoso Reading Rock Festival, na Inglaterra, se torna heavy metal. O lineup completo (em ordem de apresentação) foi o seguinte: Sexta: Red Alert, 01 Band, Hellions, Praying Mantis, Fischer Z, Nine Below Zero, Krokus, Gillan, Rory Gallagher. Sábado: Trimmer and Jenkins, Headboys, Writz, Broken Home, Samson, Q Tips, Pat Travers Band, Angel City (que não tocou), Iron Maiden, UFO. Domingo: Pencils (que não tocou), Sledgehammer, Tygers of Pan Tang, Girl, Dudgic, Magnum, Gary Moore's G Force (que não tocou), Ozzy Osbourne (acabou substituído pelo Slade), Def Leppard, Whitesnake. Dizem que o Maiden roubou a noite de sábado, superando Pat Travers e o UFO. O que acabou sendo chamado de uma festa de debutante para o Maiden, e até mesmo para o NWOBHM, reforçado pelo fato de que Travers e UFO eram da velha guarda.

Preciso dar uma olhada nessa
"Banda Nova de Ossie Osborne".
COLEÇÃO DO AUTOR

2 MINUTES TO MIDNIGHT

Um Paul Di'Anno magro e estiloso detonando no palco.
© MARTIN POPOFF

29 DE AGOSTO-13 DE OUTUBRO, 1980 |
O Maiden faz os shows de abertura do Kiss em sua turnê europeia de *Unmasked*. O show do dia 29 foi o primeiro da banda na Itália, que hoje possui um dos maiores fã-clubes do Iron Maiden.

SETEMBRO DE 1980 |
O White Spirit, apresentando o futuro guitarrista do Maiden, Janick Gers, lança seu autointitulado disco de estreia. A banda sai em turnê abrindo para o Gillan. O primeiro single é de "Midnight Chaser"/"Suffragettes", e o segundo de "High Upon High"/"No Reprieve"/"Arthur Guitar".

ROD SMALLWOOD:
Experiência fantástica. Bill Aucoin, que era empresário deles na época, agendou dois shows em Paris, no Hippodrome, e, depois da primeira noite, veio me dizer sobre a incrível resposta que tivemos, que foi inacreditável. O tipo de reação de que uma banda principal se orgulharia. Ele até disse, em tom de brincadeira: "Daqui pra frente, nós é que vamos abrir pra vocês." O Kiss era fantástico em turnê, e nos demos muito bem com eles, e claro, eles conosco. Eram o tipo de banda que não se sente ameaçada por nós.

JANICK GERS:
Olha, na verdade, nunca houve essa coisa de New Wave of British Heavy Metal. Foi pura ficção, coisa da mídia. O Maiden fazia suas coisas, o Samson fazia outras. O Son of a Bitch virou Saxon, e a gente fazia as nossas coisas no White Spirit. Estávamos no Norte da Inglaterra, e levávamos aos shows tanto público quanto o Gillan. Eles mesmos diziam que a gente levava mais pessoas aos nossos shows do que eles. Mas éramos todos separados, apenas fazíamos rock. E o punk estava lá, de fato ninguém se interessava. O que eu acho é que algumas pessoas da mídia passaram a curtir, e começaram a falar que havia uma grande cena acontecendo. Aí a gente apenas fez nossas coisas. Eu ouvi esse disco recentemente, e ele é de fato bem atual.

OS ANOS 80

11 DE SETEMBRO, 1980

Primeiro show do Maiden na Alemanha.

23 DE SETEMBRO, 1980

Primeiro show do Maiden na França.

Uma foto mais recente de Janick, obviamente, à direita, sem pensar em seus dias de porradaria com Ian Gillan e John McCoy.
COLEÇÃO DO AUTOR

25 DE SETEMBRO, 1980

John Bonham morre depois de uma noite de bebedeira. Sem o Deep Purple, e agora sem o Led Zeppelin, é o fim da velha guarda.

13 DE OUTUBRO, 1980

Último show do guitarrista Dennis Stratton com o Iron Maiden, e a primeira parada do grupo na Noruega. Stratton deixa a banda após bater de frente com Steve Harris e o empresário Rod Smallwood. Ele seria substituído por Adrian Smith, que na época tocava com o Broadway Brats (Phil Collen, do Girl, também foi considerado). A data marcou o fim dos shows da turnê *Unmasked* com o Kiss.

DENNIS STRATTON SOBRE DEIXAR O MAIDEN:

Como eu já havia feito turnês com várias bandas, acho que é legal ter liberdade para se misturar com outras pessoas, ouvir músicas diferentes. Acho que o que aconteceu foi que o Rod, sendo um jovem empresário e desejando manter a banda unida, queria que ficássemos juntos o tempo todo. Eu só queria um pouco de espaço, e ele achou que eu não ligava muito pra música. Achava que eu não curtia as bandas de heavy metal, que eu não curtia o Iron Maiden. Eu gostava de ouvir Eagles, George Benson, tipos diferentes de música. Acho que, no final, quando a turnê com o Kiss estava acabando, ele veio ao meu quarto de hotel — eu estava no banho, ouvindo David Coverdale cantar "Soldier of Fortune" —, e falou: "Olha, acho que você não curte a banda como deveria. Não te acho comprometido com o heavy metal." Eu disse apenas: "Se eu tocar Iron Maiden a noite toda, voltar pro hotel e ficar ouvindo Motörhead até amanhã, no final da semana meus ouvidos vão explodir." Expliquei só que "precisava relaxar e descansar", porque eu era um pouco mais velho que ele, e provavelmente o mais velho da banda, eu apenas tinha a minha própria forma de relaxar. A parte engraçada é que, quando voltamos para a Inglaterra, e tivemos toda uma grande discussão sobre o meu comprometimento com a banda, ele disse: "Eu não posso falar de como você toca, não posso falar de como canta, é apenas que você está fora de sintonia com o heavy metal." É importante ressaltar que era o primeiro disco. Ele estava muito nervoso, queria que a banda fosse tão grande como se tornou, mas o engraçado é que, depois de alguns anos, eu estava nos Estados Unidos, em Los Angeles, com o Lionheart, em 1984. Estávamos gravando para a CBS, e encontrei o Rod no Rainbow, e ele falou: "Vou te pagar uma cerveja." Sentamos para beber, e ele me revelou: "Tudo que você falou aconteceu." Ele tentou tanto deixar a banda unida, que eles... não querem ficar juntos, querem o seu próprio espaço. Era uma daquelas coisas. Nós voltamos da turnê com o Kiss, tivemos toda aquela discussão e eu disse: "OK, se você acha que eu não estou a fim...", e ele disse: "Eu acho que a nossa visão do heavy metal..." E eu perguntei: "É a forma como eu toco?" E ele respondeu que não. "É como eu canto?", e ele disse que não. Eu disse: "Bem, eu não posso mudar quem eu sou", e ele respondeu "Bem, você precisa". Eu falei: "Não posso. Se eu quero ouvir outros tipos de música, eu vou." E foi isso. Acabamos nos separando.

2 MINUTES TO MIDNIGHT

27 DE OUTUBRO, 1980

O Iron Maiden lança "Women in Uniform", cover do Skyhooks, tendo do outro lado "Invasion". O LP de 12 polegadas tinha também uma versão ao vivo de "Phantom of the Opera". E a versão do Iron Maiden para "Women in Uniform", que foi sugerida a eles pela sua nova empresa de distribuição, a Zomba, acabaria sendo a última gravação com o guitarrista Dennis Stratton. A música também serviu de plataforma para o primeiro videoclipe profissional do Maiden, que ajudou a colocar o single no 35º lugar da lista dos mais vendidos. A música foi gravada — contra a vontade da banda — por Tony Platt, no Battery Studios.

FINAL DE 1980

A EMI lança a coletânea *Mutha's Pride*, que tinha Quartz, Wildfire, White Spirit e Baby Jane.

PAUL DI'ANNO SOBRE "PHANTOM OF THE OPERA":

Essa é mais uma do Steve. Demorou mais tempo porque é um puta pesadelo pra se cantar. Já é difícil o suficiente ao vivo, e fazer ela certinho para uma gravação... eu acho que tive que repetir umas três vezes ou coisa assim. Se eu disser que foi menos, provavelmente estarei mentindo (risos).

O Maiden mudou a tendência da época de fazer covers de músicas que já eram sucesso, optando por coisas como essa obscuridade australiana.
COLEÇÃO DO AUTOR

DEREK RIGGS SOBRE TRAZER MARGARET THATCHER DE VOLTA EM OUTRA CAPA:

Acho que foi ideia do Rod. Ele queria trazer a Margaret Thatcher de volta, e queria um Eddie com uma metralhadora. Mas eu não estava encontrando uma imagem decente dela em lugar nenhum, então inventei uma (risos). Nem tenho ideia se se parece com ela. Algumas pessoas disseram que a reconheceram, mas sei lá. As garotas eu apenas desenhei. Não lembro de onde veio a ideia. Sim, são enfermeiras, mulheres de uniforme, certo? Então eu fiz um Eddie com duas mulheres de uniforme.

NOVEMBRO DE 1980

O Maiden lança *Live!!+One*, apenas no Japão, trazendo três músicas com Paul Di'Anno ao vivo, mais o cover de "Women in Uniform". Apesar da banda ainda não ter ido para lá, o Japão rapidamente aprendeu sobre o Iron Maiden, graças ao jornalista Masa Ito. Lá seria o primeiro país a render ao Maiden um disco de ouro, logo pelo seu álbum de estreia, que acabou recebendo a honraria apenas depois de seus sucessores na maioria dos lugares.

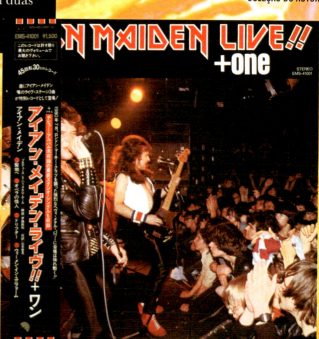

Sapatos vermelhos não funcionam.
COLEÇÃO DE DAVE WRIGHT

OS ANOS 80

8 DE NOVEMBRO, 1980

Primeira apresentação de Adrian Smith com o Iron Maiden: a gravação de um programa de TV chamado *Rock Pop*, em Munique, Alemanha.

Adrian empresta ao Maiden uma certa jovialidade com seus cabelos curtos, parecidíssimo com Phil Collen depois de ele ter se juntado ao Def Leppard pós-*Pyromania*.
© MARTIN POPOFF

21 DE NOVEMBRO, 1980

Adrian Smith toca em seu primeiro show de verdade com o Iron Maiden, na primeira data da turnê britânica da banda, na Brunel University, em Uxbridge. O local era perto o suficiente de Londres para ter alguns funcionários da EMI no público. Depois de dez shows para encerrar o mês, a banda entraria em estúdio para gravar seu segundo disco.

INÍCIO DE DEZEMBRO-JANEIRO DE 1981

O Iron Maiden trabalha em *Killers*, no Battersea Studios, Londres.

A avalanche promocional continua: um pôster de *Killers* para lojas.
COLEÇÃO DE DAVE WRIGHT

PAUL DI'ANNO SOBRE COMO ELE ACHAVA QUE O MATERIAL DA BANDA ESTAVA FICANDO COMPLICADO DEMAIS:

Sim, mas, de novo, se eu pensar nisso direito, acho que, no fim das contas, tudo teria sido assim. Se você adivinhar algumas das coisas que entraram no primeiro disco, não é surpresa. As coisas iam acabar ficando um pouco mais complicadas em relação ao que eu queria. Gosto mais de riffs do que entrar por tangentes, mas, de novo, não há nenhuma banda que faça isso melhor do que o Iron Maiden.

2 MINUTES TO MIDNIGHT

21 DE DEZEMBRO, 1980

O Maiden grava sua participação numa espécie de festa de Natal, que depois se tornaria o vídeo ao vivo *Live at the Rainbow*. A versão demo de "Killers" tocada nesse dia tinha letras diferentes da que acabou entrando no disco mais tarde.

PAUL DI'ANNO:

Eu lembro que em "Killers", no clipe de *Live a[t the] Rainbow*, a letra era completamente diferente do [que] aparece no disco. Isso porque tive tipo uns 5 min[utos] para escrever tudo, ou ela seria instrumental. Entã[o] precisei escrever tudo antes de subir ao palco (ri[sos]). É algo meio idiota quando se está tocando para 3.[000] pessoas, e é a primeira vez que você faz algum tipo [de] gravação ao vivo. Eu acho que precisei de dois t[akes] para fazer direito. O único problema que costumáva[mos] ter em gravações era basicamente o Steve e os baru[lhos] de estalos que ele fazia com o baixo quando não us[ava] uma palheta (risos). E isso aparecia em quase toda [a] dita música, ele nunca usava uma palheta. Eu não s[ei se] ele usa hoje, mas nunca usava naquela época. E, c[om] um Fender, você sempre ouve o mais horrível dos est[alos] o tempo todo. Era um pesadelo.

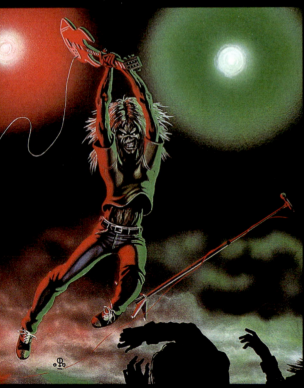

Os famosos tom-toms bem afinados, mais conhecidos pelo álbum *Killers*.
© MARTIN POPOFF

O Maiden, ainda um bebê nessa época, entrou de forma rápida e surpreendente no ramo do vídeo.
COLEÇÃO DE DAVE WRIGHT

1981

Primeiro uso do termo "power metal", um subgênero do heavy metal, do qual o Maiden é considerado um dos pioneiros. Segundo Götz Kühnemund, fundador da revista *Rock Hard*, Cronos, do Venom, teria dado uma entrevista à revista *Kerrang!*, onde disse algo sobre o fato do termo heavy metal ser muito fraco para definir sua banda: "Somos power metal, black metal, speed metal..." Götz disse que eles passaram a usar o termo desde então para descrever bandas, como Exciter e Venom. Na Europa, o termo acabaria sendo usado mais para descrever bandas norte-americanas, que eram mais cascudas que o usual. No segundo número da revista *Metal Forces*, na primeira linha da crítica do disco do Hawaii *One Nation Underground*, há a frase: "Isso tem que ser o que há de melhor no Power Metal".

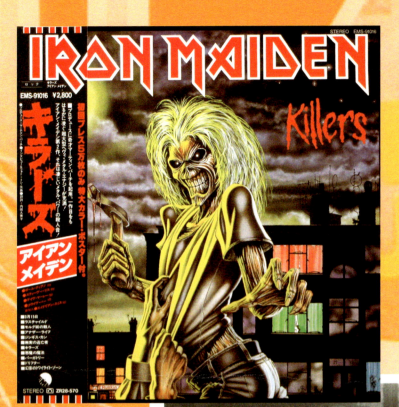

Note as manchas de sangue na "faixa obi" desta versão japonesa de *Killers*.
COLEÇÃO DE DAVE WRIGHT

Steve Harris Clive Burr Paul Di'anno Adrian Smith Dave Murray

A imagem de caras durões, que, em parte, foi contribuição de Paul para o grupo.
COLEÇÃO DE DAVE WRIGHT

OS ANOS 80

2 MINUTES TO MIDNIGHT

PAUL DI'ANNO SOBRE MARTIN BIRCH:

Tudo de que me lembro é que ele estava com moral, com pedigree Deep Purple e Whitesnake. Lembro que nunca precisei reclamar de "Ó, isso tá muito baixo" ou coisa do tipo. Perfeição total. Era realmente bem tranquilo, fácil de ir lá e fazer. Isso sempre foi o meu maior arrependimento. Eu queria que o Martin Birch tivesse feito o primeiro disco do Maiden. Acho que com aquele som cru que tínhamos, ele teria realmente feito algo legal.

STEVE HARRIS SOBRE O USO DO MATERIAL ANTIGO EM KILLERS:

Só porque estávamos tocando algo por um tempão não significa que todo o resto do mundo já ouviu. E mais, se você não trabalhar isso, não gravar, esse material se perde para sempre. Afinal, você não vai sempre tocar essas músicas, e, se você as tem no disco, ao menos as pessoas podem sempre ouvi-las. Se você tem uma boa música, deveria colocá-la em vinil. E se não houve espaço no primeiro disco, então você a coloca no segundo. (*Sounds*, 1981)

2 DE FEVEREIRO, 1981 |

O Iron Maiden lança seu segundo disco, *Killers*, no Reino Unido. Ele é produzido pelo estreante Martin Birch, que trabalhou com Deep Purple e Black Sabbath.

DAVE MURRAY:

Em *Killers*, até tínhamos algumas ideias de músicas que estavam na cabeça. Mas muita coisa que tocávamos antes entrou no primeiro disco. Algumas daquelas faixas já estavam lá mesmo, então a gente meio que pisou no freio. *Killers* foi quando o Martin chegou, tinha o primeiro disco, e aquilo foi tudo uma grande... O Martin virou tudo do avesso. *Killers* é bem cru, apesar de ter coisas musicalmente complexas. Mas há um clima mais cru rolando. Conforme fomos crescendo, ele ainda era pesado, mas tudo ficou um pouco mais bem-cuidado, no bom sentido. Não havia necessidade da grosseria. Mas era um sinal dos tempos, da nossa idade e de tudo mais. Conforme você envelhece, quer tudo um pouco mais limpo e doce, mas sem perder a intensidade. Mas algumas das músicas já estavam rolando, e muita coisa foi escrita especificamente para isso. E Paul, ele estava bem feliz. Digo, ele estava coescrevendo algumas coisas lá. O que eu acho que tem a ver com estar no estúdio, e não na estrada, são dois mundos completamente diferentes. No estúdio, você pode passar algum tempo trabalhando em diferentes pedaços das músicas, você pode regravar e consertar coisas, deixar tudo ajustado. Então todo mundo teve uma chance, alguns meses trabalhando nas músicas e tudo mais. Mas, na época, até pela energia e coisas assim, ele estava cantando muito bem. Ele está ótimo no disco. Estava concentrado naquilo. E foi depois disso que a coisa toda começou a desandar.

Um anúncio simples, que deixa a imagem falar por si, bem parecido com o que o Kiss fazia nos anos 70.
COLEÇÃO DE DAVE WRIGHT

OS ANOS 80

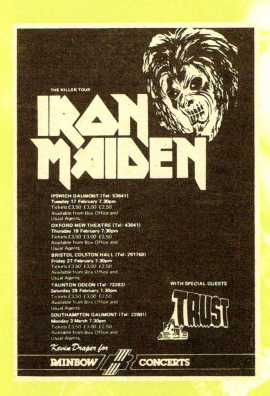

12 DE FEVEREIRO, 1981 | Lançamento do filme *A Guerra do Fogo* (*Quest for Fire*), trazendo homens das cavernas falando uma língua inventada. O Iron Maiden iria homenagear o filme numa música muitas vezes ridicularizada de mesmo nome, no disco *Piece of Mind*.

17 DE FEVEREIRO-15 DE MARÇO, 1981 | O Iron Maiden estreia a turnê de *Killers* como atração principal, inicialmente pelo Reino Unido, tocando em teatros e casas de shows. A banda de metal francesa Trust faz a abertura de todas as datas.

A essa altura, o Maiden já estava incluindo imagens do Eddie em seus anúncios de shows, em vez de apenas texto.
COLEÇÃO DO AUTOR

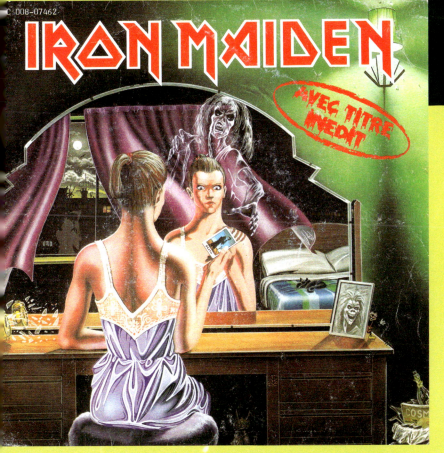

PAUL DI'ANNO SOBRE O GRAU DE SATISFAÇÃO DA BANDA COM O NOVO DISCO:
Eles pareciam felizes o suficiente, e foi aí que pensei "Droga, eu não tô satisfeito com isso". Mas, sei lá, eles deviam estar acostumados a tocar aquelas coisas. Eu não estava. Eu vim do punk e do hardcore. As músicas estavam obviamente ficando mais bem trabalhadas, se você olhar por esse lado, mas, para mim, sei lá, estavam perdendo o brilho. É meio complicado. Se eu não posso dar 100%...

Não é um dos melhores trabalhos de Riggs, mas ainda assim adequadamente assustador.
COLEÇÃO DE DAVE WRIGHT

26 DE FEVEREIRO, 1981

O Judas Priest lança *Point of Entry*, um disco mais leve e menos agressivo do que *British Steel*, ajustando-se a cada dia do NWOBHM. Logo em seguida, a banda toma uma direção mais suave, o que sozinho já demonstra que o exército do metal precisa de recrutas. O Iron Maiden está em perfeita posição para capitalizar o tropeço do Priest.

69

2 MINUTES TO MIDNIGHT

DEREK RIGGS SOBRE A ARTE DA CAPA:

Eu tive que ir para a twilight zone com essa aqui. Era mais um trabalho para o fim de semana, sendo que eles me ligaram na sexta-feira. Não, eles me ligaram no sábado, e queriam pronta pra segunda-feira!!! "A gente tem esse single...", em uma porra de um sábado à noite (risos). E a única tela que eu tinha é uma chamada CF10, só para traço, tinha uma camada de giz, não absorvia água. E essa era a única tela que eu tinha, as lojas estavam todas fechadas. Então eu comecei o trabalho na CF10 mesmo, e achei que conseguiria fazer, pensei em usar aerógrafo e depois pintar por cima, mas não funcionou. Comecei a pintar, e a tinta simplesmente não aderia. A tela foi ficando gordurosa, cheia de borrões, nada funcionava. Daí pintei tudo de uma cor só, e tentei usar aerógrafo por cima, mas ficou uma bosta (risos). Então aquele trabalho está bem mal-acabado, tá muito ruim. Era uma garota olhando pro espelho. Claro, essas coisas se perdem na história, e as pessoas enxergam a pintura hoje... eu me esqueci pra que ela era. Foi feita de um sábado à noite até a segunda-feira de manhã. Você apenas faz, é disciplina. Litros de café, injetava na veia (risos). Eu não tinha tempo de ficar chapado, bêbado ou qualquer merda dessas. Não pra fazer coisas desse tipo, simplesmente não dá. Não se você não pode dormir, pois precisa trabalhar. É uma questão de seguir em frente, e, oito horas depois, você percebe que ainda não dormiu. Uma vez eu literalmente fiquei acordado por uma semana inteira, porque tinha inventado uma nova técnica, e fiquei o tempo todo pintando. Dizem que você não consegue ficar mais de três dias sem dormir, mas é mentira, porque eu fiquei uma semana inteira. As cores ficam muito mais vivas, o contraste ainda mais nítido, e você começa a enxergar tudo meio estranho, mas não enlouquece ou coisa assim (risos). Depois de uma semana, eu me deitei para uma soneca de dez minutos e dormi por dois dias.

2 DE MARÇO, 1981

O Iron Maiden lança "Twilight Zone"/"Wrathchild". O single atinge a 31ª posição, apesar de não poder contar com o apoio de uma apresentação no programa *Top of the Pops* devido a uma greve da produção, a segunda a afetar uma apresentação do Maiden.

PAUL DI'ANNO SOBRE GRAVAR "WRATHCHILD":

Eu não quero parecer metido, mas não faço mais do que dois ou três takes, porque, se você não consegue fazer certo logo de cara, não deveria estar fazendo (risos). Acho que essa me tomou apenas um take, mas alguém pode me desmentir. A letra é toda do Steve nessa aqui.

MEDIA INFORMATION

```
            IRON MAIDEN

    Paul Di'anno....lead vocals    22
    Dave Murray.....guitar         23
    Adrian Smith....guitar, vocals 22
    Steve Harris....bass, vocals   23
    Clive Burr......drums          24
```

Iron Maiden, all from London's notorious East End, took their name from the sadistic Medieval torture device. However, their effect on rock audiences has been far from tortuous, with their powerfully aggressive live performances leading to such descriptions in the press as "like the hulk on Angel Dust."

Following a UK tour as the special guests of Judas Priest, April 1980 saw the release of their debut album Iron Maiden, which crashed straight into the UK charts at No. 4. This heralded an incredibly successful year for the band, with an SRO headline tour of the UK and a European tour with Kiss establishing them as the leaders of the so-called New Wave of British Heavy Metal.

In November they went into the studios to record their second album, Killers, with Martin Birch, reknowned for his work with such acts as Deep Purple, Rainbow, B.O.C. and Black Sabbath. The result was a classic hard rock album, completely justifying its title. The album was released in Europe and Japan in late February 1981, and already at the time of writing (April 30, 1981) the combined sales of Iron Maiden and Killers is approaching the million mark...outside North America! And all within the first year and the first album release.

February saw the beginning of Maiden's first ever world tour (The Killer World Tour 1981) taking in 140 concerts in the UK, Japan, Europe, Japan, USA and Canada, and Killers is tearing into the charts around the world:

```
* UK:       Top 10 album for the second time
* France:   Tenth Best Album of 1980
* Italy:    Top 20 album
* Germany:  Top 15 album.  Voted "Brightest Hope for 1981."
* Belgium:  Top 5 album
* Sweden:   Straight into the charts at No. 11
* Denmark:  Top 5 album
* Japan:    Killers within the Top 30 after only 2 weeks.  "Brightest Hope for
            1981" award from both Music Life and Player.  Also 9th "Best Band
            Band in the World" and 5th "Best Album" for Iron Maiden.  All
            tickets for Maiden's first Japanese tour in May '81 sold out within
            one hour of going on sale three months before the concerts.
```

In April the Iron Maiden video was released on the youth of Britain with six tracks filmed at the Rainbow Theatre in London in December 1980. This is the first cont'd...

Capitol Records, Inc. • 1750 N. Vine Street, Hollywood, California 90028 (213) 462-6252 • 1370 Avenue of the Americas, New York, New York 10019 (212) 757-7470

Os elogios ao Maiden começavam a formar pilhas e mais pilhas numa velocidade impressionante.

COLEÇÃO DE DAVE WRIGHT

Massey Hall, Toronto, junho de 1981.
© MARTIN POPOFF

18 DE MARÇO-3 DE MAIO, 1981 |
O Maiden excursiona pela Europa, apesar da parte escandinava da turnê ter sido cancelada. A banda de abertura foi o More, que contava com o ex-vocalista do Maiden, Paul Mario Day. Nos shows na França, a banda local, Ocean, também se apresentou.

MAIO DE 1981 |
O Samson lança seu clássico terceiro disco, *Shock Tactics*, que seria o último com Bruce Dickinson nos vocais (alguns anos antes, Paul Samson também havia perdido o baterista, Clive Burr, para o Maiden). *Shock Tactics* é considerado pelos fãs de Bruce Dickinson um dos melhores trabalhos do vocalista num disco de estúdio.

MAIO DE 1981 |
O Maiden lança seu primeiro vídeo em VHS, *Live at the Rainbow*, com sete faixas.

MAIO DE 1981 |
O Samson lança o single de "Riding with the Angels"/"Little Big Man".

Certamente, a performance vocal mais inspirada de Bruce em disco, dentro ou fora do Maiden
COLEÇÃO DE DAVE WRIGHT

21-24 DE MAIO, 1981 |
O Maiden faz cinco shows no Japão, com a parada em Nagoya, no dia 23, imortalizada no que seria um EP ao vivo. O show em Tóquio foi a primeira apresentação da banda no país.

3 DE JUNHO-30 DE JULHO, 1981 |
O Maiden abre os shows do Judas Priest pela segunda vez, agora na turnê americana do disco *Point of Entry*, uma turnê batizada de *World Wide Blitz Tour*. O maior concorrente do Maiden na época, o Saxon, abriu a primeira parte da turnê europeia, ficando a cargo do Accept a abertura da segunda parte. Como *Point of Entry* foi muito mal recebido, a situação do Maiden se assemelhou à turnê com o Kiss, que na época promovia *Unmasked*, um fracasso comercial. O show do dia 3, no Hotel Aladdin, em Las Vegas, foi a primeira apresentação da história do Maiden nos Estados Unidos.

2 MINUTES TO MIDNIGHT

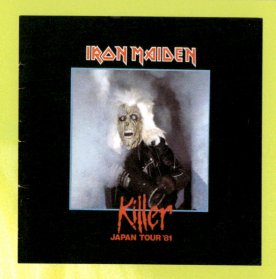

6 DE JUNHO, 1981

Data de lançamento nos Estados Unidos de *Killers*, o segundo disco do Maiden. Apesar de quase nenhum espaço nas rádios, o álbum acabou vendendo cerca de 200 mil cópias, chegando ao 78º lugar nas paradas da *Billboard*, e se mantendo por lá por respeitáveis 17 semanas.

6 DE JUNHO, 1981

O primeiro número da *Kerrang!* veio inserido como um encarte na *Sounds*. A *Sounds* era o maior veículo musical semanal do Reino Unido (onde também havia *NME*, *Melody Maker* e *Record Mirror*) que passou a cobrir heavy metal.

Antigamente, os programas de turnês das bandas, principalmente as de metal, não caprichavam muito nas capas.
COLEÇÃO DE DAVE WRIGHT

STEVE HARRIS:

O que mais incomoda as pessoas sobre o heavy metal é o fato de que ele não irá embora. Elas tentaram, mas não conseguiram se livrar dele. E isso realmente as perturba. A mídia precisou colocar um rótulo nisso, mas havia definitivamente um grande número de bandas novas de heavy metal surgindo ao mesmo tempo — Saxon, por exemplo —, porque eu acho que as pessoas cansaram do punk, então formaram bandas para tocar as músicas que gostariam de ouvir. É a coisa da energia, você poder se expressar. É uma música muito agressiva, e isso é fundamental. (*Melody Maker*, 1981)

Um patch em duas cores da arte de capa de *Killers*.
COLEÇÃO DE DAVE WRIGHT

14-26 DE JUNHO, 1981

Apesar das datas abrindo para o Priest, o Maiden consegue fazer cinco shows como headliner no Canadá e nos Estados Unidos. Foram os primeiros shows da banda em território canadense: dia 19, em Toronto e 21 em Montreal. O LP de estreia, *Iron Maiden*, já havia recebido disco de ouro no Canadá nessa época.

PAUL DI'ANNO SOBRE "GENGHIS KHAN":

Eu amo demais essa música, afinal não tive que cantá-la (risos). Essa foi a melhor parte. Eu só estava um pouco irritado. Estava ouvindo Papa Roach, o último single deles, "Last Resort". Assim que eu ouvi, pensei "Caralho, eles plagiaram o Maiden, isso é 'Genghis Khan'". E outra música deles, eu acho, é puramente "Wrathchild", mais devagar. Mas é engraçado, é apenas um tipo de revitalização de grandes bandas de rock.

IRON MAIDEN

Purgatory

Mistura de Derek Riggs com Salvador Dalí.
COLEÇÃO DE DAVE WRIGHT

15 DE JUNHO, 1981

O Iron Maiden lança o single de "Purgatory"/"Genghis Khan", ambas faixas de *Killers*.

DEREK RIGGS SOBRE A CAPA DESTE SINGLE:
Quando fiz a capa de *The Number of the Beast*, a figura do demônio, o rosto, era um retrato do Salvador Dalí. Então pensei em fazer isso de novo, afinal não tinha mais nada pra fazer. Tive a ideia de que, onde a luz atinge o demônio, nas sombras, é lá que está o Eddie. É tipo... a luz está vindo do mesmo ângulo que o rosto está se desfazendo. Então, nas sombras do demônio, é lá que está o Eddie. Eu acho que ninguém nunca entendeu isso (risos). Eddie é o lado negro do demônio. Pesado, né? (risos). Os fãs sempre trataram Eddie como um tipo de herói. Um dos roadies disse uma vez que Eddie é pesado demais — se você encará-lo como um vilão, não vai conseguir lidar com ele. Ele é muita coisa. Por isso deve tratá-lo como um herói.

2 MINUTES TO MIDNIGHT

Eddie dá um pulinho no cabeleireiro, se preparando para a invasão do hair metal nos EUA.
COLEÇÃO DE DAVE WRIGHT

AGOSTO DE 1981 |
O segundo número da revista *Kerrang!* é lançado. Surgia, então, uma nova e presente voz para o heavy metal na Inglaterra.

1º-2 DE AGOSTO, 1981 |
O Maiden toca em duas noites no sul da Califórnia, abrindo para seus heróis do UFO. Sabendo da importância do evento, a banda quase se descontrola de ansiedade e faz seus equipamentos serem transportados desde a Filadélfia, a última escala da banda.

7 DE AGOSTO, 1981 |
O filme *Heavy Metal: Universo em Fantasia* (*Heavy Metal*) é lançado. Une temas de fantasia com música pesada. É a versão cinematográfica da revista que, por anos, foi o bastião da capa e espada para os adolescentes.

15 DE AGOSTO-30 DE OUTUBRO, 1981
O Iron Maiden sai em turnê pela Europa para promover *Killers*, com o Trust abrindo mais uma vez. Além de quatro datas em festivais, também fizeram um show como banda de abertura, tocando antes do Foreigner, na Holanda, no dia 22 de agosto.

ROD SMALLWOOD SOBRE VER O DINHEIRO SUMIR NA ESTRADA:

Nunca foi um lance de dinheiro. Você tem que pagar contador, impostos. A coisa tem que ser tratada profissionalmente desde o começo. Sair em turnê mundial é uma operação gigantesca, e há muitas arestas no meio do caminho a serem aparadas, é parte do meu trabalho cuidar disso. E nós certamente não iríamos distribuir dinheiro ou algo assim. Uma das primeiras coisas que providenciei quando assumi a banda foi fazer com que todos abrissem contas bancárias, o que, para uma turma com o histórico deles, era algo de outro mundo. Mas tinha que ser feito. Na Inglaterra, você costumava fazer qualquer coisa pra tocar. Poderiam te pagar 10 libras por um show num pub, isso é uma rodada de bebidas (risos). Sabe, quando o Zeppelin surgiu, aquilo foi o começo de tudo. Era como no Velho Oeste. Não havia promotores de shows responsáveis, não do jeito que havia nos anos 80. Acho que, na época em que começamos, tivemos a ajuda de todas as bandas que vieram antes e mudaram o cenário para um negócio mais profissional, na questão das bandas serem tratadas decentemente e todos os acordos terem seus devidos contratos. Desde que começamos, e aí tínhamos John Jackson, que nos agenciava muito bem no Reino Unido, e depois tivemos Bill Ellison cuidando da gente nos Estados Unidos, sempre ficamos com grandes agências. Tudo feito com contratos, que é obviamente o melhor caminho para todo mundo. Antes disso, nos pubs, era como eu disse, a gente ganhava uma rodada por conta da casa. Mas quando eu penso hoje, nós já estávamos acima daquilo naquela época. Paramos rapidamente com os shows de 10 libras por noite.

OS ANOS 80

Os artistas da Virgin se uniram numa homenagem ao baile de formatura do Eddie.
COLEÇÃO DO AUTOR

ROD SMALLWOOD SOBRE TER CONVERSADO COM BRUCE NO READING SOBRE ENTRAR PARA O MAIDEN:

Foi mais ou menos assim: não é que falamos "Precisamos do Bruce na banda". Era o fato de que os problemas com Paul estavam no limite, ele tinha que sair. Não nos aproximamos ou falamos com ninguém antes de estar tudo resolvido, por respeito. Aí o Steve disse: "Olha, o cara do Samson é fantástico." Então fui com ele ao Reading e vimos Bruce de novo, tive uma conversa com ele depois do show, e tudo seguiu daí. Apenas aconteceu que achávamos ele um grande vocalista, que poderia estar disponível na época para se unir a nós. Paul é um cara incrível (risos). Ele tem uma tendência a... eu acho que as pessoas sabem. Quer dizer, leia o livro *The Beast*. Há obviamente muito exagero lá, e Paul tende a aumentar as coisas, e eu acho que ele de fato acredita nessas coisas que aumenta. Ele pode ser bem inconsistente em sua visão das coisas, mas, no fundo... bem, é uma pena que as coisas não tenham funcionado. Paul não foi demitido da banda por nenhuma outra razão além de que ele não conseguia se apresentar com consistência. Ficava se maltratando o tempo todo, e assumiu isso em sua biografia. Apenas aconteceu. Precisávamos nos mexer ou ficar estagnados, então escolhemos nos mexer.

28-30 DE AGOSTO, 1981

O Reading Rock '81 foi menos pesado que nos anos anteriores. O NWOBHM foi representado por Girlschool, Lightning Raiders, Nightwing, Lionheart, Gillan e Samson.

2 MINUTES TO MIDNIGHT

Entrar em turnê com o Trust colocou o Maiden em contato com o baterista Nicko McBrain.
COLEÇÃO DO AUTOR

6 DE SETEMBRO, 1981

O Angel Witch original faz seu último show, no Marquee, antes de se separar. O clone mais competitivo do Iron Maiden está agora fora do caminho.

STEVE HARRIS SOBRE A SEPARAÇÃO:

Na verdade, o motivo principal foi o fato de Paul não gostar das turnês. Nós éramos uma banda que viajava muito. Quando saímos em turnê, é por tipo nove meses. E depois de dois meses na estrada, ele já queria voltar para casa. Simplesmente não estava a fim. Então, não havia como isso funcionar a longo prazo, não com alguém assim.

PAUL DI'ANNO:

Eu gosto de "Remember Tomorrow" porque escrevi sobre o meu avô, de um jeito estranho e íntimo. Éramos muito próximos. E ele também era tudo: avô, pai... E essa era uma das frases dele. E meio que joguei ela no meio da música. Tudo o que ele costumava dizer era "Ah, não ligue pra merda que está sendo hoje, lembre do amanhã e tudo ficará bem". Então eu peguei isso. Também gostava de "Transylvania" porque podia descansar um pouco, era bom. Cara, eu acho que gosto de todas as faixas do primeiro disco. "Phantom of the Opera", "Running Free", "Sanctuary", com certeza. "Murders in the Rue Morgue" também, sempre gostei dessa. E de "Killers".

10 DE SETEMBRO, 1981

Último show de Paul Di'Anno como vocalista do Iron Maiden, na Odd Fellows Mansion, em Copenhagen. Turnê de *Killers*.

14 DE SETEMBRO, 1981

O Iron Maiden lança *Maiden Japan*, com quatro faixas em vinil compacto, com pequenas variações dependendo do território. As músicas eram "Running Free" e "Remember Tomorrow", e, no outro lado, "Killers" e "Innocent Exile".

26 DE SETEMBRO, 1981

A *Sounds* publica que Bruce Dickinson entrou para o Iron Maiden. Mas, antes do acordo ser selado, Bruce fez um teste para a vaga, cantando "Remember Tomorrow" num estúdio de ensaios em Hackney. Simbolicamente, trocando Di'Anno por Dickinson, o Maiden apaga seu último vestígio de punk. Eles agora são uma banda puramente metal, pronta para dominar o mundo com o gênero do momento.

OS ANOS 80

PAUL DI'ANNO SOBRE DEIXAR O MAIDEN:

A gente se dava muito bem. A única animosidade que apareceu uma vez... vamos colocar assim: eu não sabia lidar com a fama, para ser bem honesto. Quem me conhece, ou quem quer que tenha me conhecido, sabe que a coisa que mais gosto de ouvir é que sou a pessoa mais normal que você conheceu, se der pra definir alguém normal assim (risos). Tudo isso sobe à cabeça. Eu realmente não estou interessado. Quero fazer música, tocar, e é isso. Ainda faço tudo que qualquer pessoa faz. Mas, naquela época, isso realmente me pegou um pouco. Fiquei tipo: Ei, calma aí (risos). De repente, eu tinha esse dinheiro todo no bolso, as pessoas me reconheciam na rua e tal, e pensei: "Caralho!" E isso mudou mesmo minha vida, mas da forma errada. Comecei a beber demais e a exagerar nas drogas, tocar o terror, e você meio que perde o foco. Eu já não era muito fã da realidade desde o começo, e isso faz parecer menos real ainda, dá pra entender? E a coisa toda tomou proporção. Sei lá, havia uma razão por trás disso. A coisa piorou com o segundo disco, afinal eu não estava feliz com ele. Não gostava tanto assim da música. E eu fui meio que perdendo interesse na banda. O que eu deveria ter feito na época era levantar e dizer: "Olha, isso não me serve mais." Mas fui levando, o que imagino que qualquer pessoa sensata faria. Mas só continuei porque estava mascarando a dor de diversas maneiras. Não fiz nenhum favor a mim mesmo, e certamente não ajudei a banda em nada. Você tem que dar 100% para si próprio e para a sua banda. Então era hora de abandonar o barco.

"Eu assumo daqui, obrigado."
COLEÇÃO DO AUTOR

2 MINUTES TO MIDNIGHT

DEREK RIGGS SOBRE SUA PRIMEIRA VERSÃO DA ARTE DE CAPA:

Eu trabalhava como ilustrador freelancer. Ficava mostrando meu trabalho pra todo mundo, mas não conseguia grandes coisas, era um pouco aqui, um pouco ali. Fiz algumas capas para a EMI, capas de jazz, umas coisas meio surreais. Será que me lembro? Dick Morrissey, Jim Mullins, tinha alguém chamado Cape Wrath, para o selo Harvest/Fusion. E tinha mais alguma coisa. Mas tudo era muito surreal, não eram brilhantes, apesar de chamarem atenção. E o empresário viu. Eles ainda tinham o pôster na parede, e as pessoas acabavam adorando ou detestando aquilo. Mas, enfim, ele viu o tal pôster e pediu meu portfólio, já que eu havia feito algumas capas de discos para a EMI. Fiz umas coisas de rock'n'roll meio antigas. Criei uma capa para o Alvin Lee que tinha um robô tocando uma Gibson. Foi uma das primeiras que eu criei. Produzi também uma para uma banda chamada Budgie, para o disco *Nightflight*. A capa tinha um papagaio com uma arma de raios, do lado de uma pirâmide. Foi tudo culpa minha (risos). Isso foi para a RCA, eu acho. Vou te contar como consegui esse trabalho, é meio engraçado. Eu estava tentando fazer uma capa para a banda Hawkwind, mas eles não estavam muito interessados. Na verdade, não pareciam ter ideia de nada. Falei com eles em algumas ocasiões, e eles meio que nem ligaram muito. Mas, enfim, eu descobri que a Budgie usava o mesmo estúdio que a Hawkwind, então eu tinha o endereço e tudo mais. Mandei pra eles uma caixa de Trill. Trill é comida para pássaros. Escrevi embaixo "para os periquitos (*budgies*) pularem com saúde" (risos). Esvaziei tudo e coloquei meu cartão de visitas lá dentro. Eles então ligaram para a gravadora para saber quem diabos eu era (risos). "Que porra de cara é esse?" (risos). Então eu fiz desse jeito. Você tem que usar o que pode para conseguir trabalho, e isso foi no final dos anos 70, eu acho. Eu fazia esse tipo de coisa, sabe? Batalhava para sobreviver. E o empresário do Maiden pediu para ver meu portifólio e, bem, a capa do primeiro disco do Maiden, que eu já havia terminado. Eu tinha feito aquilo um ano antes do Maiden se formar, basicamente. Eles só estavam juntos uns seis meses, e eu guardei aquela imagem no meu portifólio por cerca de um ano e meio. E tive muitas razões para isso. Mas, enfim, eu tinha um agente na época, e ele deveria ser um bom agente, mas eu nunca consegui nenhum trabalho através dele. Aí eles me devolveram tudo e disseram: "Olha, eu acho que isso não é muito comercial" (risos). Então eu saí e vendi tudo por cerca de vinte anos (risos).

"O Samson encontrou um novo vocalista? Bom para eles."
COLEÇÃO DO AUTOR

OUTUBRO, 1981 |
Budgie lança *Nightflight*. O disco traz uma das poucas capas assinadas por Derek Riggs que não foram encomendadas pelo Iron Maiden. Outra importante é a do disco *RX5*, de Alvin Lee, também lançado em 1981.

OUTUBRO, 1981 |
A banda francesa Trust lança *Marche Ou Crève* (que recebeu o nome de *Savage* quando o LP foi lançado no resto do mundo, no ano seguinte). O baterista é Nicko McBrain.

78

OS ANOS 80

26 DE OUTUBRO, 1981 |
Bruce Dickinson faz o seu primeiro show com o Iron Maiden no Palasport, em Bolonha, Itália.

DENNIS STRATTON SOBRE O MAIDEN SUBSTITUIR PAUL POR BRUCE:

Paul já estava de saída antes de gravarmos o primeiro disco. Eles estavam procurando outro vocalista. Se fossem maiores do que eram na época... cheguei a dizer ao Rod Smallwood: "Você precisa pensar em ir aos Estados Unidos competir com Ronnie James Dio, com Sammy Hagar, precisa competir com grandes vocalistas." Robert Plant, David Coverdale. Mas Paul nunca teve a força. Ele não tinha o alcance. Então eles precisavam de um cara com uma voz mais potente. E eu também acho que as coisas tinham ficado meio doidas na cabeça do Paul. Ele não estava sabendo lidar com a banda se tornando maior. Ficou bem estranho. Mas isso não tinha nada a ver com o assunto, a questão era o alcance — seu alcance vocal não era alto o suficiente. Eles precisavam competir com Ronnie James Dio, por exemplo. Para se dar bem, você precisava ouvir sempre as rádios de rock e cada voz que surge — especialmente por lá, nós só temos um punhado de bandas aqui em nosso pequeno país — mas, por lá, você tem milhões de bandas. Cada banda americana que você ouve tem a sua própria voz potente: Journey, Foreigner. Todas têm. Então você precisa competir. O mundo é grande, não é só a Inglaterra. Eles tentaram algumas pessoas antes, mas não acho que eram boas o suficiente, então ficaram com o Paul pelos dois primeiros discos, além do quê, Bruce rodava com o Samson. O Samson era uma banda que estava na parte de baixo da escada, e quando você está no alto dessa escada, tem o poder de escolher. Você apenas escolhe o que quiser; eles podiam ter qualquer um para se juntar à banda. Mas eu acho que Bruce era perfeito para eles. Isso mostra como é importante ter a melhor formação possível.

29 DE OUTUBRO, 1981-28 DE MARÇO, 1982

Gillan faz uma extensa turnê pelo Reino Unido e Europa para promover *Double Trouble*, composto por um LP de estúdio e um ao vivo. Alcança a 12ª posição nas paradas inglesas. O primeiro single é de "Nightmare", com "Bite the Bullet (ao vivo)" do outro lado. Na guitarra, o futuro axeman do Maiden, Janick Gers.

JANICK GERS:

Eu adorava trabalhar com o Gillan. Um grande artista, um de meus favoritos. Acho que ele exagerava na bebida, mas nunca no palco. Eu tocava com ele, junto com minha antiga banda, chamada White Spirit, e lembro que algumas vezes ele aparecia descontrolado, puto da vida. Mas apenas por conhecê-lo... eu respeitava muito o Ian. Na verdade, ele nunca fez nada errado, ao menos não na minha frente. Eu fui ver o cara, e ele estava rastejando pelo palco. Não sei se ele respeitava o fato de que eu respeitava ele, mas nunca deixou esse tipo de coisa acontecer quando eu estava na banda.

2 MINUTES TO MIDNIGHT

Uma última foto da formação com Di'Anno, novamente em Toronto, em 1981.
© MARTIN POPOFF

JORNALISTA ROBBI MILLAR:

Pelo que rolou no domingo à noite, eu estou ainda mais confiante na capacidade do Iron Maiden em conquistar seu espaço. Soando (e parecendo) notavelmente revigorados após uma longa turnê, os caras se tornaram *A Banda* — e não apenas a banda de Steve Harris —, com uma proposta, marcando pontos tanto em apresentação como em evolução musical. E, apesar de que o Maiden jamais será o mesmo sem Paul Di'Anno, seu atual plano de ataque é um bom presságio para o futuro. Mantenha sua mente aberta... (*Juke*, 1981)

15 DE NOVEMBRO, 1981

O Maiden faz um show no Rainbow Theater, em Londres. É o primeiro de Bruce com a banda em casa. Rod Smallwood dá uma festa para celebrar o sucesso da apresentação, e um bem-humorado Paul Di'Anno aparece para as comemorações.

DEZEMBRO, 1981-JANEIRO, 1982

O Iron Maiden compõe as músicas que iriam se tornar o primeiro disco com Bruce Dickinson no vocal.

12 DE DEZEMBRO, 1981

A EMI anuncia que o Iron Maiden ultrapassou a marca de 1 milhão de discos vendidos no ano, somando as vendas mundiais de *Iron Maiden* e *Killers*.

23 DE DEZEMBRO, 1981

O Iron Maiden retorna ao seu velho reduto no Ruskin Arms, para um show secreto no pub, tocando com o nome de Genghis Khan, para comemorar o aniversário de Dave Murray.

OS ANOS 80

1982

Um curioso padrão de cores neste clássico (e raro) uniforme de beisebol.
COLEÇÃO DE DAVE WRIGHT

1982 | A banda de Nicky Moore lança "The Other Side", que tinha no lado B um cover do Boston, "Long Time". Pouco depois, ele vai para o Samson, após Bruce ter deixado o grupo para se unir ao Iron Maiden.

DAVE MURRAY SOBRE A TROCA DE PAUL POR BRUCE:

Bem, houve certas coisas, sim. Basicamente, chegou ao ponto em que estávamos em turnê pela Inglaterra, alguns shows pela Europa, e estava ficando cada vez mais difícil de fazê-lo subir ao palco. Houve noites em que o Paul apenas ficava do lado do palco, e ele não iria subir e começar o show, a menos que fosse forçado. E havia noites em que simplesmente se recusava a continuar. E a gente dizia "tá legal, continuamos sem você", e Steve ia cantar. Basicamente ele estava forçando a barra. Mas nós estávamos lá por um motivo, tocar música, ir lá, nos divertirmos no palco, mas ele não estava mais curtindo isso. E acho que todo o esforço e trabalho das viagens estava acabando com ele. Chegou a um ponto em que, se quiséssemos levar mesmo a sério e seguir em frente, seria preciso mudar. E ele também sentiu isso. O coração dele não estava mais lá. Ele reclamava muito da própria voz, e chega uma hora em que você precisa se cuidar. Se você vai sair em turnê por quatro meses seguidos, é preciso se cuidar. Eu sei que, lá atrás, você é bem mais jovem, e acha que é forte o suficiente para fazer qualquer coisa, mas talvez o vocalista seja mais sensível a isso tudo, já que sua voz é seu instrumento. E ele acabou exagerando um pouco. Mas agora está fazendo suas coisas, e está de volta. O fato é que saiu, desejamos tudo de melhor para ele, mas ele sabia que não podia suportar o tipo de turnê que estávamos fazendo. A gente viajava por nove meses. E ele já começava a reclamar depois de algumas semanas. Não dava pra viver assim. Mas a banda, a gente não estava brincando. Ou você está nisso, ou não está. É bem claro (risos).

FEVEREIRO, 1982

O Iron Maiden trabalha no que iria se tornar o disco *The Number of the Beast*, no Battery Studios. A sabotagem dos equipamentos por poltergeists aparentemente continua.

Beleza, é uma música sobre índios, mas para que perder a chance de mostrar Eddie enfrentando o demônio no inferno?
COLEÇÃO DE DAVE WRIGHT

12 DE FEVEREIRO, 1982

O Iron Maiden lança o single de "Run to the Hills"/"Total Eclipse", como um teaser para *The Number of the Beast*. O single atinge o 7º lugar em vendas. A essa altura, *Killers* já havia recebido disco de ouro em casa.

DEREK RIGGS SOBRE A ARTE DA CAPA DO SINGLE:

Só criei aquilo porque queria passar um bom tempo pintando, em vez de fazer tudo correndo. Eu fiz assim apenas porque queria. Mostrei ao Rod, ele gostou e comprou. Se você olhar a arte original, se vir uma cópia disso, vai notar que é muito mais bem pintada do que as outras. É bem superior. Sou apenas eu, pintando monstros num belo céu.

DAVE MURRAY SOBRE GRAVAR O TERCEIRO DISCO DA BANDA, COM BRUCE DICKINSON NOS VOCAIS:

Gravamos no Battery Studios, o mesmo de *Killers*. Mas os dois soam totalmente diferentes. Talvez eles tivessem trocado alguns dos equipamentos. Mas era 1982, e definitivamente um sinal dos tempos. A tecnologia era outra naquela época, e também tínhamos um orçamento apertado. Ir para um estúdio de ponta estava provavelmente fora de questão. E no mais, nós somos uma banda que gosta de trabalhar no limite. Mas acho que, se você ouvir o disco, ele ainda tem as qualidades de um disco acima da média. Fizeram um DVD com o making of, e o Martin Birch estava no estúdio trabalhando nele, e eu acho que ele disse que teria gostado de ter feito a mixagem. Contou que teria feito a mixagem um pouco diferente. Mas isso foi vinte anos depois. É fácil falar vinte anos depois. Mas na época era questão de entrar lá, gravar as faixas e seguir em frente. E parte da essência da banda eram as mudanças de tempo. Até hoje, com o material mais novo, há muitas mudanças de tempo. Mas acho que era apenas aquela agressividade e energia toda. É verdade, há um certo clima punk nele. Mas você está vivendo aquela energia, e isso passa para a música. E quando você está no estúdio, há muita intensidade lá, e acho que pegamos isso, em vez de sermos preguiçosos e ruins. É bacana entrar lá e se deixar trabalhar no limite. Acho que "Hallowed" mostra bem como é o Maiden como banda. Ela tem todas as qualidades, desde a introdução tranquila, as melodias, a progressão nos acordes, a complexidade... Se você quiser mesmo saber o que é o Maiden, essa música mostra muito bem onde queremos estar.

25 DE FEVEREIRO-20 DE MARÇO, 1982 |

A turnê *Beast on the Road* começa no Reino Unido, com os americanos do The Rods abrindo. O sócio de Rod Smallwood, Andy Taylor, passa a ter um certo protagonismo, agora comprometido em período integral com o Maiden.

16 DE MARÇO, 1982 |

Antes do show no Newcastle City Hall, os rapazes fazem algumas imagens ao vivo, que seriam usadas no clipe de "Run to the Hills".

Dave e Steve assumem a posição de headbangers.
COLEÇÃO DO AUTOR

19 DE MARÇO, 1982

Morre Randy Rhoads, guitarrista do Ozzy Osbourne. Uma das maiores bandas semi-NWOBHM perde uma de suas principais atrações, quase tão excitante quanto o próprio Ozzy. O Iron Maiden é, de uma hora para outra, a banda de metal mais falada do mundo.

Derek nunca gostou das cores de *The Number of the Beast*, apesar do pôster trazer de volta um pouco da desejada imagem de poder que foi perdida.
COLEÇÃO DE DAVE WRIGHT

2 MINUTES TO MIDNIGHT

BRUCE DICKINSON:

Não sei se ainda é o favorito, mas é certamente o de maior destaque. Como é que se diz mesmo? É um disco seminal (risos). Em outras palavras, é o disco que realmente deu início à coisa toda, sob os olhos de muita gente no planeta. E, apesar dos fãs do Maiden saberem que tudo já estava encaminhado nos primeiros, o terceiro disco de qualquer banda é sempre um tipo de marco. Se a banda foi bem nos dois primeiros, e não vai bem no terceiro, há uma profunda sensação de desapontamento, que muitas vezes significa o início do fim. Mas um terceiro realmente bom pode colocar tudo nos eixos, e, no nosso caso, foi um grande disco e que realmente preparou o terreno para os seguintes. Quero dizer, no nosso caso, nós seguimos com um disco que, na minha opinião, é até melhor. Mas claro, alguns discos não são apenas feitos só de música, são o produto de uma época. E *The Number of the Beast*, por ter ocupado um espaço e conquistado um status tão lendário dentro da carreira da banda, fica difícil tirar isso dele. Mas, na minha opinião, *Piece of Mind* é superior.

JORNALISTA MONTY SMITH:

Como banda heavy metal, eles são bem corretos. Certamente melhores que os três grupos que homenageiam na capa (Kiss, Judas Priest e UFO), facilmente tão bons quanto o Black Sabbath e quase tão bons quanto o Nazareth. A razão de um tipo de música que se estabeleceu tão bem em 1972 ainda ser popular em 1982 é, claro, outra questão, esquece. Mas tudo bem. Com letras verdadeiramente idiotas, produção primitiva, dependência de riffs em cascata que só podem ser tocados por guitarristas fazendo careta, *The Number of the Beast* é, definitivamente, um dos melhores discos de 1982. (*Sounds*, 1982)

22 DE MARÇO, 1982

O Iron Maiden lança *The Number of the Beast*, seu terceiro álbum, e o primeiro com Bruce Dickinson como vocalista. Desde então, já vendeu 14 milhões de cópias no mundo, chegando ao 33º lugar nas paradas norte-americanas. Na casa da banda, o disco estreia no topo da lista e fica duas semanas por lá.

22 DE MARÇO - 1º DE MAIO, 1982

O Iron Maiden faz a parte europeia da turnê de *The Number of the Beast*, chamada *Beast on the Road* (houve até protestos pelo cancelamento de um show no Metro, em Paris). As aberturas ficaram com o southern rock pesado do Blackfoot na primeira parte, os alemães do Bullet na segunda, e os franceses do Trust na terceira. No dia 1º de maio, a banda abriu para o Scorpions, que promovia o disco *Blackout*. O Blackfoot também tocou. A turnê marca a primeira aparição de um Eddie gigante no palco, que na época tinha quase quatro metros de altura. Antes disso, Eddie era representado por roadies usando máscaras.

2 DE ABRIL, 1982
O Maiden faz seu primeiro show na Espanha.

26 DE ABRIL, 1982
O Maiden lança "The Number of the Beast" como um single, com "Remember Tomorrow (ao vivo)" no lado B.

Mais um exemplo de programa de turnê com uma capa nem um pouco caprichada.
COLEÇÃO DE DAVE WRIGHT

OS ANOS 80

11-29 DE MAIO, 1982

Na América do Norte, o Maiden abre os shows do Rainbow, que promoviam o disco *Straight Between the Eyes*. *The Number of the Beast* bate a marca de 350 mil cópias vendidas em menos de um ano nos Estados Unidos.

14 DE MAIO, 1982

O filme *Conan, o Bárbaro* é lançado, aumentando a pilha de cultura pop de fantasia que vai influenciando a nova leva de bandas de heavy metal não só na Inglaterra, mas também nos Estados Unidos.

JORNALISTA JON SUTHERLAND SOBRE *THE NUMBER OF THE BEAST*:

Agora olho para eles como a nata. Paul Di'Anno era basicamente um figurante gritalhão, e parece até meio adoentado se comparado a Bruce Dickinson, que veio da antiga banda de Clive Burr, o Samson. Quando ele realmente se esforça, chega a soar um pouco como Ronnie Dio quando canta mais rápido. De qualquer forma, sua chegada permitiu a maturidade de Adrian Smith e Dave Murray com suas guitarras gêmeas velozes, conseguindo extrair o máximo de seus Marshalls. O momento mais absolutamente divino nessa verdadeira ode ao inferno é "Hallowed Be Thy Name", onde um espetacular riff de guitarra é reencarnado repetidas vezes. (*Record Review*, 1982)

1º-19 DE JUNHO, 1982 |

O Maiden abre os shows da banda de southern rock 38 Special em sua turnê *Special Forces*, em uma rápida passagem pelo sul dos Estados Unidos.

11 DE JUNHO, 1982 |

Aniversário de Donnie Van Zant, em Memphis, Tennessee. Donnie é o vocalista do 38 Special, os parceiros de turnê do Maiden, e quem mais além do Eddie poderia dar as caras no palco com a banda nesse dia?

BRUCE DICKINSON:

O Steve compõe muitos riffs simplesmente murmurando num pequeno gravador, e depois ele apenas leva tudo para o baixo. Talvez seja por isso que seus riffs soem quase como uma cantoria, pois provavelmente era o que ele estava fazendo naquela hora. Além disso, acho que vivi as três horas mais frustrantes da minha vida cantando os dois primeiros versos dessa música. Eu não acertava. Quer dizer, é só um sussurro, na verdade. Mas a gente voltava o tempo todo, e eu ficava mais e mais frustrado. Eu já havia cantado ela em ensaios muitas e muitas vezes, e só queria terminar o resto da música. O produtor, Martin Birch, não me deixava passar desses dois versos sussurrados. E era tipo, se não dava pra fazer certo esses dois versos, não dava para trabalhar no resto da música. Eu tinha que acertar aqueles dois primeiros versos, tinha que entrar no clima da música. Mas eu não entendia o que ele queria, então ele veio me contar uma história sobre Ronnie James Dio, e a música "Heaven and Hell". E o verso inicial da música é "Sing me a song, you're a singer". E Ronnie foi pro estúdio, começou a cantar, e o Martin disse "Para!". E Ronnie: "Qual o problema?", e Martin pedia: "Faça de novo." "Mas o que está errado?" "Apenas não está certo." "Mas eu cantei assim no ensaio mil vezes." E Martin disse: "Não, pense no que você está falando. Você está aí, no céu e no inferno, caminhando entre ambos, e está dizendo 'me cante uma música, você é um cantor', certo? Então você precisa juntar sua vida toda nessas palavras. Acha que conseguiu?" Então ele se virou pra mim e disse "E você precisa fazer o mesmo com esses dois versos." Trabalhar com Martin Birch era assim.

2 MINUTES TO MIDNIGHT

O Iron Maiden, por volta de 1980.
VIRGINIA TURBETT/REDFERNS/GETTY IMAGES

22-30 DE JUNHO, 1982

O Maiden faz cinco shows no Canadá e dois nos EUA ao lado do The Rods. *The Number of the Beast* já recebeu disco de ouro no Canadá a essa altura e está a caminho do disco de platina triplo. O Canadá se tornaria o único país do mundo a dar ao Maiden discos múltiplos de platina, garantindo aos próximos três discos o prêmio de platina duplo. Rod considera o show em Quebec o primeiro da banda como uma verdadeira atração principal na América do Norte, com um público estimado em 9 mil pessoas.

25 DE JUNHO, 1982

Blade Runner é lançado com Harrison Ford. O time serviu de inspiração (muito mais no aspecto visual) para o disco *Somewhere in Time*.

VERÃO DE 1982

A primeira banda de Paul Di'Anno depois do Maiden, Lone Wolf, começa a tocar em pubs e a receber péssimas críticas.

OS ANOS 80

2 MINUTES TO MIDNIGHT

Mr. Udo, apresentador dessa turnê, é uma lenda do metal no Japão e faz questão de que as bandas voltem para casa com recordações para a vida toda.
COLEÇÃO DE DAVE WRIGHT

2 DE JULHO-22 DE SETEMBRO, 1982
O Iron Maiden e o Girlschool abrem os shows do Scorpions na turnê norte-americana da banda para *Blackout*. O Maiden consegue ainda fazer três shows na Inglaterra, no fim de agosto.

21 DE AGOSTO, 1982
O terceiro festival de Donington reúne o DJ Tommy Vance, Anvil, Uriah Heep, Hawkwind, Saxon, Gillan e o headliner Status Quo.

25-26 DE AGOSTO, 1982
O Maiden interrompe temporariamente sua turnê nos EUA com o Scorpions para dois shows de preparação para o *Reading*, em Chippenham e Poole.

27-29 DE AGOSTO, 1982
A edição de 82 do *Reading Rock* é ainda mais forte no metal do que a de 1980. Na sexta, tocaram Against the Grain, The Angels, Overkill, Stampede, Tank, Praying Mantis, Barón Rojo, Randy California, Manowar e Budgie. No sábado, Just Good Friends, Bow Wow, Rock Goddess, Grand Prix, Bernie Tormé, Ore, Cheetah, Gary Moore, Blackfoot, Tygers of Pan Tang e Iron Maiden. No domingo, Terraplane, Chinatown, Spider, Marillion, Twisted Sister, Wilko Johnson & Lew Lewis, Bernie Marsden's SOS, Dave Edmunds, Y&T, Jackie Lynton Band e Michael Schenker Group. O Maiden fecha seu show com uma versão de "Tush", do ZZ Top.

SETEMBRO DE 1982
O Wishbone Ash, apesar de estar na estrada desde os anos 70, lança um disco que se assemelha ao NWOBHM. *Twin Barrels Burning* traz uma ilustração bizarra na capa e é o disco mais pesado da banda até então. Mostrando que o Reino Unido tinha um grande apetite pelo hard rock, ele chega à 22ª posição, reacendendo o interesse pela banda.

14 DE SETEMBRO-23 DE OUTUBRO, 1982
O Maiden continua em turnê, agora abrindo para o Judas Priest, pela terceira vez seguida em um lançamento de disco. O Judas Priest está promovendo o aclamado por crítica e público *Screaming for Vengeance*, colocando o grupo como um forte concorrente da banda de Steve Harris e outros novatos.

NOVEMBRO DE 1982
O Samson lança *Before the Storm*, o primeiro disco com Nicky Moore nos vocais, e o primeiro por um grande selo, Polydor. Bruce Dickinson nunca chegou a ter um contrato com uma grande gravadora com o Samson.

Um toque interessante o acabamento camuflado nas mangas desta camiseta de turnê.
COLEÇÃO DE DAVE WRIGHT

OS ANOS 80

Mais um exemplo da banda dando trabalho a Derek, com esta imagem do Eddie fora de capas de discos e singles da época.
COLEÇÃO DE DAVE WRIGHT

7 DE NOVEMBRO–10 DE DEZEMBRO, 1982 | O Iron Maiden toca na Austrália pela primeira vez, e logo depois vai ao Japão. A última música do último show japonês foi um cover de "I Got the Fire", do Montrose. Abrindo os shows na Austrália em todas as noites, exceto uma, os roqueiros locais do Heaven.

Clive e sua megabateria,
em todo seu brilho glorioso.
© MARTIN POPOFF

10 DE DEZEMBRO, 1982 | O último show de Clive Burr com o Iron Maiden acontece no final da turnê de *The Number of the Beast*, o décimo e último show da parte japonesa da turnê. No lugar dele entra Nicko McBrain, recém-saído do Trust.

NICKO MCBRAIN:

Minha primeira reação foi "O que há de errado com essa banda? Por que estão demitindo o Clive?" Não acreditava que estavam dispensando um baterista tão bom. É preciso entender que, antes de conhecer o Maiden como banda, eu os conheci como pessoas, eram todos meus amigos. Quando abri os shows deles na Europa, eu costumava ficar vendo os caras lá da mesa de som. Achava que eram uma ótima banda, e Clive um baterista excelente. Eu me senti bem estranho sendo seu substituto. (*Music Express*, 1983)

JANICK GERS:

Nicko tem uma batida incrível. Ele tem todo aquele lance de jazz. Muitos bateristas hoje em dia não têm a mesma batida do pessoal mais velho. Você olha para Ian Paice e Keith Moon, esses caras vieram de uma geração de Big Bands, quando havia muita ênfase no estilo e no swing. E ele tem todo esse ritmo, os cortes… Em um monte dessas bandas que você vê hoje, os bateristas não tiveram muito contato com esse estilo de música, a música que estava no auge no início dos anos 60. Acho que Nicko adorava coisas como Buddy Rich, e muitos bateristas hoje não têm aquele swing, é uma coisa de metrônomo. E, para mim, é muito mais sentimento do que ter aprendido com um metrônomo o tempo todo. Porque aquele movimento te dá fôlego. E, desse ponto de vista, Nicko é especial.

1983

OS ANOS 80

Tão jovens e inocentes...
COLEÇÃO DE DAVE WRIGHT

1983 | Ao ser substituído por Nicko McBrain, o ex-Maiden Clive Burr vai tocar com os franceses do Trust nos discos *IV* e depois no *Man's Trap*, de 1984.

1983 | É lançado em língua inglesa o romance *O Nome da Rosa*, de Umberto Eco, inspiração de Steve Harris para a letra de "Sign of the Cross".

1983 | O Xero lança o single de "Oh Baby"/"Hold On", em duas versões diferentes de compacto e uma em LP. A voz de um jovem Bruce Dickinson é parte do pacote (passível de contestação jurídica).

1983 | Paul Mario Day, antigo vocalista do Maiden, deixa o More e forma uma nova banda chamada Wildfire, que chega a lançar dois discos antes de se separar.

1983 | Bruce Dickinson se casa pela primeira vez. A relação dura quatro anos.

JANEIRO-MARÇO, 1983 | A banda trabalha no Compass Point Studios, nas Bahamas, no que viria a ser o disco *Piece of Mind*.

MARÇO DE 1983 | A banda inglesa de progressivo Marillion lança seu primeiro disco, *Script for a Jester's Tear*. A banda, com contrato com a Capitol/EMI, a mesma do Iron Maiden, começa o que seria um insistente e bem-sucedido uso de um mascote. Steve Harris é um confesso fã, apreciador da similaridade da banda com o Genesis.

2 MINUTES TO MIDNIGHT

Os promos para rádios nos EUA como este mostram que a Capitol acreditava na possibilidade de sucesso do Maiden por lá, o que acabou acontecendo, mas não através de singles.
COLEÇÃO DE DAVE WRIGHT

BRUCE DICKINSON SOBRE "FLIGHT OF ICARUS":

Eu e Steve tivemos uma certa discussão no estúdio sobre o compasso dessa música. Ele até hoje detesta, e acha que a versão de estúdio é lenta demais. Eu, claro, discordo (risos). Eu meio que disse: "Olha, a música é minha, e é assim que ela deve ser tocada."

11 DE ABRIL, 1983

O Iron Maiden lança o single de "Flight of Icarus", com a versão de "I Got the Fire", do Montrose, no lado B. Em duas versões de compacto, o single é o primeiro lançamento da banda em quase um ano, e o primeiro a trazer o novo baterista, Nicko McBrain.

DEREK RIGGS SOBRE A ARTE DA CAPA DO SINGLE DE "FLIGHT OF ICARUS":

Acho que aquilo não funcionou muito bem. Mas foi feito, com Eddie queimando Ícaro com um lança-chamas. Assim que eles decidiram fazer um single, o Led Zeppelin anunciou que não gravaria mais discos, então aquela figura, aquele Ícaro em chamas, eu tirei do logo do Led Zeppelin. Se você olhar bem, temos Robert Plant como um anjo, com suas asas e tudo mais, e aí queimamos ele (risos). E no morro há pessoas em agonia, e também um casal bem no alto fazendo sexo. Eles pegaram isso para produzir um anúncio numa revista inglesa, ou num jornal. As revistas na época eram primitivamente impressas, e as cores nem sempre saíam direito. As cores do céu praticamente desapareceram, a única parte que de fato ficou boa foram as silhuetas no morro, que estavam agonizando de dor. E colocaram uma faixa preta no... na figura de Ícaro caindo, dá para ver o pênis dele, então colocaram uma faixa preta lá para esconder aquilo. Mas a coisa mais proeminente na parte de baixo são as pessoas agonizando de dor. E bem no topo do morro temos o casal fazendo sexo (risos). E eles se destacam. Esconderam um, mas não repararam no outro.

Uma antiga (e horrorosa) credencial da banda. O Maiden nunca se dedicou muito ao design desse tipo de material, se comparado a outras coisas de sua carreira.
COLEÇÃO DE DAVE WRIGHT

OS ANOS 80

STEVE HARRIS SOBRE OS VARIADOS ASSUNTOS DE PIECE OF MIND:

Não houve consenso no debate sobre ficar longe do diabo. Gostamos de uma boa briga de vez em quando, mas estávamos mais preocupados em levar nossa carreira adiante do que lutar por uma causa. Não temos nenhum interesse particular no diabo, então achamos que podíamos apenas seguir em frente musicalmente. Eu acho essas acusações totalmente absurdas. Na adolescência, eu adorava filmes de terror, e adoro até hoje. Nosso tipo de música se encaixa muito bem nesse tipo de fantasia. (*Hit Parader*, 1983)

2-28 DE MAIO, 1983

O Iron Maiden começa sua extensa turnê *World Piece Tour '83* pelo Reino Unido, com abertura do Grand Prix, uma banda mais pop do NWOBHM.

O EP do Queensrÿche seria rapidamente considerado mais Maiden que o próprio Maiden.
COLEÇÃO DE DAVE WRIGHT

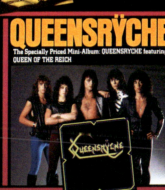

BRUCE DICKINSON:

Creio que ganhamos muito com a entrada do Nicko na banda. Estávamos crescendo em termos de música. Havia muita confiança entre os integrantes depois do sucesso de *The Number of the Beast*. Sentíamos que podíamos fazer qualquer coisa. E realmente nos concentramos em fazer algo interessante nesse disco, e creio que conseguimos. Eu acho que é um discaço.

16 DE MAIO, 1983

O Maiden lança *Piece of Mind*, que muitos consideram até hoje o melhor trabalho da banda.

ADRIAN SMITH:

Eu sempre achei *Piece of Mind* muito, muito seco. Tem algumas boas músicas, mas é difícil de ouvi-lo hoje em dia. *Powerslave* é um pouco mais suave, eu acho. Ele estava no caminho que nos levou a *Somewhere in Time*.

1º-12 DE JUNHO, 1983

A *World Piece Tour '83* passa pelos países do Benelux e depois pela Escandinávia, com abertura da banda feminina de NWOBHM Goddess.

93

2 MINUTES TO MIDNIGHT

ROD SMALLWOOD SOBRE O PROBLEMA CAUSADO PELO SUCESSO NOS EUA DE "CROSS-EYED MARY":

Tivemos um lado B na Inglaterra (de "The Trooper"), pois, como vocês bem sabem, Steve é um grande fã de Jethro Tull, chamado "Cross-Eyed Mary". Por alguma razão, a música acabou sendo escolhida por uma rádio americana, e a coisa se espalhou, ela tocou bastante, e a gravadora queria colocá-la no disco, mas nós recusamos na hora. Esse não era o jeito que queríamos trabalhar. Muitos fãs já haviam adquirido o disco, e seria completamente injusto adicionar a faixa depois que todos compraram, com a expectativa de que comprassem de novo. Não trabalhamos desse jeito. A coisa mais valiosa sempre foram os fãs do Iron Maiden, e é provavelmente por isso que eles ainda estão por aí.

Adrian com uma cara mais metal que o normal, em Toronto, junho de 1982.
© MARTIN POPOFF

Da esquerda para a direita: Steve, um roadie provavelmente, e Dave.
© MARTIN POPOFF

12 DE JUNHO, 1983

O Iron Maiden lança "The Trooper", seu nono single, tendo no lado B um cover do Jethro Tull, "Cross-Eyed Mary". O single atinge o 8º lugar na lista de mais vendidos nos EUA. Em 2011, "The Trooper" é usada na abertura do seriado do VH1 *Metal Evolution*, produzido pela Banger Films. O diretor Sam Dunn, não por acaso um baixista, sempre diz que o Iron Maiden é sua banda favorita de todos os tempos.

BRUCE DICKINSON:

É, realmente foi uma mudança vocal. O ponto crucial sobre "The Trooper" é que ela começa numa velocidade no disco, e conforme tocamos ao longo dos anos, ela foi ficando cada vez mais rápida, e eu fui perdendo pedacinhos da ponta da minha língua de tanto que meus dentes batiam nela. Mas nós meio que a deixamos com um compasso médio agora, não aquela correria desenfreada que era antigamente.

OS ANOS 80

DEREK RIGGS SOBRE A ICÔNICA ILUSTRAÇÃO DO SINGLE:

As pessoas sempre me perguntam: "Por que ele está usando aquele uniforme?". Olha, a música é sobre a Carga da Brigada Ligeira. Ele está usando o uniforme que a Brigada Ligeira usou. Difícil entender? (risos). Não é a Segunda Guerra Mundial. Mas sim, este é muito popular entre os fãs. Eu fiz com guache e um pouco de aerógrafo, num Canson. Essa cena foi um ataque contra os russos que deu totalmente errado. Eu não sei os detalhes porque não prestei atenção na escola. Eles foram para um vale, um general e uma pequena tropa de soldados, e decidiram atacar os russos, mas eles tinham barricadas, canhões e coisas assim, e o general era fraquíssimo, tomou uma decisão desastrosa, e todos acabaram massacrados. Há histórias de soldados que tiveram seus cavalos explodidos embaixo deles, e coisas do tipo. Foi um completo massacre.

A enquete promovida pelo autor do *The Top 500 Heavy Metal Songs of all Time* colocou "The Trooper" na 24ª posição, sendo apenas a terceira na lista de músicas do Iron Maiden.
COLEÇÃO DO AUTOR

2 MINUTES TO MIDNIGHT

As evoluções do Eddie nem sempre foram graciosas.
COLEÇÃO DO AUTOR

21 DE JUNHO-25 DE OUTUBRO, 1983

O Maiden leva a *World Piece Tour* à América do Norte, para um intenso ataque aos EUA e Canadá. O Fastway e o Saxon abriram os shows até o dia 2 de agosto (o primeiro show do Maiden que este autor viu foi no dia 24 de junho, em Spokane, Washington), que depois ficou a cargo do Fastway e dos canadenses do Coney Hatch. Em setembro e outubro, a abertura foi do Quiet Riot, e, nas três últimas datas, que foram remanejadas, Coney Hatch e Axe abriram.

OS ANOS 80

A primeira excursão de sucesso do Maiden nos EUA deixou a banda pronta para o que der e vier.
COLEÇÃO DE DAVE WRIGHT

JULHO DE 1983

O Maiden lança uma fita de vídeo com quatro faixas chamado *Video Pieces*. É o segundo lançamento em VHS/Betamax.

28 DE JULHO, 1983

Piece of Mind ganha disco de ouro nos EUA, superando 500 mil cópias vendidas. É o primeiro certificado da RIAA que a banda recebe, chega dois meses e meio depois do disco ser lançado, e no meio da turnê norte-americana.

Um tempo onde o Betamax e o VHS ainda lutavam pelo domínio do formato.
COLEÇÃO DE DAVE WRIGHT

DEREK RIGGS SOBRE A ARTE DA CAPA DE *PIECE OF MIND*:

A original não era agressiva o suficiente. Acho que foi apenas um rascunho, não terminei por completo. Mas era aquele o clima, ela não estava violenta ou agressiva o bastante. Eddie estava sentado num canto, fora de controle. Quando músicos falam sobre coisas, eles geralmente não pensam muito sobre o que estão dizendo. É tipo "faz ele sentado numa cela acolchoada, puto da vida". Quando eles dizem sentado, não pensam sobre isso, mas eu tenho que trabalhar a partir daí. Então farei ele sentado.

BIFF BYFORD, DO SAXON, SOBRE ESSA MARCANTE TURNÊ:

Parecia que todos íamos enlouquecer, na verdade. Foi uma turnê gigantesca. Acho que estávamos todos na lista de mais vendidos da *Billboard*, não? E o Maiden realmente estourou com aquela turnê. Teria sido legal ficar até o final, mas só fizemos metade da turnê por alguma estranha razão. Mas foi uma bela turnê. Não deveríamos ter saído. Não fomos chutados. Nosso empresário... é, seria legal dizer isso, mas a verdade é que nosso empresário só assinou o contrato por metade dela, ele era um sacana ganancioso. Quero dizer, saímos fazendo shows como atração principal depois disso, o que provavelmente deu mais grana pra ele. Mas o Maiden era sim supercompetitivo com outras bandas. Os ingleses são assim (risos). Nós somos muito competitivos. Mas não, não temos nenhum problema com o Maiden. Eu falo com o empresário deles uma vez por mês, somos bons amigos, somos da mesma cidade. Acho que eles sempre foram muito competitivos, e sempre muito reservados. Você nunca sabe o que realmente acontece por dentro do Iron Maiden. E acho que isso é igual com muitas bandas... o AC/DC é assim também.

2 MINUTES TO MIDNIGHT

18 DE AGOSTO, 1983 | Em Allentown, Pensilvânia, a faixa "Mission from 'Arry" é gravada. A "música" nada mais é que um hilariante relato de Nicko McBrain sobre ser interrompido durante seu solo de bateria.

4 DE OUTUBRO, 1983 | Ao encerrar a turnê norte-americana, o Maiden recebe mais um disco de ouro da RIAA, agora por *The Number of the Beast*.

DEREK RIGGS SOBRE A ILUSTRAÇÃO DE *THE NUMBER OF THE BEAST*:

Ah, essa foi engraçada. A arte já estava pronta pro single. Foi mais um trabalho de fim de semana. Me ligaram na quinta-feira, queriam pronto segunda pela manhã. Então fiz tudo nesse prazo, sem dormir. E algumas coisas de fato não funcionaram. Você pode notar que as asas do demônio deveriam ser feitas de relâmpagos e fumaça, mas elas somem no fundo, porque eu não tive tempo de realçar como deveria. A imagem não está muito correta, porque eu comecei... comecei fazendo um desenho realmente assustador do diabo, mas não tive tempo para trabalhar todas as deformações que queria. E também não tive tempo para pintar. Então, depois de alguns rascunhos, comecei a pintar, e acabei com uma figura humana com uma cara meio errada (risos). E era para ser um retrato do Salvador Dalí, porque eu achei que seria engraçado, mas acho que ninguém notou. Não era um retrato muito bom (risos). Era um pouco parecido, acho, com o bigode (risos). Se você comparar com algumas fotos, até parece um pouco. O Eddie ficou numa pose estranha, porque a camisa tende a... se você se curvar pra frente com uma camisa, ela fica pendurada daquele jeito, fica pra frente. Mas apenas parece que ele é gordo. E você sabe, muitas delas acabaram não sendo impressas corretamente, as cores saíram todas erradas, e você perde toda a subjetividade. É algo com o vermelho. O vermelho era denso demais no diabo, para fazer a musculatura... há muita anatomia figurativa no diabo, que quase sempre se perde, pois, para chegar naquele tom de vermelho, quase borrou tudo. Era apenas uma grande mancha vermelha, com poucos detalhes da anatomia nela. Então, para a musculatura aparecer, retiraram o vermelho. E quando retiraram o vermelho, ele sumiu de todo o resto da pintura. Então é por isso que o trabalho está quase preto e branco. O que foi feito nos EUA, que teve o melhor resultado, na verdade, é que aumentaram o azul, até que o tom ficasse bem forte. E isso trouxe tudo um pouco de volta à vida. Mas nunca foi como o original. Eu realmente nem me lembro hoje de como era o original. Só me lembro dos problemas que tivemos, e por que eles aconteceram. Os novos pôsteres são, eu acho, o mais perto que já estivemos do original, e dos que estão no site. Mas eu fiz a capa e levei para eles, achando que seria apenas a capa de um single, e Rod olhou e disse: "Ah, não, essa aqui vai pro disco", colocou numa cristaleira, e trancou ela depois. E eu falei: "Mas eu posso fazer bem melhor que isso", e ele "Não, não, está ótimo assim", e trancou a tela numa cristaleira. Então ele me disse: "Faça outra pro single, e eu fiz aquela em que Eddie está em chamas ou algo assim, acho eu."

5 DE NOVEMBRO-18 DE DEZEMBRO, 1983

A *World Piece Tour* segue agora pela Europa, com o Michael Schenker Group abrindo a maioria dos shows.

Bruce sonha com um mundo onde há calças melhores.
COLEÇÃO DO AUTOR

BRUCE DICKINSON:

O Eddie é um belo personagem, mas não o usamos demais. Ele pode ser uma imagem simbólica da banda, mas só o usamos no palco em uma música. Claro, seria fácil para nós contratar gente para protestar com cartazes nos shows e gerar críticas negativas, mas pra quê? Podemos vender ingressos sem criar controvérsia. (*Music Express*, 1983)

2 MINUTES TO MIDNIGHT

1984

1984 | Di'Anno lança seu disco *Di'Anno*, que foi gravado em Rockfield, País de Gales, e lançado pela FM Revolver. No Japão, o nome do disco ficou *Two Swimmers & A Bag of Jockies*.

PAUL DI'ANNO SOBRE O TÍTULO JAPONÊS: Meu Deus (risos), eu estava aqui torcendo para você não perguntar isso! Bom, eu tinha uma banda chamada Lone Wolf, certo? E aí, a gravadora resolveu mudar o nome. E o que rolava é que há essa gíria cockney em Londres, sabe? É da zona leste, de onde eu vim. Mas tentamos dar uma mexida nisso. E aí falávamos sobre "two swimmers and a bag of jockeys". *Jockeys* eram batatas fritas, não essas chips de pacote, as de verdade. E os *swimmers* eram os peixes. Então você tem o fish and chips, basicamente, um prato bem comum em Londres. E foi isso (risos). A gente devia estar drogado!

1984 | Di'Anno lança o single de "Heartuser"/"Road Rat" pelo selo FM Revolver. No Japão, a King Records também lança o single de "Flaming Hearts"/"Don't Let Me Be Misunderstood", dessa banda com pegada pop.

FEVEREIRO-JUNHO, 1984

A banda trabalha no Compass Point Studios, nas Bahamas, no que viria a ser o disco *Powerslave*.

A proposta pop da banda Di'Anno chocou aqueles que cresceram acostumados com um Paul casca grossa em seus dias de Maiden.
COLEÇÃO DO AUTOR

ADRIAN SMITH:

Nós éramos bem-comportados, na verdade. No geral, um ambiente fantástico para se trabalhar. Tudo muito bonito. Tínhamos apartamentos à beira-mar. O estúdio ficava próximo, embora numa área isolada. De vez em quando tínhamos o que chamamos de "febre da ilha", e precisávamos ir para Nassau, nos divertir por alguns dias. Mas sempre demos um jeito de produzir bastante em meio à toda diversão. Não havia muita discussão sobre nada. Acho que isso só começou um pouco depois (risos). Acho que estávamos aproveitando a onda do sucesso e curtindo tudo. A gente bagunçava geral (risos). Vou te contar uma ótima história sobre *Powerslave*, e é exatamente sobre a música "Powerslave", e, como disse, nossas bagunças por lá (risos). Eu estava no estúdio com Martin Birch e o engenheiro de som, e havíamos terminado tudo na noite anterior, e, como estávamos exaustos, resolvemos relaxar um pouco, se é que você me entende. Então, lá pelas 5 da manhã, estávamos todos já meio cambaleantes, e eu disse: "Cara, preciso ir pra cama", e fui embora, esperando ter o dia seguinte de folga. Aí o telefone tocou duas da tarde, era o Martin. Ele era a última pessoa que eu esperava que me ligasse. E ele estava falando enrolado, me mandando descer para trabalhar. Pensei: meu Deus, não. Mas fui até o estúdio, e, aparentemente, ele ficou bebendo com o Robert Palmer a noite toda, pois morava do lado do estúdio. E o Palmer estava sentado lá no camarim, os dois mandando ver na tequila, e queriam que eu trabalhasse. Eu estava de ressaca, me sentindo completamente morto, mas fiquei intimidado por um cara como o Robert Palmer estar lá, então pluguei minha guitarra e acho que fiz o solo de "Powerslave" logo de primeira, e sei lá como eu fiz isso, pois estava achando que ia morrer. E o Palmer lá, pulando e realmente curtindo a música. Foi bizarro. Então, depois disso, fui pra casa e dormi por dois dias.

100

OS ANOS 80

6 DE AGOSTO, 1984

O Iron Maiden lança o single de "2 Minutes to Midnight", com "Rainbow's Gold" no lado B (cover da banda Beckett, de Newcastle, que lançou apenas um disco na carreira), junto com a brincadeira de backstage de Nicko, "Mission from 'Arry".

ADRIAN SMITH SOBRE "2 MINUTES TO MIDNIGHT":

Bem, ela é basicamente uma faixa de hard rock. As pessoas me conhecem, e esse é meu tipo de coisa na banda, é bem aquilo que eu fazia com a Psycho Motel. Sou guiado pela guitarra. É nessa linha que eu escrevo. Fui o primeiro da banda a ter um pequeno gravador de 4 faixas, um troço bem simples, e estava sentado no meu quarto de hotel, relaxando e trabalhando um pouco nesse riff quando, de repente, começam a bater na porta, e era o Bruce. Nós havíamos reservado o hotel inteiro para ensaiar, e ele estava esmurrando a porta dizendo "Nossa, que riff é esse?" Então eu comecei a tocar a música pra ele, ele já tinha algumas letras na cabeça, começou a cantar em cima, e aí tínhamos "2 Minutes to Midnight". Fizemos em cerca de 20 minutos (risos).

O hino favorito do Maiden para o autor ganha uma versão em single caprichada, de um disco que é puro Maiden.
COLEÇÃO DE DAVE WRIGHT

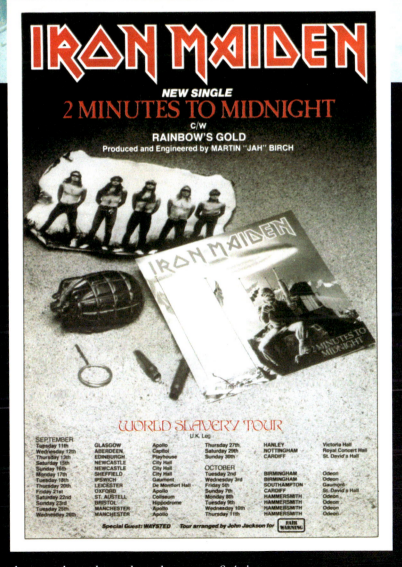

DAVE MURRAY:

É, vimos o Robert Palmer algumas vezes, e também o Talking Heads. O baterista do Talking morava por ali. E, claro, havia uma série de bandas de reggae gravando por lá. Vimos o Eric Clapton também. Era de fato um belo ambiente de trabalho. Obviamente, estávamos focados na produção do disco, mas dava pra relaxar de vez em quando. Havia três ou quatro estúdios, e uma sala de sinuca nos fundos de um deles, então nós íamos lá, entre um take e outro, relaxar, jogar, e havia todos esses caras com dreads, esses rastas, só gente boa. Você andava por lá e ouvia aquele som saindo dos estúdios, era um reggae bem raiz, um som excelente. E isso dava uma mexida nas coisas, era totalmente o oposto. E os opostos se atraem, né? (risos). Você tinha um estúdio com aquele rock pesado rolando e na porta ao lado aquele reggae todo. Era um contraste legal, bem interessante. A gente sempre ficava lá conversando com eles, relaxando, galera gente finíssima.

2 MINUTES TO MIDNIGHT

9 DE AGOSTO-8 DE SETEMBRO, 1984

O Iron Maiden toca nos principais países da Europa com sua *World Slavery Tour*, que iria durar quase dois anos, promovendo *Powerslave*. O disco ao vivo *Live After Death* seria gravado nessa turnê. "Losfer Words (Big 'Orra)" e "22 Acacia Avenue" foram retiradas do setlist quando a banda tocou no Canadá. Na Europa, o Accept abriu quase todos os shows da segunda metade da turnê.

18 DE AGOSTO, 1984

O quinto festival Monsters of Rock, em Donington, reúne Mötley Crüe, Accept, Y&T, Gary Moore, Ozzy Osbourne, Van Halen e, como atração principal, o AC/DC. Uma total ausência das bandas do NWOBHM, e, na verdade, quase nenhuma atração britânica. A presença do Mötley Crüe no festival mostra uma mudança de rumo em direção ao hair metal, que viria a ser dominante na Califórnia, para falar de uma região específica, presente pelo resto da década.

Em 1984, as investidas do Maiden no Reino Unido migraram para Los Angeles, com a banda agora representando tanto a velha quanto a nova geração.
© MARTIN POPOFF

OS ANOS 80

ADRIAN SMITH
SOBRE CRIAR DUAS GUITARRAS SOLO COM DAVE MURRAY:

Na verdade, a gente trabalhava em separado. O Dave ia lá por alguns dias, tocava uns solos, uma ou outra linha de guitarra, e depois eu ia tocar os meus solos e colocar harmonia no que fizemos. E, se fosse uma música do Steve, ele estaria lá, e nós dois também, para termos certeza de que era aquilo que ele queria. Ele é todo meticuloso com as coisas dele, sabe? Mas em "Flash of the Blade", por exemplo, havia algumas partes que eu não sentia serem fortes o suficiente, então dupliquei as harmonias eu mesmo, em cima do que já estava lá. Vez ou outra fazíamos harmonias separadas, mas, na maioria das vezes, juntos.

POWERSLAVE
The undeniable new album from the band that will not be denied.

IRON MAIDEN
THE WORLD SLAVERY TOUR—A tour to break records around the world, including seven months in North America, begins November 24.

Available on *Capitol* Records and Cassettes.

WARNING: This album contains over 50 minutes of distinctive British metal, including the radio smash "2 Minutes To Midnight" and the 14-minute classic, "Rime Of The Ancient Mariner."

Seria *Powerslave* apenas um "filho" de *Piece of Mind*? Talvez sim, mas o impacto do Maiden continuou a crescer.
COLEÇÃO DE DAVE WRIGHT

3 DE SETEMBRO, 1984

O Iron Maiden lança o seu quinto disco, *Powerslave*.

DAVE MURRAY SOBRE TRABALHAR EM *POWERSLAVE* COM MARTIN BIRCH:

Ele era parte da banda, sério. Na verdade, eu lembro de uma música, "Rime of the Ancient Mariner". Estávamos gravando nas Bahamas. Steve estava trabalhando nessa música, e pensamos: ok, é tipo um dia livre. Então saímos e fomos tomar umas margueritas pra relaxar. De repente, no começo da tarde, o Martin começa a bater na porta, parecendo um diretor de escola: "Vamos já pra lá trabalhar nessa música" (risos). Então fomos todos, não muito bem das pernas, mas conseguimos mesmo assim. Então, ele era como qualquer outro produtor, mantendo você na linha. Achávamos (bobinhos e inocentes) que seria dia livre, mas fomos lá e ainda havia o que fazer. E era uma música com uns 15 minutos, por aí, então meio que tivemos tempo de colocar a cabeça no lugar. Mas foi ótimo, ele pilotava a nave, e meio que unia tudo, mantinha as coisas no lugar, mesmo já sabendo o que queríamos como banda.

11 DE SETEMBRO-12 DE OUTUBRO, 1984

A *World Slavery Tour* chega ao Reino Unido. A banda de abertura foi a Waysted, com os ex-membros do UFO, Pete Way e Paul Chapman. Fãzaços de UFO, o Maiden também tocou em datas ao lado do MSG, que contava com outro ex-membro, Michael Schenker.

2 MINUTES TO MIDNIGHT

O estilo de performance ao vivo de Steve sofreu forte influência de Pete Way, do UFO.
© MARTIN POPOFF

OS ANOS 80

15 DE OUTUBRO-14 DE NOVEMBRO, 1984

A *World Slavery Tour* volta ao território europeu, dessa vez com o Mötley Crüe a reboque.

22 DE OUTUBRO, 1984

O Iron Maiden lança o single de "Aces High"/"King of Twilight". A edição em picture disc trazia também uma versão ao vivo de "The Number of the Beast" no lado B. "King of Twilight" é um cover da banda de progressivo anglo-germânica Nektar.

ADRIAN SMITH SOBRE "ACES HIGH":
A primeira vez que tocamos foi em Jersey, onde costumávamos ensaiar, no Channel Islands. É uma música típica do Iron Maiden, uma das melhores do Steve, eu acho. É bem acelerada e animada. Foi tipo "É, se o disco for assim, será um discaço".

Nos EUA, a ordem de apresentação poderia ser invertida, já que a nova geração de bandas de Los Angeles não fazia muito sucesso de público na Europa.
COLEÇÃO DE DAVE WRIGHT

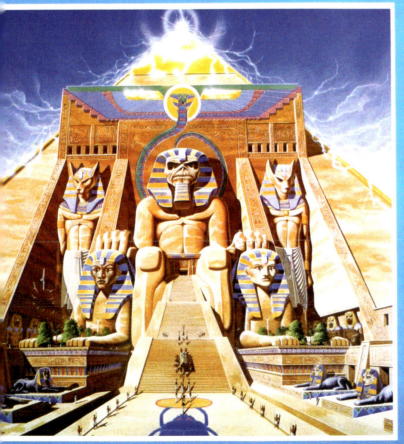

23 DE OUTUBRO, 1984

O Maiden lança seu terceiro vídeo, um show ao vivo chamado *Behind the Iron Curtain*. Reunia duas faixas ao vivo, duas de estúdio e entrevistas, num total de 30 minutos.

DEE SNIDER, DO TWISTED SISTER:

Nós fizemos a turnê de *Powerslave*, e não sei se era o maior Eddie de todos, mas era um dos maiores. Eles o chamavam de "Eddie no palito". Ele costumava pular do centro do logo do disco no final, e era a parte de cima de um corpo, segurando fósforos (risos). Ficava num guindaste, e era uma coisa histérica sobre quão grande o Eddie havia se tornado. Ele é uma das coisas que mais vendem em merchandising. Eu sei que, em algum ponto, eles estavam meio frustrados pelo fato do Eddie ser mais proeminente do que a banda, visualmente falando. Passaram por um período em que estavam um pouco frustrados por terem sido encobertos pelo próprio mascote. Mas eu acho que uma hora eles se tocaram que, foda-se, estamos fazendo um monte de dinheiro com esse maldito mascote. Ele era divertido. Mas, sim, Eddie foi ficando maior e maior a cada turnê.

DEREK RIGGS SOBRE A ARTE DA CAPA DE POWERSLAVE:

Foi um pesadelo (risos). Começou assim... Steve tinha essa imagem de cinco caras carregando a cabeça de um faraó, uma gravura que ele encontrou. Então comecei a desenhar, e a coisa foi crescendo e crescendo. Iniciei com um pequeno layout numa tela de A4. É como tracejar em papel. Então comecei a desenhar naquilo, e acabei numa folha de papel... e foi como colocar várias folhas juntas, porque ela não parava de crescer. No final, eu levei ao Rod, e era algo como umas 16 folhas A4, todas coladas juntas. "Olha, eu fiz isso. Devo pintar?" E ele disse: "Tá, tudo bem" (risos). Estava nas Bahamas nessa época. Já nem me lembro por que eles me levaram até lá. E é um pesadelo ter que pintar algo por lá. Você não consegue a tinta. Eu tive que mandar trazer de casa. Tive que mandar trazer um cavalete. Eu não conseguia arrumar um aerógrafo, tive que mandar trazer o meu de casa. Tive que mandar trazer meus pincéis, só então eu comecei a trabalhar, e mandei trazer também algumas folhas de Canson. Porque naquela ilha não se vende nada. Eles tinham uns quatro tubos de tinta de aquarela ou coisa do tipo, e mais nada. Na ilha toda, só achei essas aquarelas para crianças (risos). Então o aerógrafo, o compressor, tudo foi enviado, e eu fiz um rascunho e comecei a trabalhar. E, bem, era muito úmido por lá. Estava chegando o verão. E quando você usa ar úmido comprimido, ele comprime a água junto. E a água condensa. Então o aerógrafo começou a cuspir bolhas de água na minha pintura. Eu estava trabalhando com tintas à base de água, então isso não era uma coisa muito boa (risos). Passei as cinco horas seguintes tentando resolver essa mancha no nariz do Eddie. Daquele jeito não daria. Eu tentei usar um filtro de água no compressor, mas não funcionou. O que eu acabei fazendo foi, num quarto pequeno em algum lugar, coloquei um desumidificador trabalhando num canto, e no outro tinha uns quatro desses filtros que deveriam remover a água do ar, e eles até cuspiam de vez em quando. Demorou um tempão, porque cada vez que eu percebia que eles iam cuspir, afinal você consegue notar depois de um tempo, eu tinha que pegar um pedaço de pano ou coisa do tipo para limpar e não deixar o ar ficar úmido de novo. Foi um pesadelo. Você pode achar que é superlegal ir para as Bahamas, mas não há muito para se fazer lá. E quando o seu equipamento não funciona, a coisa fica, digamos, sofrível.

7 DE NOVEMBRO, 1984 |

O Maiden recebe seu terceiro disco de ouro, agora por *Powerslave*, dois meses depois de ser lançado.

Uma rara credencial da turnê do Maiden, com o design mais trabalhado.
COLEÇÃO DO AUTOR

OS ANOS 80

24 DE NOVEMBRO-9 DE DEZEMBRO, 1984

O Maiden faz uma pequena turnê de 11 datas pelo Canadá durante a *World Slavery Tour*, com abertura do Twisted Sister.

10 DE DEZEMBRO, 1984-31 DE MARÇO, 1985

A banda faz a primeira de duas partes de sua turnê pelas Américas na *World Slavery Tour*, com o Twisted Sister abrindo, além de participações esporádicas do Queensrÿche, W.A.S.P. e Quiet Riot.

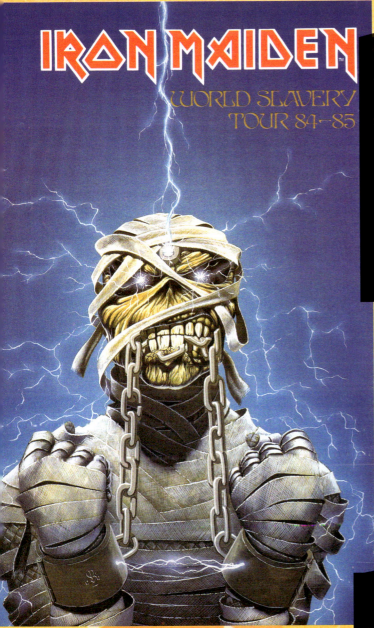

O brilhante conceito de um Eddie em constante evolução (e viajando o mundo!) ajudou a máquina de merchandising do Maiden a se tornar poderosa.
COLEÇÃO DE DAVE WRIGHT

BRUCE DICKINSON:

O cenário desta vez foi especialmente desenhado para nós. Queríamos algo ligado ao tema de *Powerslave*, que é a mitologia egípcia, então tivemos a ideia de construir um templo egípcio completo, com hieróglifos e tumbas. É realmente espetacular de se olhar, e ainda mais divertido para se apresentar. Esse é um fator importante para nós — quando você está trabalhando no mesmo ambiente todas as noites, é melhor você estar curtindo o palco onde você trabalha.
(*Hit Parader*, 1984)

11 DE DEZEMBRO, 1984

Powerslave recebe o disco de ouro pela British Recorded Music Industry no Reino Unido por vendas superiores a 100 mil cópias.

14 DE DEZEMBRO, 1984

O blockbuster de ficção científica *Duna*, baseado no livro escrito por Frank Herbert em 1965, é lançado, com direção de David Lynch.

ADRIAN SMITH:

"To Tame a Land" foi uma das músicas do Steve baseadas em *Duna*. Ele até queria batizar a música de "Dune", mas, quando desligou o telefone um dia com Frank Herbert — ele obviamente não era nosso fã, pois não nos deixou usar o nome —, tivemos que mudar para alguma outra coisa.

107

2 MINUTES TO MIDNIGHT

1985

1985 |
Gogmagog, um projeto de superbanda, grava um EP com três faixas, "I Will Be There", "Living in a Fucking Time Warp" e "It's Illegal, It's Immoral, It's Unhealthy, but It's Fun". A banda era formada por Paul Di'Anno (vocal), Janick Gers (guitarra), Pete Willis (guitarra), Neil Murray (baixo) e Clive Burr (bateria). Ainda em 1985, Clive, junto com os membros do Praying Mantis, participou do disco *Throwing Shapes*, do Stratus, previamente chamado de Clive Burr's Escape.

11 DE JANEIRO, 1985
O Iron Maiden toca no Rock in Rio.

Bruce e uma máscara egípcia: às vezes, os melhores acessórios não custam quase nada.
© MARTIN POPOFF

STEVE HARRIS SOBRE OS PONTOS ALTOS DE SUA CARREIRA:
Acho que ter tocado no RiR em 85 foi impressionante. Não fomos a atração principal, mas tocamos ao lado do Queen, Whitesnake e outras bandas. Foi a primeira vez que tocamos em um festival importante, com quase 300 mil pessoas. E isso sempre fica na memória. E também a primeira vez que fomos os headliners em Donington, ambas foram inesquecíveis, na verdade. Donington mais, porque tivemos mais de 100 mil pessoas por lá, e éramos a atração principal em nosso próprio país.

15 DE MARÇO, 1985
A apresentação do Maiden em Long Beach é gravada em áudio e vídeo para o lançamento de *Live After Death*. O disco também inclui algumas gravações de Londres.

BRUCE DICKINSON:
Live After Death não foi apenas um show. Foi construído com músicas diferentes de noites diferentes. Nós gravamos, pelo menos, três noites e juntamos o melhor de cada uma.

OS ANOS 80

14-25 DE ABRIL, 1985 | Chega a vez do Japão experimentar a *World Slavery Tour*, com oito apresentações da banda.

2-10 DE MAIO, 1985 | O Maiden faz sete shows na Austrália, com os biker rockers do Boss abrindo.

20-21 DE MAIO, 1985 | A música "Stars" é gravada em Hollywood, para o projeto de caridade *Hear 'n Aid*, de Ronnie James Dio, em apoio ao combate à fome na África. Dave Murray e Adrian Smith participam como a dupla principal de guitarras-base.

Uma demonstração do lado caridoso do Maiden.
COLEÇÃO DE DAVE WRIGHT

23 DE MAIO-5 DE JULHO, 1985

A *World Slavery Tour* termina com uma segunda e extensa passagem pelos EUA, dessa vez com o Accept abrindo a maioria das datas.

3 DE AGOSTO, 1985 | A revista *Billboard* homenageia o Iron Maiden com uma de suas famosas edições "dedicadas", em que uma série de anúncios mostrava vários segmentos do mercado da música parabenizando a banda por seu sucesso.

19 DE SETEMBRO, 1985 | O Senado dos EUA começa a julgar o uso de material obsceno no rock, em um ato liderado pela PMRC, uma associação de pais. Dee Snider e Frank Zappa fazem discursos memoráveis contra a censura e, embora o Maiden não tenha sido citado na lista das "quinze músicas mais sujas", ele acaba sendo constantemente incluído, ao lado de Ozzy Osbourne, Led Zeppelin, Mötley Crüe, Kiss e AC/DC, no grupo dos piores adoradores do demônio dentro desse heavy metal/rock que bagunçava a cabeça dos adolescentes americanos.

23 DE SETEMBRO, 1985 | O Maiden lança o single de "Running Free (live)", com versões ao vivo de "Sanctuary" e "Murders in the Rue Morgue" no lado B. Ele é listado como um duplo lado A, já que "Running Free" e "Sanctuary" foram os dois primeiros singles da banda. Aumentando o valor do single, "Sanctuary" e "Murders in the Rue Morgue" não fariam parte do futuro primeiro disco ao vivo da banda. Além disso, todos os royalties do single foram destinadas à caridade, em campanhas anti-heroína e antidrogas em geral.

BRUCE DICKINSON:

Nós realmente esperamos que todo fã de metal tenha o bom senso de dizer "Não" — lembrem-se: esportes e música são viagens muito melhores que qualquer droga, então, se cuide.

2 MINUTES TO MIDNIGHT

STEVE HARRIS:

A ideia de lançar um LP ao vivo sempre nos empolgou. Quem sabe o disco definitivo do Iron Maiden? Nós sempre nos consideramos uma banda de shows, e a chance de fazer uma gravação ao vivo que capturasse a energia e a alegria de uma de nossas apresentações foi uma das grandes emoções que tive. Se possível, eu adoraria gravar um disco com material novo ao vivo. Sabe, escrever novas músicas, ensaiar, tocar na frente de um público e depois lançar essas músicas novas em forma de disco. (*Hit Parader*, 1986)

14 DE OUTUBRO, 1985

O Iron Maiden lança seu primeiro disco duplo ao vivo, *Live After Death*, com o vídeo (em vários formatos) chegando depois, no dia 23.

JORNALISTA ROBBI MILLAR:

Eu nunca me interessei muito por esse negócio de disco ao vivo. Mas *Live After Death*, todo esse pacote com quatro lados, um verdadeiro monstro, isso pode realmente me fazer mudar de ideia. Porque ele é, muito possivelmente, o melhor disco que o Iron Maiden já fez. Sem brincadeira! Tudo o que realmente se precisa para fazer um grande disco ao vivo é uma grande banda ao vivo — e o Maiden está certamente entre os maiorais desse gênero, uma das poucas bandas que realmente entendem isso, e que engole as chamas e a fumaça, cuspindo de volta uma atmosfera carregada de tensão e conteúdo, direto na nossa cara. (*Sounds*, 1985)

Live After Death (ou, de alguma forma, a turnê de *Powerslave*) é considerada por muitos o ápice da Maiden mania.
COLEÇÃO DE DAVE WRIGHT

1º DE NOVEMBRO, 1985 |
Killers recebe disco de ouro no Reino Unido.

DEZEMBRO DE 1985 |
A banda de power metal alemã Helloween lança seu disco de estreia, *Walls of Jericho*. O grupo rapidamente é rotulado por jornalistas e fãs em toda parte como uma versão mais jovem, mais frenética, mais atual e mais rápida do Iron Maiden, comprovando o ditado de que uma banda sempre precisa evoluir, olhar para trás e prestar atenção na nova geração se quiser se manter no topo — exatamente como o Maiden fez em 1980.

2 DE DEZEMBRO, 1985 |
O Iron Maiden lança o single de "Run to the Hills (live)", com versões ao vivo de "Phantom of the Opera" e "Losfer Words (Big 'Orra)" no lado B.

OS ANOS 80

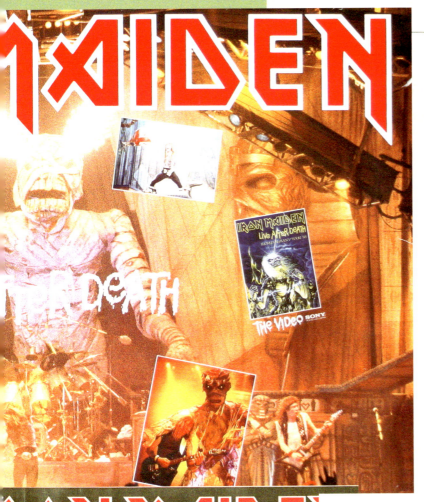

18 DE DEZEMBRO, 1985

O Maiden recebe seu quarto disco de ouro da RIAA, agora por *Live After Death*.

19 DE DEZEMBRO, 1985

Adrian Smith reúne o Urchin para uma apresentação no Marquee Club (também com Nicko McBrain na formação) e o resultado disso se tornaria o quase desconhecido *The Entire Population of Hackney*. Membros do Maiden fizeram participações especiais no show. Três músicas acabariam sendo regravadas pelo Maiden e usadas como lados B de singles da banda.

A formação clássica do Maiden com um certo ar de... altruísmo?
COLEÇÃO DE DAVE WRIGHT

Através dos anos, as ilustrações do Eddie mantiveram seu apelo juvenil original.
COLEÇÃO DO AUTOR

2 MINUTES TO MIDNIGHT

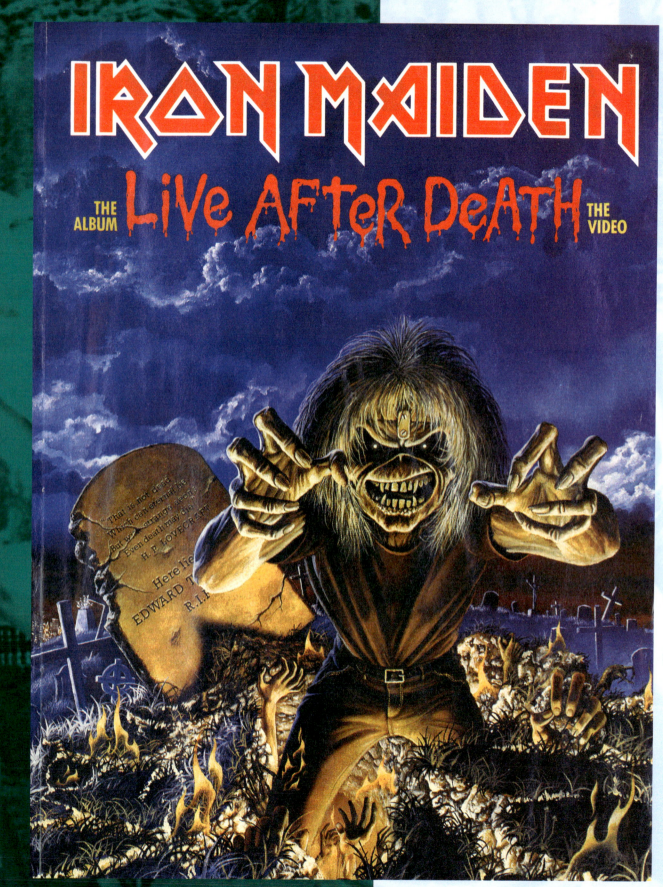

Alguns dos melhores trabalhos de Derek acabaram sendo pouco aproveitados.
COLEÇÃO DE DAVE WRIGHT

OS ANOS 80

1986

JANEIRO DE 1986

O Maiden começa a trabalhar no que se tornaria o disco *Somewhere in Time*, gravando passagens rítmicas no Compass Point Studios, nas Bahamas, antes de se mudar para o Wisseloord, em Hilversum, Holanda, para gravar as guitarras, os vocais e o controverso novo sintetizador de guitarras do grupo. A mixagem aconteceu no Electric Ladyland, em Nova York.

25 DE MARÇO, 1986

A versão em vídeo de *Life After Death* recebe disco de ouro nos EUA.

JULHO DE 1986

O Battlezone, de Paul Di'Anno, lança seu primeiro disco, *Fighting Back*, pela Raw Power Records, no Reino Unido, e pela Shatter Records, nos EUA.

ADRIAN SMITH:

Eu me lembro de *Somewhere in Time* em Nova York, no Electric Ladyland Studios, e estávamos eu, Martin Birch e o engenheiro de som ouvindo uma mixagem. Steve havia saído para pegar bebidas, e dissemos: "Vamos voltar para o hotel e ouvir isso no aparelho de som do quarto", e então voltamos. Já tínhamos bebido um pouco a essa altura, e eu tinha visto o Tom Jones no bar mais cedo. Mas eles não acreditaram em mim. Era um hotel bem legal, o Parker Meridien. Eu juro que vi ele lá. Mas o pessoal disse não, não, não. Enfim, estávamos lá ouvindo a música, e alguém bate na porta. Eu abro, e lá está Tom Jones, com uma garrafa de champanhe em uma mão, um charuto na outra, e ele tem essa voz bem rouca. Tom disse: "Eu ouvi a música, se importam se eu ouvir com vocês?" Eu não estava acreditando! Ele entrou no meu quarto com seu guarda-costas. Na verdade, era seu filho, e ficamos lá a noite toda, conversando, bebendo, ouvindo música, foi demais. Eu estava no mesmo quarto que uma lenda viva. Ele usava umas lentes de contato, seus olhos meio que brilhavam (risos), sei lá, foi bem estranho.

PAUL DI'ANNO SOBRE ESCREVER LETRAS:

Ah, ouve essa (risos). Odeio fazer isso. Eu tenho um pequeno gravador embaixo da cama, e isso não é lá muito legal quando você está com a namorada. É tipo "Só um segundo, espera aí, tive uma ideia." Mas quando estou em casa, vendo TV e algo me chama a atenção, corro para criar em cima disso, ou talvez sobre algo que eu li. A maioria das coisas aconteceu de fato na vida real. Eu não gosto de mim mesmo algumas vezes. Leio três ou quatro livros por semana. Sou um leitor voraz, coleciono livros. Infelizmente, eles acabam. Gosto dos thrillers, livros de espionagem, porque eu acho que espiões são as pessoas mais sacanas do mundo, além dos políticos. A pessoa que pode escrever um grande livro de espionagem é absolutamente brilhante, os truques incríveis que ela consegue fazer. Sei lá, apenas me faz feliz pensar que tem um puto por aí que tem a mente ainda pior do que a minha jamais será.

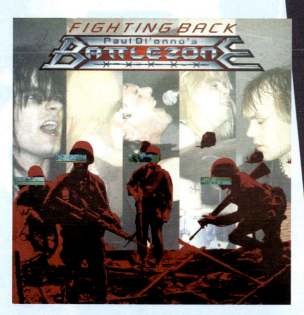

O pobre do Paul entendeu tudo errado: este flerte com o NWOBHM teria se saído melhor em 1983, enquanto seu disco de hair metal teria se dado melhor no final dos anos 80.
COLEÇÃO DE DAVE WRIGHT

2 MINUTES TO MIDNIGHT

6 DE SETEMBRO, 1986

O Maiden lança "Wasted Years" (nome de trabalho "Golden Years") como um single, tendo no lado B "Reach Out", um antigo projeto de Adrian Smith, e "Sheriff of Huddersfield", uma faixa-piada alfinetando o empresário Rod Smallwood por ter se mudado da Inglaterra para Los Angeles, mais especificamente para Hollywood Hills.

BRUCE DICKINSON:

"Wasted Years" foi escrita durante o período em que estávamos por tanto tempo na estrada, que há um tipo de ironia nela. Afinal, quando Adrian escreveu aquela letra, eu acho que ele estava, junto com a gente, sentado lá viajando, pensando como isso era legal. E tem um monte de gente que daria o fígado para fazer isso o tempo todo. Mas, cara, tem dias em que a gente pensa como seria bom ter um pouco de descanso (risos).

Os fãs britânicos adoram coisas como picture discs com formatos diferentes. Ao menos, assim pensavam as gravadoras.
COLEÇÃO DE DAVE WRIGHT

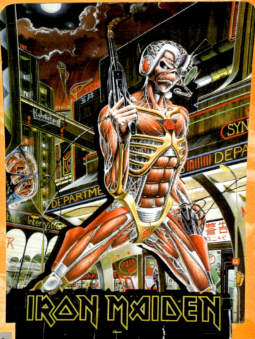

10-25 DE SETEMBRO, 1986

O Iron Maiden faz a primeira parte europeia da *Somewhere on Tour*, a turnê de divulgação de *Somewhere in Time*, com o Waysted abrindo os shows.

29 DE SETEMBRO, 1986

O Maiden lança seu sexto álbum de estúdio *Somewhere in Time*, que já recebeu disco de platina no EUA. Chega ao 11º lugar da lista de mais vendidos da *Billboard*. Não há nenhuma música creditada a Bruce Dickinson no disco inteiro.

Esta não é uma das versões do Eddie mais queridas pelo público.
COLEÇÃO DE DAVE WRIGHT

ROD SMALLWOOD:

O Maiden nunca explodiu. O primeiro disco vendeu 350 mil cópias, o segundo umas 750 mil, *Beast* vendeu cerca de 1,2 milhão (números mundiais). Mas você tem que pensar que *Killers* vendeu 300 mil cópias apenas na França, então foi meio frustrante que *Beast* tenha vendido apenas 150 mil por lá. Já havia alguns mercados onde o Maiden era muito forte quando os EUA se interessaram pela banda, que foi com *Beast*. Mas é preciso reconhecer que estávamos tocando em arenas lotadas com *Piece of Mind*, quando *The Number of the Beast* ainda não havia vendido 400 mil cópias. Você conhece alguma banda que consegue lotar arenas sem ter vendido mais de 400 mil discos, nem mesmo um disco de ouro? Mas havia essa loucura toda, tínhamos um agente bem esperto conosco na época, e sabíamos que não queríamos mais abrir shows, deveríamos ser a atração principal, e tínhamos a energia necessária para trabalhar duro. O primeiro show nos EUA foi na arena de Seattle, carga de 11 mil ingressos esgotada, e sabíamos que estávamos fazendo a coisa certa desta vez. Foi uma turnê fantástica, movida pelo boca a boca... é assim que o metal funciona, com o boca a boca e com as fofocas (risos). (*Brave Words & Bloody Knuckles*, 2005)

2 DE OUTUBRO, 1986

The Number of the Beast se torna o primeiro álbum do Maiden a receber disco de platina pelo RIAA, por vendas superiores a 1 milhão de cópias. Apesar disso, mesmo com toda a fama e notoriedade do disco, ele ainda não recebeu até hoje (2013) uma certificação maior que essa platina.

Os fãs do Maiden torceram um pouco o nariz para esta série de fotos e para o conceito geral de sci-fi de *Somewhere in Time*.
COLEÇÃO DE DAVE WRIGHT

BRUCE DICKINSON:

Não ouço há séculos. Meus sentimentos pelo disco são pautados pelo estado emocional em que eu me encontrava quando o gravei. Eu não andava bem de cabeça na época, de verdade. Vínhamos da turnê de *Powerslave*, e eu me encontrava destruído mentalmente. Queria tirar uma folga daquelas bem grandes, e estava quase tirando umas férias tão longas que nem tinha certeza se iria voltar. Para a música e tudo mais. Porque isso estava afetando minha cabeça. E tivemos uma folga, mas não longa o suficiente, ao menos não para mim, e voltamos e começamos a escrever. Eu senti uma mistura de, não sei se era vontade de escrever ou não, sei lá, eu tinha esse sentimento vago de que queria alguma coisa diferente, mas não sabia o que era. E, enfim, acabei não compondo nada para o disco. Pensei que talvez eu devesse apenas cantar. Sabe, relaxar, ficar de lado um pouco, apenas ser o vocalista, e talvez descansar um pouco enquanto vocês cantam (risos). E eu meio que relaxei com tudo isso, e isso botou minha mente no lugar certo para *Seventh Son*.

2 MINUTES TO MIDNIGHT

3 DE OUTUBRO-9 DE NOVEMBRO, 1986

A *Somewhere on Tour* cruza o Reino Unido inteiro, com o antigo parceiro de Bruce Dickinson, Paul Samson, abrindo os shows, com sua nova banda, Paul Samson's Empire.

24 DE OUTUBRO, 1986 |

A graphic novel de Raymond Briggs *When the Wind Blows*, sobre um ataque nuclear soviético à Inglaterra, ganha um filme de animação. Com trilha sonora de Roger Waters e David Bowie, o filme serve de inspiração para Steve Harris escrever "When the Wild Wind Blows", do disco *The Final Frontier*, de 2010.

5 DE NOVEMBRO, 1986 |

Piece of Mind se torna o segundo álbum do Maiden a receber o disco de platina pela RIAA.

12 DE NOVEMBRO-21 DE DEZEMBRO, 1986 |

O Maiden leva a *Somewhere on Tour* de volta à Europa, com o W.A.S.P. abrindo os shows.

18 DE NOVEMBRO, 1986

Somewhere in Time recebe disco de ouro dois meses após ser lançado.

22 DE NOVEMBRO, 1986 |

O Maiden lança "Stranger in a Strange Land" como um single, com "That Girl" e "Juanita" no lado B, ambas de um antigo projeto paralelo de Adrian Smith.

DAVE MURRAY SOBRE AS LINHAS DE TECLADO EM *SOMEWHERE IN TIME*:

Na verdade, nós costumávamos usar sintetizadores de guitarra, já que estávamos procurando criar sons de teclado. Foi uma época em que trazer teclados era algo que andávamos considerando. Então, basicamente, os sintetizadores eram ótimos, porque nós batíamos nas cordas e assim criávamos um efeito de sintetizador. Mas a verdade é que pode ficar meio chato, pois sempre há um atraso por conta da tecnologia da época. Mas basicamente era para preencher mais o som, dar um pouco de ambiente, mais cor e cenário, mais para preencher a música. É claro que agora estamos simplesmente usando teclados, teclas de verdade (risos). Isso apenas desenvolveu a música, tornou o som um pouco mais maduro. Apenas amplia um pouco mais a visão. Em contrapartida, você pode ter uma banda com três membros, uma banda com quatro membros. E algumas das músicas, alguns riffs soavam como se pedissem para ser orquestrados. E dizíamos, vamos fazer isso soar como um violoncelo, saca? (risos). Ou um belo som de teclado.

OS ANOS 80

Itens como este se tornaram alvo de colecionadores ao longo dos anos, aumentando de valor conforme o Maiden se tornava uma banda clássica, em vez de estar relegada ao gueto do metal.
COLEÇÃO DE DAVE WRIGHT

2 MINUTES TO MIDNIGHT

7 DE JANEIRO-2 DE MAIO, 1987

O Maiden define as datas norte-americanas da *Somewhere on Tour*. A abertura dos primeiros shows fica por conta do Yngwie Malmsteen. As apresentações do meio contaram com a Vinnie Vincent Invasion. O Waysted voltou para abrir a última parte da turnê.

20 DE JANEIRO, 1987

Killers finalmente ganha um disco de ouro, quase sete anos após o lançamento.

11-21 DE MAIO, 1987

O Maiden encerra a *Somewhere on Tour* com meia dúzia de datas no Japão.

JUNHO DE 1987

Orson Scott Card escreve um livro de fantasia chamado *Seventh Son*, que inspira o conceito do próximo disco do Iron Maiden.

JUNHO DE 1987

O Battlezone, de Paul Di'Anno, lança seu segundo disco, *Children of Madness*.

PAUL DI'ANNO:

Eu gostei de *Fighting Back*, acho muito bom, tem um jeitão punk. Era uma coisa que eu queria fazer. Sabe, é o mesmo erro de novo. Parece que tudo sempre acontece de novo. Tipo, eu acho que o primeiro disco do Iron Maiden é excelente, mas também acho que *Killers* é um pouco bem-cuidado demais, não parecia certo pra mim. Foi por isso que eu quis sair de lá. E aí isso aconteceu de novo. *Fighting Back* eu achei que era um grande disco, bem cru, e eu me senti bem. Então, veio *Children of Madness*. Nós entregamos um monte de material, e eles disseram: "Bom, não podemos mudar as sessões de gravação, ou os horários, e essas músicas não servem. Então, tivemos que mudar. Tivemos que escrever umas sete músicas em cerca de dois dias, que eu e o Joe Wiggins fizemos e acho que o trabalho sofreu por isso. Ficou soando como um Queensrÿche de quinta categoria, e eu não gostava daquilo. Quer dizer, eles são uma bela banda, mas não é o tipo de coisa que eu faço, e fiquei bem chateado com aquilo tudo.

14 DE AGOSTO, 1987

A versão em vídeo de *Live After Death* ganha platina.

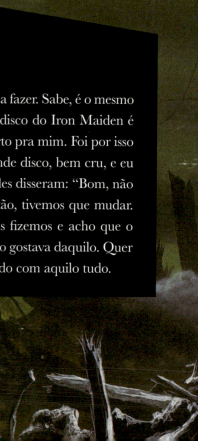

OS ANOS 80

OUTUBRO DE 1987

O Maiden lança uma coletânea de videoclipes chamada *12 Wasted Years*.

Derek continua a produzi-los, e o Maiden sempre acha um espaço para eles.
COLEÇÃO DE DAVE WRIGHT

Mais produtos em vídeo para uma banda das mais visuais.
COLEÇÃO DE DAVE WRIGHT

2 MINUTES TO MIDNIGHT

1988

Parece que toda banda que já tem uma pilha de discos acaba fazendo um conceitual em algum momento.
COLEÇÃO DE DAVE WRIGHT

1988 | Lançamento do álbum *Warchild*, de Paul Di'Anno — uma coletânea dos dois primeiros discos com duas músicas extras.

16 DE FEVEREIRO, 1988 | A vida secreta com prostitutas do pastor evangélico Jimmy Swaggart é exposta, levando ao seu famoso discurso de confissão, cinco dias depois. O sórdido episódio é explorado pelo mundo do heavy metal, ainda sofrendo pela caça às bruxas do PMRC (Parents Music Resource Center), e levando Ozzy Osbourne a escrever "Miracle Man", e o Iron Maiden a escrever "Holy Smoke".

10 DE MARÇO, 1988

Nicko McBrain aparece no popular programa infantil da TV britânica *The Sooty Show*.

NICKO MCBRAIN:
Rod me telefonou perguntando: "Tá sentado?" Então, continuou: "Você foi convidado para participar do *The Sooty Show*, e comecei a rir pra cacete! Eu disse: "Tá de sacanagem, né?" Mas ele falou: "Não, é sério. Porque você acha que não?" E eu disse: "Não é o tipo de coisa que um baterista de heavy metal faz, né?" E ele me respondeu: "Bem, pense no seu garoto", já que o meu Nick tinha apenas quatro anos e meio, e eu cheguei à conclusão de que não era uma má ideia. Ele pode contar para os amigos que o pai dele foi no *Sooty*. (*Hard Roxx*, 1998)

20 DE MARÇO, 1988

"Can I Play with Madness" é lançada como um single prévio de *Seventh Son of a Seventh Son*, fazendo muito sucesso no Reino Unido, onde chega ao 3º lugar em vendas. No lado B estavam "Black Bart Blues", que ficou de fora do disco, e "Massacre", um cover do Thin Lizzy. "Can I Play with Madness" surgiu de uma composição de Adrian Smith chamada "On the Wings of Eagles". É o 16º single da banda.

Traços do *Fistful of Metal* do Anthrax nesta ilustração surreal de Riggs.
COLEÇÃO DE DAVE WRIGHT

BRUCE DICKINSON:
Passamos poucas e boas escrevendo essa. Ela tem aquela parte bem no meio, em que entra um solinho de guitarra, para tudo abruptamente e depois "Can I play with madness?", e você tem uma parte a capela, logo em seguida o refrão. Esse pedaço no meio foi totalmente inserido, meio que à força, enfiado ali. E foi obra do Steve. Ele disse: "Isso vai ficar bom", e meteu lá, e o Adrian simplesmente detestou. Eu fui aquele que ficou no canto, sozinho, pensando que Adrian tinha detestado, mas Steve achava que funcionava, e eu estava lá, pensando que realmente funcionava um pouco, e acabei falando: "Olha, isso parece funcionar mesmo, pessoal", e foi tipo "danou-se".

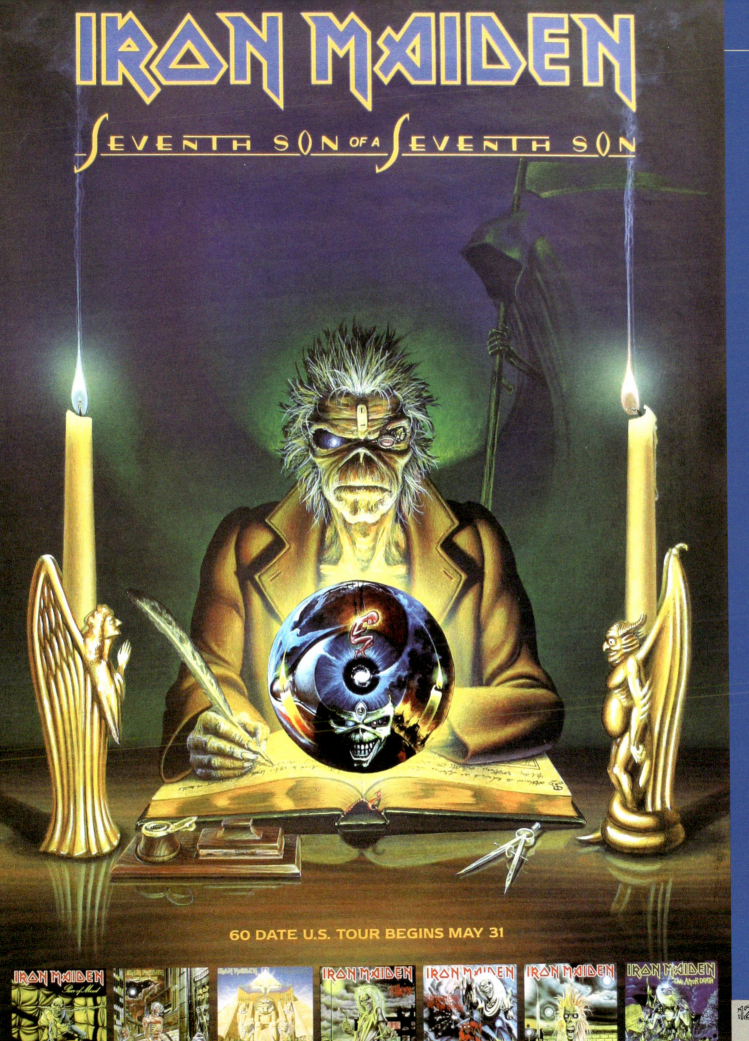

2 MINUTES TO MIDNIGHT

BRUCE DICKINSON:

Seventh Son revitalizou meu entusiasmo. Eu adorava a ideia de fazer um disco conceitual. Que sacada! É bem provável que eu seja o grande responsável pela capa, junto com o Derek. A ideia era fazer algo surreal. Queríamos um Eddie surrealista. E Derek apareceu com isso, que eu gostei demais. Supondo que o que achei estranho foi que levamos o disco a um certo ponto, e ele nunca foi desenvolvido além disso. E no mesmo ano, enquanto estávamos mixando ou coisa assim, eu ouvi algumas faixas inacabadas do *Operation: Mindcrime* do Queensrÿche e fiquei pasmo. Eu me lembro de estar dirigindo por uma rua que cortava um parque na Alemanha, e ouvi essas quatro faixas de *Mindcrime*. Parei o carro e fiquei lá sentado, com as mãos na cabeça, pensando que eles tinham feito o disco que nós deveríamos ter feito. *Seventh Son* deveria ter sido assim. E poderia ter sido. Se nós tivéssemos forçado, se tivéssemos pensado melhor nele, se tivéssemos sentado e planejado, discutido. Você não faz um disco conceitual em cinco minutos. Não coloca algumas coisas juntas e simplesmente diz "pronto, esse é um disco conceitual". Essa era minha sensação. Eu estava orgulhoso dele, mas sempre houve esse pensamento, que droga, artisticamente estávamos em segundo lugar. E nas resenhas também. Na maneira como o mundo percebe as coisas, *Mindcrime* era um disco inovador. E *Seventh Son* nem tanto. Para os fãs do Maiden ele era, mas eu já tinha uma sensação na época de que havia esse mundo do Maiden, e de que havia o resto do mundo.

11 DE ABRIL, 1988

Data de lançamento do sétimo disco de estúdio do Iron Maiden, *Seventh Son of a Seventh Son*.

28-29 DE ABRIL, 1988

O Maiden faz dois shows secretos em preparação para a turnê, no Empire Club, em Colônia, na Alemanha, com o nome de Charlotte and the Harlots.

3 DE MAIO, 1988

O Queensrÿche lança *Operation: Mindcrime*, seu terceiro disco. Desde o EP de estreia, a banda de Seattle já era vista como um novo e melhorado Iron Maiden. Agora, cinco anos depois, eles de alguma forma roubam os holofotes do Maiden, com um disco conceitual de heavy metal que faz *Seventh Son of a Seventh Son*, como Bruce explica ao lado, parecer esfarrapado e amador.

8 DE MAIO, 1988

A banda faz um show de preparação antes de começar a turnê de *Seventh Son of a Seventh Son*, cinco dias depois, no Canadá. É num antro de metaleiros conhecido em Nova York, o L'Amour.

O Eddie está parecendo um bizarro sorvete de casquinha derretido nesta arte de credencial.
COLEÇÃO DE DAVE WRIGHT

13-30 DE MAIO, 1988

O Iron Maiden inicia a gigantesca perna norte-americana de sua *Seventh Tour of a Seventh Tour*, começando com dez datas pelo Canadá, tendo o Guns 'N' Roses na abertura dos shows.

31 DE MAIO-10 DE AGOSTO, 1988

A *Seventh Tour of a Seventh Tour* continua a se espalhar pelos EUA, com o Frehley's Comet abrindo a maioria das apresentações (perpetuando uma rotina onde o Maiden traz ex-membros ou projetos de bandas para os quais abriu no passado). Também abrindo alguns shows estiveram o Megadeth e os canadenses do Killer Dwarfs.

STEVE HARRIS:

Pode parecer que estávamos indo mal, mas na verdade não estávamos. Muita gente não percebeu que nunca fomos unanimidade nos mercados secundários. Vamos bem em metrópoles, como Toronto, Nova York, Chicago e LA, mas nunca nas cidades pequenas, mesmo quando o mercado de turnês estava em alta. E, em vez de vendermos 7 ou 8 mil ingressos, vendíamos 6 mil, então não era ruim. E esses eram fãs que realmente gostavam do Maiden, então os mil ou 2 mil que não apareciam eram, na maioria, aquele público esporádico, que comparece apenas porque há um show de rock. A resposta de nossos fãs estava até melhor. As pessoas dizem que estávamos decaindo, mas levávamos junto bandas como Guns 'N' Roses e Zodiac Mindwarp, que realmente não eram do gosto do nosso público. E foi a primeira vez que fizemos uma turnê no verão, e havia Monsters of Rock, Def Leppard e AC/DC, todos competindo pelo dinheiro dos fãs. Talvez o nosso timing não tenha sido o melhor, mas ainda assim fizemos bons negócios. (*M.E.A.T.*, 1990)

Velhos estadistas: no final dos anos 80, como podemos ver nesta foto de divulgação, o Maiden acabou defenestrado de seu lugar no topo por bandas como Metallica, Guns 'N' Roses, Bon Jovi, Whitesnake e Poison.
COLEÇÃO DE DAVE WRIGHT

2 MINUTES TO MIDNIGHT

DEREK RIGGS SOBRE A ARTE DA CAPA DO DISCO:

Eles disseram que queriam meu traço surrealista: "É sobre profecias, ver o futuro, e queremos uma de suas coisas mais surreais." Esse foi o briefing. Nos dois primeiros discos, não tinham a menor ideia, fiz tudo da minha cabeça. Os singles são basicamente sobre o que o single é (risos), mas sempre tem algo como "queremos um cara com uma tevê, então vai lá e faz". As piadas e tudo o mais... sabe, na maioria das vezes eles não sabiam o que estaria na capa, porque nem eu sabia onde iria dar; eu ia criando tudo conforme as coisas apareciam. Simples assim. E, outras vezes, eu mudava tudo no meio do caminho porque sabia que não iria funcionar. E sim, para *Seventh Son* eu tinha um prazo apertado para fazer a arte, e achei o conceito deles bem estranho, então apenas segui com ele. Eu não sei de onde vieram as ideias. Eu leio bastante, e tenho sempre muitas imagens na cabeça. Tenho muitos livros sobre vida selvagem, e de vez em quando alguma coisa aparece, meio misturada com outras. A ideia era de que eles estavam fazendo um disco com um pouco mais de conteúdo. Havia um conceito por trás dele; em outras palavras, ele estava contando uma história. E era sobre algo estranho. O sétimo filho de um sétimo filho é algo meio místico. Este é o ponto de partida. Então a coisa é basicamente um disco conceitual sobre as coisas pelas quais esse cara passa. E eu pensei, sabe, eu não estava a fim de fazer o Eddie inteiro, então vou me livrar dele (risos). Vou cortar ele ao meio, e deixar ele com uma cara de quem não está gostando disso. E ele tem uma maçã, que é uma coisa do Jardim do Éden, tem o bebê, algumas partes mecânicas e a cabeça em chamas, que na verdade é um pequeno simbolismo para inspiração, que eu roubei do Arthur Brown, da Crazy World of Arthur Brown, que costumava dançar pelo palco com a cabeça pegando fogo, cantando sobre o fogo. Mas eu já conhecia seus discos na época. E, neles, a ideia do fogo não era o demônio, era inspiração. É também sobre demônio e sofrimento, mas principalmente sobre inspiração, então eu meio que chupei isso. E a maçã tem o yin/yang nela. Vermelho e verde é yin e yang. São opostos, assim como vermelho e verde estão de lados opostos no espectro de cores.

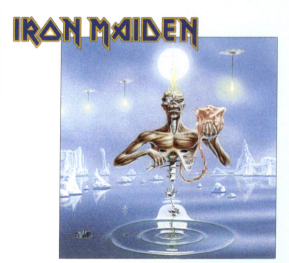

6 DE JUNHO, 1988

Seventh Son of a Seventh Son recebe disco de ouro dois meses após seu lançamento.

Looking to the future, one of hard rock's most successful bands continues its musical growth with *Seventh Son Of A Seventh Son*. Iron Maiden's eighth album in as many years (and seventh on Capitol) makes clear that this raucous British band isn't resting on its laurels. Following up on 1986's *Somewhere In Time*, its first platinum album in the U.S. after four gold LPs, *Seventh Son Of A Seventh Son* has Iron Maiden heading into the 1990s, as the album cover boldly shows the band's notorious mascot Eddie being joined by his son.

The most sophisticated Maiden album yet, musically and lyrically, *Seventh Son Of A Seventh Son* nevertheless retains the band's hard metal base. With scant radio airplay, and a feet-on-the-ground aversion to makeup, flash, and gossip columns, Iron Maiden has achieved success the old-fashioned way: it's earned it. Five massive world tours later (some 200 cities each time out, including numerous times behind the Iron Curtain), Iron Maiden is truly one of the few metal acts with international standing. The result has been a handful of classic rock albums and millions of devoted fans around the world.

A boa qualidade do material promocional da banda demonstrava que a Capitol ainda acreditava que o Maiden tinha bala na agulha.
COLEÇÃO DE DAVE WRIGHT

OS ANOS 80

BRUCE DICKINSON:

"Evil That Men Do" foi concebida... bem, eu estava escrevendo, e já na metade, uma história para encaixar no disco. E algumas de minhas composições se encaixavam nesse conceito geral da história. E "Evil That Men Do" era uma dessas, a ideia era a corrupção da inocência. E nisso o sétimo filho do sétimo filho é tentado a dormir com o diabo. E ele aparece como uma mulher linda, que basicamente tira a virgindade dele e desaparece, deixando-o sozinho, vazio e puto da vida.

1º DE AGOSTO, 1988

A banda lança "The Evil That Men Do" como um single no Reino Unido, onde chega ao 5º lugar em vendas. No lado B, regravações de "Prowler '88" e "Charlotte the Harlot 1988".

13 DE AGOSTO, 1988 |

O Maiden lança "The Evil That Men Do" como um single nos EUA.

DEREK RIGGS SOBRE A EVOLUÇÃO DO EDDIE:

Eu sei lá, de verdade, ele apenas se tornou o que é. Um tipo de louco maníaco (risos). Era como... Rod sempre quis que fosse superagressivo. Era isso que ele achava que funcionaria. Mas eu tenho lá minhas dúvidas. Ele se transformou de um monstro — era bem ameaçador quando surgiu — em, sei lá, um paladino dos pobres e oprimidos. Eddie, o paladino do povo. Ele se tornou um tipo de anti-herói, eu acho que é essa a ideia. Alguém uma vez me disse: "As pessoas reagem ao Eddie como um herói, porque ele é heavy demais para ser encarado como um vilão" (risos). Você quer ele do seu lado, sabe? Mas ele teve o cérebro arrancado. Eu, de fato, não sei e... depois que eu parei de ilustrar o Eddie, não sei mesmo que diabos está acontecendo. Ele não parece ter direcionamento algum. Tudo parece apenas uma forma de mercantilizar a criatura, tipo mascote de time de futebol. Que merda! (risos).

20 DE AGOSTO-5 DE OUTUBRO, 1988

A parte principal da turnê europeia de *Seventh Tour of a Seventh Tour* abrange 20 shows e 15 países, começando com o Monsters of Rock em Donington, com outros festivais Monsters of Rock agendados pela Europa. O Helloween, o "Iron Maiden bebê", faz a abertura de alguns shows no final da turnê.

Assim como muitas bandas tradicionais de metal, o Maiden tentou competir na era do hair metal, mudando o figurino — pelo menos, assim como o AC/DC, o Maiden não seguiu o caminho do Kiss, ou até do Ozzy Osbourne.

© RICH GALBRAITH

Dave Murray comtempla o público num pós-show em Tulsa, Oklahoma.
© RICH GALBRAITH

7 DE NOVEMBRO, 1988 |
O Maiden lança "The Clairvoyant (live)" como um single, com "The Prisoner" e "Heaven Can Wait" no lado B.

---

18 DE NOVEMBRO-12 DE DEZEMBRO, 1988

O Maiden leva a *Seventh Tour of a Seventh Tour* para o Reino Unido. O último show, uma apresentação menor no Hammersmith Odeon, em Londres, seria o último de Adrian Smith na banda após 11 anos. A banda de abertura pelo Reino Unido foi o Killer Dwarfs.

OS ANOS 80

1989

DEE SNIDER SOBRE CLIVE BURR:

O engraçado sobre o Clive foi que Bernie e eu estávamos tentando pensar, ok, as pessoas com quem imaginei inicialmente que pudesse tocar junto, não seriam as corretas para esse projeto. E eu disse "sabe um baterista de quem sempre gostei? Eu sempre gostei do estilo do Clive Burr. Ele é muito criativo, é um baterista diferente. Se conseguíssemos alguém como o Clive, seria demais". E Bernie disse... ele sempre gagueja um pouco, "bem, então por que não chamamos o Clive?" (risos). E eu nunca tinha pensado em pegar o telefone e chamar o cara pra tocar. Eu disse alguém *como* o Clive. "Você tem o contato dele?" e ele disse que sim. Ligou pro Clive, e tocamos juntos. Clive era diferente de qualquer baterista que eu já havia visto — em praticamente tudo. Uma coisa sobre o Clive, que eu acho intrigante, é que ele foi o único com quem eu trabalhei que nunca terminava suas partes de bateria até que a letra estivesse pronta. Ele trabalhava em cima dos vocais, não em cima da guitarra ou do baixo. Eu nunca... ele era um baterista melódico, o que pode explicar como o som do cara é tão criativo, principalmente com o Maiden, onde quase não havia regras. Então era intrigante desse jeito. E ele era um baterista alegre. Quando tinha as baquetas nas mãos, ele estava no paraíso. Porra, ele realmente adorava tocar.

1989 | O vocalista do Twisted Sister, Dee Snider, o baixista Marc Russell, Bernie Tormé (o predecessor de Janick Gers no Gillan) e o antigo baterista do Maiden, Clive Burr, gravam o que seria um disco que acabou engavetado como uma banda chamada Desperado. O álbum teria seu lançamento autorizado em 1996, pela Destroyer Records, e relançado em 2006 pela Cleopatra/Deadline.

5 DE JANEIRO, 1989

O VHS de *12 Wasted Years* ganha ouro.

28 DE FEVEREIRO, 1989

O VHS de *Behind the Iron Curtain* ganha ouro.

JULHO DE 1989 |

A gravadora Def American lança o primeiro disco do Wolfsbane, chamado *Live Fast, Die Fast*, produzido por Rick Rubin. O vocalista da banda é Blaze Bayley.

Perdidos no tempo em 1989.
COLEÇÃO DE DAVE WRIGHT

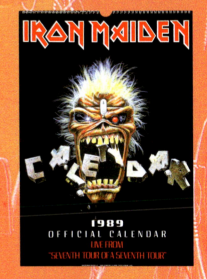

11 DE AGOSTO, 1989 |

Bruce Dickinson escreve e contribui com uma música para a trilha sonora de *A Hora do Pesadelo 5: O Maior Horror de Freddy*. "Bring Your Daughter... to the Slaughter" se torna a primeira faixa do lado A do LP, e inspira a gravação de um disco solo completo, *Tattooed Millionaire*.

STEVE HARRIS:

O Bruce escreveu "Bring Your Daughter... to the Slaughter" para a trilha sonora de *A Hora do Pesadelo*, e ela foi muito bem. Então, o agente dele sugeriu que ele gravasse um disco solo, afinal tinha tempo para isso, e eu falei pra ele: "Por que não?" O disco dele soa bem diferente do Iron Maiden, e eu gosto bastante. Nós então resolvemos colocar "Bring" num disco nosso, depois de ouvir o Bruce. Nossa versão é um pouco mais acelerada e pesada. Será uma bela música para se tocar ao vivo. (*M.E.A.T.* '90)

127

2 MINUTES TO MIDNIGHT

OUTUBRO DE 1989

A banda solo de Adrian Smith (com raízes do Urchin, seu grupo antes do Maiden) é batizada de A.S.a.P. (sigla para Adrian Smith and Project), e seu LP, lançado pela EMI, se chama *Silver and Gold*. Smith faz o vocal no disco, assim como a guitarra.

ADRIAN SMITH SOBRE SUA SAÍDA DO MAIDEN

O simples fato de eu ter me afastado para fazer um disco solo, e esse foi o primeiro... bom, teve o do Bruce também. Acho que isso incomodou o pessoal. Principalmente o Steve, que ficou meio que tentando imaginar o que eu estava fazendo. Então isso foi plantando as sementes. Eu adorava o que estávamos fazendo em *Somewhere in Time* e *Seventh Son*. Acho que eles eram um pouco mais maduros e melhor finalizados. Era nessa direção que eu queria ir. Queria fazer coisas realmente bem acabadas. A.S.a.P. foi um disco produzido com todo o cuidado e carinho, que era o que eu queria fazer. Eu estava bem contente com aquilo, apesar de obviamente ser uma grande mudança na minha direção musical. Mas o disco apenas mostrava como eu estava. Tenho um gosto eclético. E também, com o A.S.a.P., eu estava bem envolvido com alguns outros caras. Não fiz apenas um disco solo. Quer dizer, eram dois amigos de longa data, eu cresci tocando com eles. Eles sempre me encorajaram a fazer um trabalho solo. Mas também houve muito incentivo no sentido de que eles me ajudaram a achar um produtor e fazer todas as composições. Para ser bem honesto contigo, quase me meti nessa situação antes, pois fiz algumas demos há uns anos, que o pessoal do Sanctuary Management gostou bastante. E eles me encorajaram tanto quanto meus amigos para fazer um disco solo. Mas eu não tinha realmente certeza do que queria fazer, e meio que fui na onda disso tudo e acabei no estúdio tocando esse projeto. E acabei gastando uma porrada de dinheiro.

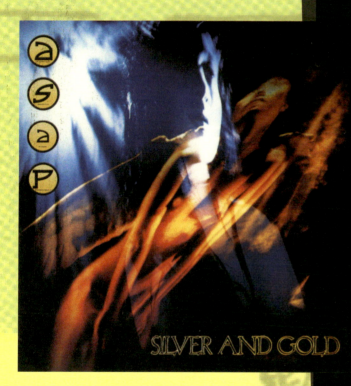

Esta arte bem austera faz todo o sentido para o também cerebral e sofisticado projeto solo de Adrian, o A.S.a.P.
COLEÇÃO DE DAVE WRIGHT

6 DE NOVEMBRO, 1989

O Maiden lança o single de "Infinite Dreams (live)", com versões também ao vivo de "Killers" e "Still Life" no lado B.

8 DE NOVEMBRO, 1989

O Maiden lança um VHS com 15 faixas ao vivo chamado *Maiden England*, gravado durante duas noites no Birmingham NEC, nos dias 27 e 28 de novembro do ano anterior. Acabou sendo relançado como uma edição limitada em VHS/CD cinco anos depois.

OS ANOS 80

Maiden England trouxe ao menos uma faixa de cada disco do Maiden lançado até então.
COLEÇÃO DE DAVE WRIGHT

Eddie incorpora Rob Halford.
COLEÇÃO DE DAVE WRIGHT

Mais um raro item colecionável em papel.
COLEÇÃO DE DAVE WRIGHT

O Iron Maiden começou os anos 90 como mais um na multidão, insistindo teimosamente com um som que havia bombado, mas que agora estava sendo ofuscado, primeiro pela explosão do hair metal, e agora pela ascensão do grunge e seus quatro grandes expoentes: Nirvana, Pearl Jam, Alice in Chains e Soundgarden. Dark e pesado como o grunge era, a constante gozação dos fãs do gênero em relação ao heavy metal teve um efeito, e o metal foi rotulado redundante por quase toda a década, enquanto o grunge abriu caminho para todos os tipos de alternativo e "alternativo pesado", dois subgêneros distintos, sendo que o último depois se fragmentaria metal industrial e nu-metal.

O Maiden iria insistir, rangendo os dentes com *No Prayer for the Dying* e *Fear of the Dark* durante a primeira parte da década. Entretanto, apesar do mal-estar comercial e de crítica com que os discos foram recebidos, o Maiden agora colhia os frutos de uma longa e bem-sucedida carreira, fazendo o negócio se manter vivo fora da América do Norte, para compensar a falta de atenção por lá. Em parte graças à astúcia de Rod Smallwood, em parte graças ao marketing, em parte graças à atitude da banda de colocar o fã em primeiro lugar, o Maiden foi ganhando reputação de banda global.

O crescimento desacelerou por um tempo, com a saída de Adrian Smith e Bruce Dickinson, particularmente de Bruce,

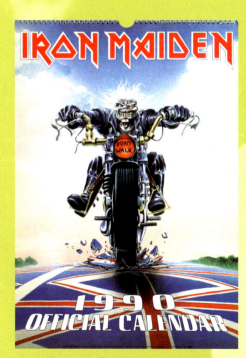

Os calendários que o Maiden lançava regularmente eram outra boa fonte de imagens do Eddie raramente utilizadas.
COLEÇÃO DE DAVE WRIGHT

2 MINUTES TO MIDNIGHT

que chegou a insinuar que o Maiden havia travado criativamente, e seguiu para provar isso com a maneira típica do ditado "mata a cobra e mostra o pau": uma bem-cuidada carreira solo. *Tattooed Millionaire*, lançado em 1990, encontrou Bruce na fronteira do hair metal, mas com a reputação intacta. Força por força, seus dois discos seguintes na década, experimentais, mas igualmente respeitados, seriam seguidos por um sólido petardo metaleiro em *Accident of Birth*, e depois uma obra-prima de profissionalismo e mente focada com o metal conceitual de *The Chemical Wedding*, de 1998.

A arte deste *picture disc* em LP é muito parecida com a de "Tailgunner", e até de "Aces High". O Maiden estava sempre em pé de guerra.
COLEÇÃO DE DAVE WRIGHT

A aceitação efusiva de Bruce como artista solo (criativamente falando, pois comercialmente sua carreira solo flopou) iria bater de frente com o baixo conceito recebido pelo Iron Maiden nessa época, que se viu relegado a ginásios e grandes bares durante os anos em que Blaze Bayley, ex-Wolfsbane, seria o vocalista. *The X Factor* e *Virtual XI* encontrariam a banda derrapando, com Steve Harris escrevendo músicas que precisavam desesperadamente de ideias novas e edições criteriosas. Essa época da carreira do Maiden também não foi ajudada pelos grandes mercados, que declararam que o heavy metal era uma piada, com o Metallica até se tornando uma banda decadente (usando lápis de olho) com seus péssimos *Load* e *Re-Load*, lançados em 1996 e 1997, respectivamente.

Em seu favor, Steve não iria deixar que a moda na indústria musical afetasse seu mundo e sua visão das coisas, e o Maiden, apesar dos discos que falharam em se destacar em meio às mudanças, iria emergir do lodo como uma banda que, contrariando a todos, sutilmente se tornou respeitadíssima por ter sobrevivido à queima da figura do heavy metal progressivo que eles dominam desde o final de 1979.

1990

OS ANOS 90

JANEIRO DE 1990

O Maiden começa a escrever o que se tornaria o disco *No Prayer for the Dying*. Adrian Smith está fora.

O Rock Aid Armenia lança *The Earthquake Album*. O disco traz "Run to the Hills", do Iron Maiden, e Bruce Dickinson participa da faixa principal, uma versão de "Smoke on the Water" com várias vozes do Deep Purple.

Paddy, a segunda esposa de Bruce Dickinson, dá à luz Austin, o primeiro filho do casal (e de Bruce). Depois viriam Griffin, em 1992, e Kia, em 1994.

Janick Gers aparece num programa da BBC chamado *The Paradise Club*, fazendo o papel de um guitarrista numa banda fictícia, chamada Fraud Squad.

NICKO MCBRAIN:

No geral, Adrian já não estava mais com a cabeça na banda — vinha bem infeliz, e precisava fazer um disco solo. Com o Bruce a história é completamente diferente. Ele fez porque é tão hiperativo que precisava produzir. Bruce teve um comportamento totalmente diferente — fez um single que se tornou um disco solo completo. Não foi preconcebido como o do Adrian. Não esperávamos que fosse nos deixar, não queríamos que acontecesse. Mas agora temos o Janick, e ele é ótimo. (*M.E.A.T.*, '90)

29 DE JANEIRO, 1990

Fish, ex-Marillion, lança seu primeiro disco solo, *Vigil in a Wilderness of Mirrors*. Janick Gers compõe com ele e toca em uma faixa chamada "View from the Hill".

ADRIAN SMITH SOBRE DEIXAR O IRON MAIDEN:

Acho que, na época, apenas senti — eu estava no Maiden há dez anos, e já havia feito um monte de turnês e gravações — necessidade de partir para algo diferente. E, pra ser honesto, eu me sentia um pouco preso na banda. Obviamente, essas coisas nunca são simples de explicar, mas eu basicamente não estava indo na mesma direção que os outros caras. Sabe, Steve é muito prolífico, e sempre aparece com um monte de coisas. O material dele é tipo a espinha dorsal do que fazemos. E também havia um movimento na banda sobre voltar a fazer um som mais cru, quase com cara de garagem, e eu também não estava a fim disso. Começamos o *No Prayer for the Dying*, e simplesmente perdi meu entusiasmo, a coisa degringolou. Acho que eu estava apenas esgotado por causa dos últimos dez anos. Nada do que eu fazia funcionava. Então, sentamos, conversamos e foi isso (risos).

L TO R: DAVE MURRAY, JANICK GERS, STEVE HARRIS, NICKO McBRAIN, BRUCE DICKINSON

IRON MAIDEN

"Todos juntos. OK, vamos bombar."
DAVE WRIGHT COLLECTION

2 MINUTES TO MIDNIGHT

STEVE HARRIS:

Quando o Janick chegou, todo o material já havia sido escrito e arranjado, então ele só tinha mesmo que aprender as partes dele, o que fez bem rápido, e as tocou perfeitamente. Quando gravamos, fizemos tudo em um ou dois takes, para ter um certo clima de ao vivo — eu comentei com os caras que, se colocássemos uma plateia gritando em algumas partes, daria pra jurar que foi gravado ao vivo, que é exatamente o que estávamos procurando todos esses anos. E Martin tinha trabalhado antes nesse estúdio, então foi tudo tranquilo. Foi um disco divertido e relaxante de se fazer, pois gravamos numa atmosfera familiar, onde podíamos beber umas cervejas no pub mais tarde. Acho que, de agora em diante, sempre vamos gravar por lá. O melhor de tudo é como a coisa toda ficou e soou no final, que é o que realmente gosto nesse disco. (*M.E.A.T.*, '90)

FEVEREIRO-SETEMBRO DE 1990

O Iron Maiden trabalha no que iria se tornar *No Prayer for the Dying*, usando o Rolling Stones Mobile Studio e um celeiro (também conhecido como Barnyard Studios) na casa de Steve Harris, em Essex. O Stones Mobile foi usado porque o Battery encontrava-se ocupado até o meio de abril, e a banda estava entusiasmada, querendo começar logo a trabalhar no que havia escrito. Uma grande mudança na formação tem Janick Gers no lugar de Adrian Smith.

BRUCE DICKINSON:

No Prayer foi um que eu devo compartilhar a responsabilidade coletivamente, e também a culpa por ser, possivelmente, o pior som num disco do Maiden, com exceção do primeiro. Entramos num tipo de loucura coletiva, e gravamos nesse antiquado Rolling Stone Mobile, num celeiro no meio do inverno. Num impulso de entusiasmo, nossa, vamos bombar porque seremos caipiras correndo por aí com palha no cabelo, fazendo solos de guitarra e coisas assim. E ele apenas soa como um disco horrível em relação à qualidade de som. Ficou bizarro.

Bruce se levanta, olha o mundo do metal ao seu redor e decide que quer fazer para si mesmo um disco mais rock'n'roll.
COLEÇÃO DE DAVE WRIGHT

MAIO DE 1990 |
A editora Sidgwick & Jackson publica o livro satírico de Bruce Dickinson *The Adventures of Lord Iffy Boatrace*, que, logo no lançamento, vende 40 mil exemplares. Dois anos depois, uma sequência chamada *The Missionary Position* é lançada.

MAIO DE 1990 |
Bruce lança seu primeiro disco solo *Tattooed Millionaire*. O futuro guitarrista do Maiden, Janick Gers, assina todas as guitarras do disco, e compõe a maioria das músicas com Bruce.

OS ANOS 90

14 DE AGOSTO, 1990 |
Bruce e sua banda solo fazem um show em Los Angeles, que depois é lançado em VHS com o nome de *Dive! Dive! Dive!*.

3 DE SETEMBRO, 1990
O Judas Priest lança o elogiado e quase trash *Painkiller*, se tornando um sério competidor pelo posto de banda de metal nº 1 da Inglaterra, título que o Iron Maiden arrancou do próprio Priest quando do lançamento da experiência "glam metal" do grupo, em 1986, *Turbo*.

BRUCE DICKINSON SOBRE A TURNÊ NOS EUA:
Um ônibus para banda e equipe viverem, com o equipamento no bagageiro. Como nos velhos tempos. Nós tínhamos apenas cinco semanas para fazer a porra do país todo. (*M.E.A.T.*, 1990)

NICKO MCBRAIN:
Eu sou daqueles que acredita que cada um pensa o que quiser. Nós sempre fazemos coisas da maneira que achamos certa — sempre seguimos nosso feeling do momento. Não é bacana ficar sentado, olhando o que está acontecendo e tentar analisar tudo, caso contrário, não estaríamos no Maiden. Tentar fazer um disco mais trash ou coisa assim soaria completamente falso de nossa parte. Somos de uma época diferente — fomos mais influenciados pelas coisas dos anos 70, e seria errado de nossa parte tentar seguir a moda, ou parecer jovem o tempo todo, se é que você me entende. Eu gosto de algumas dessas coisas — mas acho que não seria natural para nós agir assim. (*M.E.A.T.*, 1990)

BRUCE DICKINSON:
Acabei lançando o disco na hora errada, por causa da minha carreira no Maiden, já que eu realmente não tinha tempo. Mas creio que sou um cara de sorte; então, quando a oportunidade de fazer uma música com alguns amigos surgiu, eu imediatamente me aproveitei disso, e foi fantástico — tanto que vi um caminho surgindo, e sabia que era hora de fazer o disco solo, então fui lá e fiz. O disco todo foi escrito em uma semana. As músicas simplesmente iam surgindo. Não é tão diferente de quando eu componho para o Maiden com o Steve, pois fazemos músicas em um dia. Nesse disco, eu escrevi as músicas com o Janick Gers — foi uma divisão tipo 70/30, comigo controlando a direção da coisa toda o tempo todo. É um belo disco de rock'n'roll. Jamais deve ser comparado ao Maiden, porque é algo totalmente diferente. Eu nem sonharia em escrever esse tipo de material para o Maiden, porque não iria encaixar. Escrevi esse material com os caras que irão tocá-lo. Mas devo admitir que eu tive uma liberdade a mais — e foi agradável fazer algumas letras diferentes e brincar com as palavras, acho que as pessoas irão ficar surpresas com a qualidade das músicas. (*M.E.A.T.*, 1990)

O Iron Maiden explode a sua TV.
COLEÇÃO DE DAVE WRIGHT

2 MINUTES TO MIDNIGHT

DEREK RIGGS SOBRE A IMAGEM DE CAPA DO SINGLE:

A essa altura, eles achavam que estavam trazendo todas as ideias, então eu relaxei e parei de contribuir, porque eles estavam ficando um pouco arrogantes. E "Holy Smoke" era o conceito de alguém sobre todos esses pastores na TV. Basicamente, era Eddie esmagando coisas, ou Eddie sentado numa cadeira, e eles meio que continuam fazendo isso.

BRUCE DICKINSON SOBRE JANICK GERS:

O cara tem o ritmo de uma metralhadora: doido e devastador. E é ótimo que ele tenha vindo da mesma época que a gente. Nós todos o conhecemos há anos, então ele não é uma novidade pra gente nesse aspecto. Pelos últimos dois ou três anos, ou pelas últimas duas turnês, o Adrian estava visivelmente infeliz no palco. Não havia entusiasmo, e quando ficou claro com esse novo disco que não iríamos em nenhuma direção comercial, ele apenas veio até nós e disse que sentia que não se encaixava mais. Nós o respeitamos por ter sido honesto sobre isso. Desejamos toda sorte a ele. (*M.E.A.T.*, 1990)

10 DE SETEMBRO, 1990 | "Holy Smoke" é lançada como um single do que viria a ser *No Prayer for the Dying*, com dois covers no lado B: "All in Your Mind", do Stray, e "Kill Me (ce Soir)", do Golden Earring.

19 DE SETEMBRO, 1990 | Janick Gers faz seu primeiro show com o Iron Maiden no Woughton Center, em Milton Keynes, Inglaterra. É uma espécie de ensaio secreto, com a banda tocando com o pseudônimo Holy Smokers.

BRUCE DICKINSON SOBRE EQUILIBRAR UMA CARREIRA SOLO COM SEU COMPROMISSO COM O MAIDEN:

Não há ciúme algum da banda por eu ter feito meu disco solo, tampouco estou descontente com a música do Maiden. É como o Phil Collins e o Genesis — eu tenho o melhor dos dois mundos. Acho que sou esperto o suficiente para lidar com as duas coisas sem desenvolver um ego inflado, incontrolável. A banda adora meu disco solo, e Steve já me disse que acha que venderá mais que o do Maiden, porque é o tipo de coisa que as rádios irão gostar — e elas nunca tocam Iron Maiden. (*M.E.A.T.*, 1990)

20 DE SETEMBRO-18 DE OUTUBRO DE 1990

A banda começa sua *Intercity Express Tour* no Reino Unido, tocando em ginásios e outros lugares menores do que estavam acostumados, além de usar um palco pequeno e simples. A abertura dos shows ficou a cargo do Wolfsbane, cujo vocalista, Blaze Bayley, em breve se tornaria a nova voz do Iron Maiden.

23 DE SETEMBRO, 1990 | Surpreendentemente, é a data do primeiro show do Maiden na Irlanda (Eire), com o primeiro show na Irlanda do Norte acontecendo na noite seguinte.

1º DE OUTUBRO, 1990 | O Iron Maiden lança *No Prayer for the Dying*, seu oitavo disco de estúdio, que instantaneamente recebe disco de ouro no Reino Unido.

DAVE MURRAY:

Acho que já estávamos na metade dos trabalhos quando o Adrian saiu e o Janick chegou. Gravamos num estúdio móvel, que ficava estacionado ao lado da casa do Steve. E acho que o trailer era dos anos 70, então tudo tinha esse clima, esse som. E, é óbvio, tínhamos o Martin Birch conosco, e, basicamente, quando você termina um disco, você deixa pra lá. É aquela época da sua vida, vira história (risos). Mas eu gostei de todos os discos que fizemos. Acho que *No Prayer* é um disco que se destaca. Acho que foi quando a banda saiu um pouco pela tangente. Pessoalmente, acho que há um material muito bom lá, "ah, eu gosto mais desse disco do que daquele". Eu meio que os faço, e, uma vez prontos, e você sente orgulho pelo trabalho realizado, você segue em frente. Mas *No Prayer* foi gravado sem pressão alguma. Nenhum disco foi gravado sem pressão. É que, na época, havia algumas mudanças acontecendo, e, basicamente, você tem esse período de tempo, entra no clima da gravação, e faz o que tem que ser feito. Você vai até lá, e as bases estão rolando, e você está tocando como uma banda. Então começa a dividir as coisas. Vai lá por alguns dias, ou o Janick vai. Não estávamos indo lá bater a cabeça na parede, ficar vinte horas por dia no estúdio. Íamos lá meio período e alguns dias por semana, então nunca era pesado demais. Mas o *No Prayer*, falando do som, devido ao ambiente em que foi gravado e as coisas que usamos... mas, ei, talvez fosse hora de uma pequena mudança, vamos dar um gás nos trabalhos (risos). Mas, no fim das contas, nós tocamos muitas daquelas músicas ao vivo, e elas possivelmente funcionam melhor ao vivo do que no disco. Nossa música estava lá, mas acho que, para a época, soava um pouco datado. Mas como eu disse, era apenas, ei, vamos fazer, vai dar certo.

Nos bons e velhos tempos, biografias das bandas e fotos promocionais costumavam ser distribuídas em pastas como esta aqui.
COLEÇÃO DO AUTOR

2 MINUTES TO MIDNIGHT

21 DE OUTUBRO-22 DE DEZEMBRO, 1990

A banda embarca para a turnê *No Prayer on the Road*, começando pela Europa e algumas datas na Inglaterra. A abertura foi do Anthrax, com o King X tocando antes em alguns shows na Alemanha, inspirando a famosa música do grupo, "Lost in Germany".

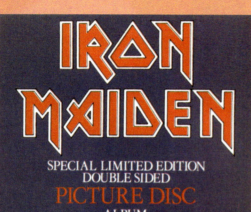

> **RESENHA** SEM CRÉDITO DE *NO PRAYER FOR THE DYING*:
>
> Astrônomos afirmam que uma colher cheia de material estelar pesa o mesmo que uma montanha. Bem, ouça esse disco e veja se você não afunda no chão! Talvez o trabalho mais pesado do Maiden desde *The Number of the Beast*, de 1982, esse disco detona — mas com sentimento, não apenas energia sem sentido. Esqueça a aventura solo de Bruce, ela nunca aconteceu. O Iron Maiden dos velhos tempos está de volta. E eles estão irritados porque você duvidou deles. (*Circus*, 1990)

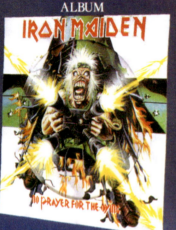

29 DE OUTUBRO, 1990

O Maiden lança uma coletânea de videoclipes chamada *The First Ten Years*, que foi relançada como *From Here to Eternity* dois anos depois. *The First Ten Years* também foi lançada em CD e vinil duplo.

19 DE NOVEMBRO, 1990

O VHS de *Maiden England* recebe disco de ouro pela RIAA.

27 DE NOVEMBRO, 1990

No Prayer for the Dying ganha disco de ouro da RIAA, dois meses após seu lançamento. Seria o último disco do Maiden a receber a premiação no mercado americano.

Há um consenso entre os fãs de que o Maiden estava perdendo o gás nessa época, apesar da banda mostrar um material dos mais pesados em 1990.
COLEÇÃO DE DAVE WRIGHT

24 DE DEZEMBRO, 1990

"Bring Your Daughter… to the Slaughter" é lançada como single, se tornando o único Nº 1 da banda nas paradas do Reino Unido. A faixa havia sido gravada previamente por Bruce, como artista solo. No lado B, covers de "I'm a Mover", do Free, e "Communication Breakdown", do Led Zeppelin.

1991

1991 | O Praying Mantis, com Paul Di'Anno e Dennis Stratton, lança "Live at Last".

Quase que de forma sincronizada com a transição do hair metal para o grunge no final dos anos 80, o Maiden decide mudar sua cara ao vivo, fazendo shows de uma forma relativamente mais rudimentar.

COLEÇÃO DE DAVE WRIGHT

DEREK RIGGS SOBRE A ARTE DA CAPA DO SINGLE:

"Bring Your Daughter… to the Slaughter", lá está Eddie, segurando sua machadinha ensanguentada, há todos esses monstros saindo do chão, e ele tem a garota nos braços. Bem, a garota é daquele desenho *Roger Rabbit*, aquela magrela ruiva, qual o nome mesmo? Jessica qualquer coisa. Eu me inspirei na Diana Dors para fazer a cantora, tem até o mesmo vestido vermelho. E na lixeira no canto direito dá pra ver o Oscar, o boneco de *Vila Sésamo* que mora numa lata de lixo, coisas bobas assim.

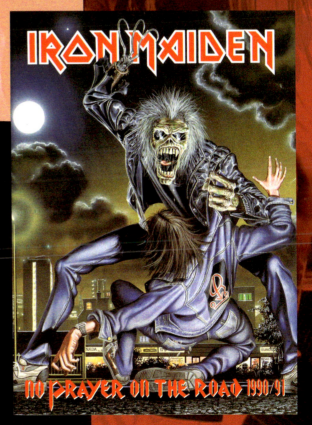

DEREK RIGGS SOBRE A ILUSTRAÇÃO DA CAPA DO DISCO:

Essa eu fiz como uma pintura. A primeira versão, com o homem em pé ao lado da lápide, é tudo pintura — guache, aquarela. Depois, refiz tudo, e o Rod disse que queria mudar algumas coisas, pois nunca gostou do cara lá, achava que um homem ali não funcionava bem. Na época eu já estava trabalhando digitalmente. Não dava pra fazer isso de nenhuma outra forma. Apaguei e uni os espaços onde ele estava, e preenchi o buraco deixado pelo cara que foi apagado. E a partir daí, eu fiz todo um novo cenário, que tinha esqueletos largados num chão de pedra, empilhados no meio da poeira — eles estavam virando poeira. Esse era o cenário. Eu troquei a coisa toda. Praticamente tive que redesenhar 70, 80, 90% de tudo. Foi uma grande mudança. Porque há mais do que você pode ver na versão final da capa. Eu basicamente tive que cortá-la em pedaços e colocar tudo junto novamente. É o Eddie da pintura original. Eu retirei ele digitalmente da arte antiga e coloquei junto com os pedaços que eu tinha, e recriei o cenário.

2 MINUTES TO MIDNIGHT

STEVE HARRIS:
Não vamos sair com uma grande produção de palco como fizemos antes. Vamos nos concentrar em luzes e cenários. Já fizemos quatro produções de megashows, e não consigo ver a gente fazendo nada melhor que isso agora — quer dizer, até onde podemos ir? Eddie ainda vai estar por lá, mas diferente do que nas últimas duas vezes. Queremos tocar um monte de material novo, mas também coisas antigas, afinal, se não tocarmos, os fãs mais radicais matam a gente. (*M.E.A.T.*, 1990)

13 DE JANEIRO-19 DE MARÇO, 1991
A turnê *No Prayer on the Road* cruza o Atlântico para uma extensa visita à América do Norte, começando pelo leste do Canadá e cruzando o país até finalmente descer um pouco para Salt Lake City, Utah. O Anthrax segue abrindo os shows.

28 DE MARÇO-5 DE ABRIL, 1991
O Maiden toca em cinco datas no Japão, como parte da turnê.

17 DE JUNHO, 1991
Live After Death e *Powerslave* recebem disco de platina.

DAVE MURRAY SOBRE TER MAIS VISIBILIDADE AO VIVO, AGORA COM JANICK NA BANDA:
O Janick tem energia de sobra. Como preparação para a turnê, comecei a me exercitar e a fazer natação. Antes, minha ideia de exercício era uma corrida até o pub! Sinto que preciso me movimentar mais agora, afinal aumentou a interação entre nós quatro no palco. É bem mais divertido, na verdade. Exaustivo, claro, mas divertido! É importante estar em forma. Não estamos mal para um bando de velhos, né?! (*Kerrang!*, 1990)

29 DE JUNHO-21 DE SETEMBRO, 1991
O Maiden faz alguns shows na Europa para fechar a turnê de divulgação de *No Prayer for the Dying*. Essa última parte de shows se chamou *No Prayer for the Summer*.

JULHO DE 1991
Nicko McBrain lança um single em vinil, no formato shaped disc, trazendo "Rhythm of the Beast" com "Beehive Boogie" no verso.

Uma pequena amostra do trabalho solo de Nicko, mas pelo menos é um picture disc.
COLEÇÃO DE DAVE WRIGHT

OS ANOS 90

1º DE JULHO, 1991 | A PMI lança o vídeo ao vivo de Bruce Dickinson, *Dive! Dive! Dive!*.

12 DE AGOSTO, 1991 | O Metallica lança seu bem-sucedido *Metallica*, que ficou mundialmente conhecido como *The Black Album*. Com ele, o Metallica se torna a maior banda de heavy metal do mundo, deixando bandas como o Iron Maiden soando datadas e redundantes. Enquanto isso, a carreira de Ozzy Osbourne não mostra sinais de declínio, com o ex-vocalista do Sabbath lançando o disco de sucesso *No More Tears*, no mês seguinte.

24 DE SETEMBRO, 1991 | O Nirvana lança seu segundo disco, *Nevermind*, que atualmente contabiliza mais de 30 milhões de cópias vendidas. O sucesso instantâneo sinalizou o fim da festa para o heavy metal tradicional, com exceção de um punhado de imortais, como os já citados Metallica e Ozzy Osbourne, assim como o surpreendente retorno dos reis Aerosmith.

OUTUBRO DE 1991 | O Wolfsbane, com Blaze Bayley, lança seu segundo disco, *Down Fall the Good Guys*. A banda se mantém em alto nível, dessa vez produzida por Brendan O'Brien.

1992

1992 | Bruce Dickinson vê um anúncio de aulas de pilotagem de aeronaves quando passava férias com a família na Flórida. No ano seguinte, de volta à Inglaterra, se matricula num curso, e logo depois se torna o segundo piloto na banda: Nicko McBrain tirou um brevê no meio dos anos 1980.

13 DE ABRIL, 1992 | "Be Quick or Be Dead" é lançada como um single, um teaser do próximo disco da banda, *Fear of the Dark*. No lado B estão a satírica "Nodding Donkey Blues" e um cover do Montrose, "Space Station No. 5", onde Bruce declara "lá vem o Metallica no retrovisor".

JANICK GERS:

Eu acho que muito do som está ligado ao envolvimento do Steve. Nos discos em que participei, sua marca está em cada faixa, como um produtor. Martin é muito mais um cara de ideias e um engenheiro que faz tudo soar direito. Steve está sempre lá com suas considerações. E também é bom ter alguém da banda que é tão próximo do material ao lado do produtor, porque, se você está lá por oito horas ou mais, não dá pra falar muito. Mas ele tem toda a energia do Maiden. Você nunca verá o Martin dando sugestões para deixar as coisas mais digeríveis, como muitos produtores que pensam apenas nas vendas, ou nas gravadoras. Eu acho que tem que ser desse jeito. Você não pode tocar em apenas uma direção específica. O Maiden quebrou barreiras. Quando eu cheguei, senti que era hora de voltar às raízes e manter o peso. Voltar ao básico do rock'n'roll. Eu acho que todos tinham a mesma sensação. (*M.E.A.T.*, 1992)

BRUCE DICKINSON SOBRE TRABALHAR NOVAMENTE COM MARTIN BIRCH EM *FEAR OF THE DARK*:

É um produtor das antigas. A nova geração começa a fazer novos arranjos, então traz outros músicos, eles querem fazer o backing vocal eles mesmos. Esses novatos aparecem com um CD cheio de sons de bateria e samplers, e uma porrada de computadores. A questão é: você quer vender 15 milhões de discos, ou quer fazer o disco que gostaria de fazer, e se divertir? Vendemos 2 ou 2,5 milhões de discos no mundo inteiro a cada lançamento. Está bom assim, estou feliz com isso. (*Circus*, 1992)

2 MINUTES TO MIDNIGHT

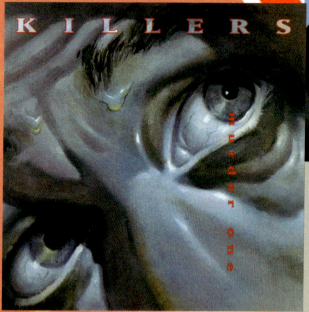

A estranha carreira solo de Paul Di'Anno agora ataca um conceito de banda mais moderna e pesada.
COLEÇÃO DE DAVE WRIGHT

MAIO DE 1992 |
Killers, a banda de Paul Di'Anno, lança *Murder One*. Di'Anno, ao contrário de seus antigos companheiros no Maiden, está se esforçando em atualizar seu som, indo agora para uma *vibe* trash, similar ao Pantera.

DAVE MURRAY SOBRE MARTIN BIRCH:

Ele gosta do estilo tradicional de gravação, usando microfones bem próximos e de ambiente. Foi um prazer trabalhar com Martin; com tantas bandas iradas no currículo, era uma inspiração a mais. Éramos todos grandes fãs dele. Então ele chegava e fazia tudo da forma tradicional. E também coisas como escrever solos de uma maneira que eu nunca fiz antes, você chegava no estúdio, sentava perto dele à mesa de som, e trabalhava ali mesmo, em vez de sentar no estúdio, com fones de ouvido, no meio do nada. Assim você estava num ambiente onde conseguia um tipo de som mais real. Isso era bem legal, sentar ao lado dele, ficar brincando e conseguir o som. Era inspirador.

ROD SMALLWOOD SOBRE MARTIN BIRCH PRODUZIR O MAIDEN COM EXCLUSIVIDADE:

Foi escolha do Martin. Ele passou um bom tempo em estúdios escuros com tudo quanto é tipo de banda, fazendo ótimos discos. E, claro, alguns conosco. Eu acho que ele percebeu que não queria mais fazer isso, então passou a trabalhar só conosco. Foi decisão dele. Não foi como "Ei, Martin, se você quiser trabalhar conosco, não pode trabalhar com mais ninguém". Não, de jeito nenhum. Ficaríamos felizes por ele trabalhar com outras pessoas. Mas eu acho que era uma fase na vida do Martin, e claro, estávamos vendendo muito, então, financeiramente ele estava numa boa posição aqui, e acho que queria passar mais tempo com a família, aprender a jogar golfe, pescar, e trabalhar conosco durante alguns meses do ano, o que foi uma decisão bem sacada. O Martin sabia exatamente onde estávamos e o que precisávamos fazer, e é um cara muito engraçado.

11 DE MAIO, 1992

O Maiden lança *Fear of the Dark*, o último com Bruce (ele voltaria para a banda em 1999). O disco chega ao 12º lugar nos EUA, e é o terceiro a atingir a primeira posição no Reino Unido, onde instantaneamente recebe disco de ouro da BPI. As vendas nos EUA somavam 438 mil cópias até maio de 2008, um pouco abaixo da marca de disco de ouro, se tornando o primeiro LP do Maiden na era moderna a não receber o certificado. *Fear of the Dark* também é o último trabalho do Maiden a ser produzido por Martin Birch.

Um pôster de metrô para o single de "Fear of the Dark".
COLEÇÃO DE DAVE WRIGHT

OS ANOS 90

BRUCE DICKINSON COMPARANDO *FEAR OF THE DARK* COM *NO PRAYER FOR THE DYING*:

Fear of the Dark soa consideravelmente melhor, parece mais com o Maiden. Mas, naquela época, acho que eu estava começando a me desapontar com a acomodação — acho que acomodação é a palavra correta, ao menos era dessa forma que eu via. Não estávamos fazendo nada em *Fear of the Dark* que não havíamos feito em qualquer outro disco do Maiden. Eu pensava: "Ei, não deveríamos nos esforçar um pouco mais? Tipo, não deveríamos nos preocupar?"

3 DE JUNHO, 1992

O Maiden faz um show de ensaio para a turnê de *Fear of the Dark* em Norwich, Inglaterra, usando o nome de Nodding Donkeys.

STEVE HARRIS:

A cada disco, nós tentamos fazer o melhor que podemos. Nosso padrão sempre foi bem alto em relação a isso. Esse disco é mais variado, afinal são quatro compositores. Há uma série de direções e estilos diferentes acontecendo, na verdade. Ele é bem atual também. Há algumas pesadas, outras rápidas, coisas progressivas... Nós realmente achamos que não é preciso mudar de produtor para mudar de som. Tudo o que tínhamos a fazer era sentar e conversar sobre o que queríamos, e então, fazer. O Martin é um engenheiro tão bom que, seja qual for o tipo de som que queremos, vamos conseguir com ele. Se você ouvir alguns produtores que trabalham com bandas diferentes, todas as guitarras soam iguais. Eu acho que essas bandas perdem a identidade. Conosco, nós fazemos exatamente o que queremos fazer. Não precisamos de alguém para tentar mudar algo. Se queremos mudar, mudamos nós mesmos, como fizemos nesse disco. Sonoramente, eu acho que ele está maior, uma mudança para melhor, mas ainda soa como Iron Maiden. (*M.E.A.T.*, 1992)

Bruce Dickinson: em pose de... bem, deixa pra lá..
COLEÇÃO DE DAVE WRIGHT

5 DE JUNHO-17 DE JULHO DE 1992

A turnê de *Fear of the Dark* começa com a primeira apresentação da banda na Islândia, antes de chegarem ao Ritz de Nova York, para um show que contou com a abertura do Dream Theater, criadores de uma nova onda de metal progressivo. A turnê norte-americana começa em Quebec, com o Corrosion of Conformity e o Testament como bandas de abertura.

JANICK GERS SOBRE A MUSICALIDADE DA BANDA:

Eu sempre soube que no Maiden há grandes músicos, mas parece haver um sentimento geral de que as pessoas se recusam a admitir isso. Outros músicos tendem a nos subestimar. Não sei o motivo, mas vi isso acontecer, e é notório, assim que você entra numa banda como o Maiden, o quão boa a musicalidade é. Nicko é um dos melhores bateristas do mundo. Dave, para mim, é um dos melhores guitarristas da atualidade, e te digo o motivo. As pessoas não percebem como é difícil ter uma identidade. O Dave toca uma nota, e você sabe que é ele. Todo mundo sabe que é Dave Murray. Para mim, quando você começa a tocar guitarra, cria uma identidade para si mesmo, assim todos sabem quem você é, essa é a coisa mais importante. Há um monte de guitarristas por aí que são muito bons, mas quase nenhum tem a identidade que Dave tem. Ele toca do jeito dele, é bem único, e não se encaixaria em muitas outras bandas. Muitas outras bandas não seriam capazes de tocar como ele toca. Eu acho que a banda está cheia de craques. (*M.E.A.T.*, 1992)

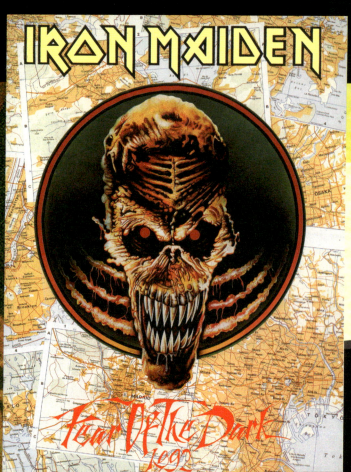

Um forte candidato ao Eddie mais sem graça de todos os tempos.
COLEÇÃO DO AUTOR

29 DE JUNHO, 1992

"From Here to Eternity" é lançada como o segundo single de *Fear of the Dark*. No lado B estão "Roll Over Vic Vella", uma homenagem satírica a um antigo roadie do Maiden, e um cover do Budgie, "I Can't See My Feelings", além de versões ao vivo de "Public Enema Number One" e "No Prayer for the Dying".

14 DE JULHO, 1992

O Maiden lança um vídeo promocional chamado *From there to Eternity*.

20 DE JULHO, 1992

Somewhere in Time recebe disco de platina.

DAVE MURRAY:

Há muita agressividade nesse disco, mas ele também tem aquelas qualidades progressivas. O álbum já estava na nossa cabeça há uns três ou quatro anos. Toda a direção musical da banda deu um salto. O material em *Seventh Son* era realmente experimental. Estamos saindo pela tangente, na verdade. Era algo que queríamos fazer. Nós meio que mudamos tudo no último disco. É importante para as bandas que viajem pelos caminhos da experimentação. O Maiden sempre foi experimental em tudo o que fez, com as letras e a música. Esse disco foi todo gravado digitalmente, então o som é fantástico. Essa foi a primeira vez que gravamos direto em digital. Tudo é tão preciso, e realmente faz diferença. (*M.E.A.T.*, 1992)

OS ANOS 90

Não exatamente o voo de Ícaro.
DAVE WRIGHT COLLECTION

23 DE JULHO-4 DE AGOSTO, 1992

A turnê de *Fear of the Dark* chega à América do Sul. A data prevista para o Chile é cancelada após protestos da Igreja Católica. A banda de abertura é a britânica Thunder.

15 DE AGOSTO-19 DE SETEMBRO, 1992

O Maiden embarca para a etapa europeia da turnê. O Warrant foi a banda de abertura na maior parte da turnê, com o Testament fazendo as datas na Escandinávia. Boa parte dos shows foi durante o festival Monsters of Rock.

22 DE AGOSTO, 1992

O Iron Maiden se apresenta em Donington para promover *Fear of the Dark*. Adrian Smith participa do show para tocar "Running Free" com a banda. Foi a tentativa de Adrian voltar ao rock após ter deixado o grupo há dois anos. A participação é captada no disco *Live at Donington*, o lançamento oficial do show.

Praticamente nenhuma dessas três faixas fez sucesso como single, ou sequer conquistou rapidamente os fãs.
COLEÇÃO DE DAVE WRIGHT

ADRIAN SMITH:
Escrevi um monte de coisas, me casei, comprei uma casa e vivi uma vida normal por alguns anos até que o meu cunhado, Carl, veio morar conosco; minha esposa é de Montreal. Ele também é músico, e me disse: "O que você está fazendo, cara? Por que não sai tocando em vez de ficar em casa se sentindo deprimido?" E assim formamos uma pequena banda de covers, Carl, eu e James Stewart, que tocava no The Cult. Criamos o Untouchables e tocamos um pouco no pub local. Então começamos a escrever algumas músicas, a coisa cresceu, e passamos a tocar só composições nossas. Era uma banda de rock com uma pegada de blues. Mas, por volta de 1990, o cenário musical mudou completamente; então, fazermos a nossa coisa de "ZZ Top com Bryan Adams" se tornou uma completa perda de tempo. Mas eu me diverti pra caramba. Houve algumas formações diferentes do Untouchables, e depois eu tive uma banda chamada Skeleton Crew, um power trio. Em seguida arrumei um vocalista, e assim nasceu o primeiro Psycho Motel com o Soli, um cara lá da Noruega, e foi quando gravamos *State of Mind*.

145

2 MINUTES TO MIDNIGHT

A revista de Toronto foi a maior publicação de metal do Canadá por cerca de cinco anos, até ser substituída pela *Brave Words & Bloody Knuckles*, que circulou entre 1994 e 2008.
COLEÇÃO DO AUTOR

1º DE SETEMBRO, 1992

"Wasting Love" é lançada como o terceiro single de *Fear of the Dark*, com versões ao vivo de "Tailgunner", "Holy Smoke" e "The Assassin" no lado B.

DAVE MURRAY:

Eu de fato não queria ninguém depois que o Adrian saiu, pois éramos amigos muito próximos. Mas vi o Janick tocar com o Gillan, e achava ele genial — sua presença de palco e tudo o mais eram muito empolgantes. Eu acho que o estilo dele se mostra no disco. Na verdade, a primeira vez que Janick tocou com a banda criou uma química imediata. Nós tocamos "The Trooper", e sabíamos que era aquilo. Sentimos a intensidade no estúdio. Foi eletrizante. (*M.E.A.T.*, 1992)

26 DE SETEMBRO-10 DE OUTUBRO, 1992

O Maiden toca cinco noites em Porto Rico, Venezuela e México. Foram os primeiros shows da banda nesses países, um passo significativo para transformar o Maiden numa banda mundial de verdade.

20-23 DE OUTUBRO, 1992

O Maiden faz três shows na Nova Zelândia (pela primeira vez) e na Austrália.

26 DE OUTUBRO-4 DE NOVEMBRO, 1992

Sete shows no Japão marcam o fim da turnê de *Fear of the Dark*.

1993

1993

Steve Harris e Lorraine, sua esposa por 16 anos, se divorciam. O duro momento pessoal se reflete na natureza sombria das composições de Steve para *The X Factor*.

O ano de 1993 acabou não sendo um dos mais felizes na outrora ilustre carreira da banda.
COLEÇÃO DE DAVE WRIGHT

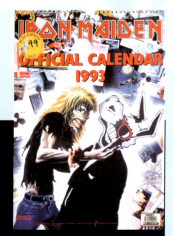

STEVE HARRIS:

Acho que os últimos anos foram bem rock'n'roll (yeah!, risos). Creio que não tem como não ser influenciado pelo que está acontecendo com o mundo ao seu redor. Você é obrigado a refletir. Está no caminho certo, de verdade. Isso afeta a maneira como você escreve.

OS ANOS 90

26 DE FEVEREIRO, 1993

Data de lançamento de *Um Dia de Fúria*, filme estrelado por Michael Douglas, que inspirou Steve a escrever a letra de "Man on the Edge".

FIM DE FEVEREIRO, 1993

Bruce torna público que está deixando a banda.

STEVE HARRIS:

Acho que foi umas três semanas antes da turnê começar, no fim de fevereiro. Ele falou sobre isso com o Rod Smallwood, nosso empresário, e pediu para ele não me telefonar, porque eu estava fazendo a mixagem do *Live* em Miami, e ele não queria me atrapalhar. Então eu soube disso quando voltei pra Europa — estávamos ensaiando para o show em Portugal, e foi aí que ele me contou. Surpresa, irritação, tristeza, tudo misturado em uma coisa só. Foi muito estranho. Não há nenhuma animosidade ou coisa assim — estamos aprendendo a lidar com isso. Mas é estranho sair em turnê com alguém que você sabe que não vai estar lá no final, mas somos maduros o suficiente para lidar com isso. Até que está sendo positivo. A maioria das pessoas está mais preocupada com o fim da banda do que com a troca de vocalista, e isso é bem encorajador. Obviamente, há um pessoal dizendo "ah, talvez vocês devessem se separar". Do jeito que encaro isso, por que diabos deveríamos desistir de tudo apenas porque ele vai sair? Sentimos que temos muito a oferecer, e estamos gostando demais do que fazemos para desistir. Acho que, para ser honesto, ficamos putos quando soubemos. Foi uma surpresa na época, pois estávamos no meio dessas turnês, mas não foi uma surpresa total, porque eu sempre soube que ele iria embora alguma hora, Bruce estava fazendo tantas coisas diferentes... (*M.E.A.T.*, 1993)

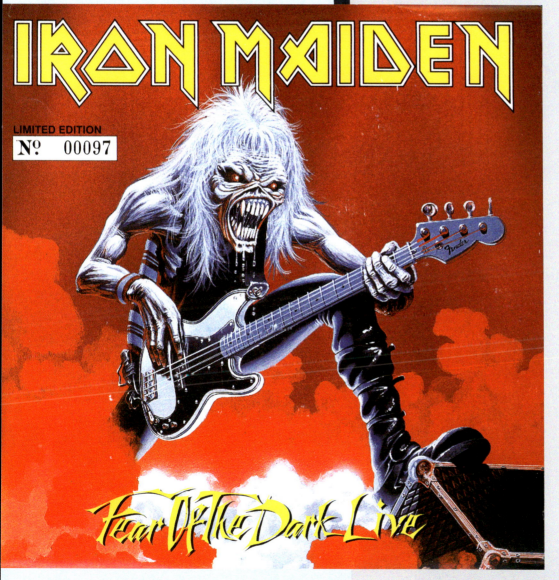

Derek sacou uma considerável semelhança e transformou Steve no Eddie.
COLEÇÃO DE DAVE WRIGHT

DEREK RIGGS
SOBRE A MUDANÇA DE PERSONALIDADE DO EDDIE NOS ANOS 1990:

Eu nunca planejei uma personalidade para o Eddie. Eddie apenas fazia coisas. Era só isso. E, depois que eu saí, o troço descambou para ele quebrando coisas, ou frequentemente sentando em cadeiras (risos). Eddie anda sentando em muitas cadeiras depois que eu saí. Então nem é mais uma caracterização, é mais sobre o que você tem e o que você pode fazer com ele. Ele não era ninguém. Eddie era algo que eu bolei um dia em que estava buscando fazer um símbolo para a juventude perdida, toda aquela coisa punk que estava acontecendo. Então eu fiz o cadáver, e esse cadáver tinha que correr por aí, tinha uma missão, e o single tinha tal nome, então o que podemos fazer com isso, onde se encaixa? E tudo isso ia até o final, então começou a ser um tipo de narrativa. Sabe, você pega vinte imagens do mesmo personagem, e alguém, em algum lugar, vai criar uma narrativa. Então nunca houve um planejamento sobre o que era o Eddie, ou o que ele pensava? Era apenas: o que podemos fazer com o Eddie que se encaixa nessa música? É basicamente o que você faz com ele, ou o que você pode fazer com ele (risos). Não há planos de caracterização, do que ele gosta, ideologias e toda essa bosta. Quem podemos matar? (risos).

1º DE MARÇO, 1993

A banda lança "Fear of the Dark (live)" como um single, com mais algumas faixas ao vivo no lado B.

JANICK GERS SOBRE A CRIAÇÃO DE "FEAR OF THE DARK":

O Steve chegou um dia e tocou aquele riff no baixo, cantando a melodia pra gente. Era apenas nós, eu e Dave, e Bruce, e nós apenas ficamos lá sentados enquanto o Steve dedilhava no baixo. Eu soube na hora que essa seria uma das clássicas do Maiden — sabe quando o cabelo arrepia na nuca? — ela tinha aquele algo mais. (*M.E.A.T.*, 1992)

BRUCE DICKINSON:

"Fear of the Dark" foi uma das faixas que se destacaram no disco. Tem uma superatmosfera e é ótima para se tocar ao vivo. Além de ser muito gratificante para se cantar, pois tem um tipo de vocal realmente bem encorpado.

OS ANOS 90

Saudando os devotados fãs.
TIME AND LIFE PICTURES/GETTY IMAGES

2 MINUTES TO MIDNIGHT

DEREK RIGGS
SOBRE A ARTE DA CAPA:

Certas vezes, enfiar um monte de trecos não ajuda na imagem. Às vezes você se sai melhor com algo bem simples. Eu acho que *A Real Live One*, com ele segurando cabos de alta tensão, foi minha reação contra fazer aquelas ilustrações lotadas de detalhes, já que pararam de fazer LPs. Os discos representam 5% do mercado agora, com os CDs dominando tudo. E fui obrigado a reduzir de 30x30 para 12x12, menos da metade do tamanho. E simplesmente não se pode criar tantos detalhes nessa centimetragem, fica parecendo camuflagem. Então senti que precisava fazer algo forte e cativante. Continuei trabalhando no formato LP, pois desenhar algo em 12x12…, você não consegue colocar nada lá. Seria um pesadelo. Mas eu também não podia fazer muito maior, porque, no fim das contas, apenas perde-se tempo preenchendo espaços. Eu poderia muito bem usar um pincel caseiro. Menor que isso, ficaria cego (risos). Então tudo está meio que otimizado com o 30x30. Mas *A Real Live One* tem um apelo extra, eu acho. É forte e bem direto. Essa era minha ideia para a capa. Eu falei "taí uma imagem muito simples, ela não se parece com nada que eu precise explicar, vai funcionar. Vai ficar bom. É apenas o Eddie rompendo um cabo e sendo eletrocutado". Rod disse: "Tá, tudo bem, vai em frente." Então eu fiz, e eles gostaram. É a dinâmica da imagem, a iluminação, tudo funciona. É necessário o ambiente ao vivo para isso.

22 DE MARÇO, 1993

A banda lança *A Real Live One*, um disco ao vivo contendo apenas músicas que foram gravadas após seu último registro ao vivo, *Live After Death*. Todas as performances foram gravadas entre agosto e setembro, na turnê europeia de *Fear of the Dark*.

Dave Murray (top)   Nicko McBrain   Bruce Dickinson   Stev

OS ANOS 90

STEVE HARRIS:

Nós decidimos, há muito tempo, não fazer um disco duplo, pois ficaria caro demais para os nossos fãs. Originalmente, iríamos lançar um no início da turnê europeia e outro ao final dela, mas aí o Bruce decidiu sair, e isso, claro, mudou um pouco nosso planejamento. Então gravamos mais alguns shows, e agora o segundo disco será lançado em setembro. Haverá algumas faixas diferentes das que planejamos originalmente — quatro ou cinco músicas que não tocávamos há um tempão, coisas como "Prowler" e "Transylvania". Eu ia produzir o disco com Martin Birch, mas ele, por suas próprias razões, desistiu. Imaginei que poderia fazer eu mesmo, pensei que estava pronto pra isso de qualquer forma. Fiquei um pouco nervoso de fazer sozinho, mas, ao mesmo tempo, uma vez que me enfiei nisso eu me senti muito confiante e adorei. Ainda somos amigos, mas eu acho que depois disso — nós precisando mudar de qualquer forma — decidimos que talvez fosse a coisa certa a se fazer agora. (*M.E.A.T.*, 1993)

25 DE MARÇO-4 DE JUNHO, 1993 |

O Maiden conclui a *Real Live Tour*, para promover o disco ao vivo *A Real Live One*. Um fator que atrapalhou esse período foi o fato de que já era público que Bruce Dickinson estava deixando a banda. A abertura dos shows foi do Almighty, que era do time da Sanctuary.

STEVE HARRIS SOBRE ESTE PERÍODO SER O PONTO MAIS BAIXO DE SUA CARREIRA:

Bem, eu acho que foi deprimente quando o Bruce saiu. Não pelo fato dele estar indo, mas pelo timing da coisa toda. Por um tempo, era como se fôssemos quatro pessoas na banda em vez de cinco. Antes, a qualquer momento em que tínhamos alguma mudança, sempre parecia haver alguém pronto para a vaga. Logo não demorava muito para sermos uma unidade novamente. Então isso era um pouco estranho. Mas, para ser honesto, não houve muitos momentos ruins, de verdade. Tivemos muita sorte nesse ponto. Sempre fizemos bastante sucesso. Está sendo muito proveitoso.

Harris   Janick Gers

Uma formação de rápida duração, com um sexto membro não identificado.
COLEÇÃO DE DAVE WRIGHT

| 2 MINUTES TO MIDNIGHT

27 E 28 DE AGOSTO, 1993

Bruce faz seu último show com a banda antes da reunião de 1999. Foram duas noites no Pinewood Studios para a gravação do vídeo *Raising Hell*, que coloca o Iron Maiden ao vivo, ao lado do mágico Simon Drake.

STEVE HARRIS SOBRE A SAÍDA DE BRUCE DO MAIDEN:

Eu acho que ele apenas perdeu o tesão pela banda. Ele sempre gostou de fazer um monte de outras coisas, escrever livros, peças... E então fez um disco solo. Creio que ele apenas... sei lá. Talvez apenas achasse que não tinha tempo para fazer tudo. Suponho que tinha que abrir mão de algo.

14 DE OUTUBRO, 1993

O Maiden lança uma versão ao vivo de "Hallowed Be Thy Name" como um single, com versões também ao vivo de "The Trooper", "Wasted Years" e "Wrathchild" no lado B.

BRUCE DICKINSON SOBRE A VERSÃO ORIGINAL DE "HALLOWED BE THY NAME":

O que eu mais me recordo foi que era incrivelmente óbvio, do momento em que começamos a tocar num ensaio, que ela se tornaria um clássico, uma daquelas músicas que você podia sentir. O maior épico do Maiden até então era "Phantom of the Opera". E me lembro de Steve chegar dizendo "É isso, tenho a nova 'Phantom of the Opera'", e era "Hallowed".

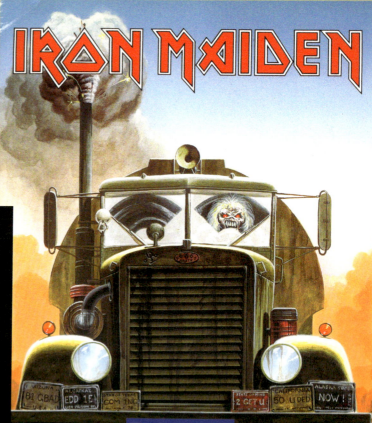

A caminho, noite adentro.
COLEÇÃO DE DAVE WRIGHT

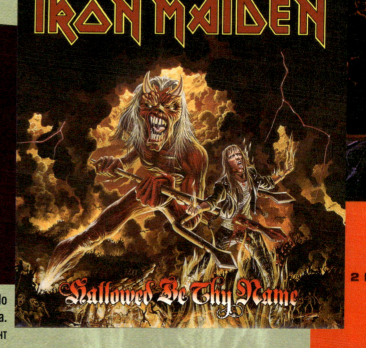

A polêmica (e muito bem executada) arte do single com Eddie fazendo churrasquinho do ex-vocalista da banda.
COLEÇÃO DE DAVE WRIGHT

OS ANOS 90

DEREK RIGGS SOBRE A ARTE DA CAPA DO SINGLE:

Foi de propósito. Faça uma imagem do Bruce sendo queimado numa fogueira, pois ele está saindo. E foi isso que eu fiz. Torramos ele (yeah!, risos). Bruce decidiu sair, então o empresário disse: "Bom, na última vez que tivemos um vocalista, tivemos esse single, mas decidimos não fazer. Então vamos fazer com o Bruce. Vamos queimá-lo". Então espetamos o cara num tridente e fizemos churrasquinho do Bruce.

18 DE OUTUBRO, 1993

A banda lança uma sequência do disco ao vivo *A Real Live One* chamado *A Real Dead One*, contendo somente músicas lançadas antes de *Powerslave*.

BRUCE DICKINSON:

A Real Live One e *A Real Dead One* são como o Frankenstein. Há partes de vocal que não são nem da mesma noite, assim como com as guitarras e tudo o mais. Steve tinha acabado de descobrir o Pro Tools, então decidiu que, para se fazer o melhor trabalho, deveria cortar e colar pedaços de diversas apresentações, mesmo sendo de noites diferentes.

Um nome de disco estranhamente engraçado para o Maiden, mas, novamente, havia um motivo para serem tão obscuramente reflexivos.
COLEÇÃO DE DAVE WRIGHT

IRON MAIDEN

A REAL DEAD ONE

THE EARLY CLASSICS - LIVE IN YOUR FACE!

Featuring the Killer Kuts -
E NUMBER OF THE BEAST • RUN TO THE HILLS • THE TROOPER
TES TO MIDNIGHT • WHERE EAGLES DARE • REMEMBER TOMORROW
HALLOWED BE THY NAME • PROWLER • TRANSYLVANIA
RUNNING FREE • IRON MAIDEN • SANCTUARY

r 60 minutes of LIVE Maiden recorded during Bruce Dickinson's
last tour with Maiden in March/April of this year.

Produced and mixed by Steve Harris

2 MINUTES TO MIDNIGHT

8 DE NOVEMBRO, 1993

O Maiden lança mais um disco ao vivo, chamado *Live at Donington*, com 20 faixas, disponível em CD duplo e também em VHS.

1994

1994 | O Wolfsbane lança seu terceiro disco de estúdio (sem contar EPs e um ao vivo), que leva o nome da banda. A banda trocou o selo Def American pelo Bronze/Castle. Pouco depois, Blaze Bayley deixaria o grupo para começar em seu novo emprego, cantando com o Iron Maiden.

JANEIRO DE 1994

Depois de ostensivamente navegar por milhares de fitas com testes, o Iron Maiden escolhe Blaze Bayley para ser seu novo vocalista. Especulações (muito por parte da imprensa) sobre quem ficaria com a vaga incluíram nomes como Joey Belladonna, do Anthrax; Michael Kike, do Helloween; e até mesmo Paul Di'Anno.

2 DE FEVEREIRO, 1994

Uma pequena turnê europeia que deveria começar neste dia é cancelada, pois o novo vocalista do Iron Maiden se envolveu num acidente de motocicleta.

10 DE MAIO, 1994 |

que aconteceria cinco anos depois.

STEVE HARRIS SOBRE A MUDANÇA DE SORTE DA BANDA NA AMÉRICA DO NORTE:

Ainda somos bem populares mundo afora, exceto na América do Norte, e, num grau diferente, no Canadá. Lá, nós ainda vamos bem, mas meio que perdemos terreno no continente com os últimos discos. É muito difícil dizer o motivo da queda. Eu acho que em parte é pela visibilidade que estão dando para todas aquelas bandas de Seattle — não estamos sendo rotulados como uma banda "cool" já há algum tempo. E em parte porque nos EUA nós fizemos dois discos com a Epic, o que, ao que parece, foi uma má escolha. Estamos na EMI no resto do mundo, e agora voltamos à Capitol/EMI, nos EUA, então será interessante ver se eles conseguem recuperar esse terreno. Não estou botando a culpa toda neles — houve uma série de fatores —, mas a verdade é que ainda temos seguidores fiéis em toda parte, e não somos mais tão grandes como costumávamos ser por lá. Talvez as pessoas tenham crescido? Nos EUA, nós realmente não estamos ganhando muitos fãs novos, ao contrário do resto do mundo. O *Fear of the Dark*, por exemplo, foi nosso disco mais vendido na Itália. E, no ano passado, fomos a atração principal do festival Monsters of Rock na Europa. Seria muito legal ter a América do Norte de volta, mas também não é o fim do mundo. (*M.E.A.T.*, 1993)

ROD SMALLWOOD SOBRE PRODUZIR O DISCO MAIS DIFÍCIL DO MAIDEN:

Eu acho que o que se aproximaria disso seria *The X Factor*, por conta das mudanças, e aí o Blaze bateu a moto, o que acabou adiando tudo. Mas nós gravamos no estúdio do Steve, demorou um bom tempo para produzirmos o disco — era difícil e muito complicado de ser feito. Mas há um excelente trabalho musical nele.

O Maiden lança o VHS *Raising Hell*, com 17 faixas, um show em estúdio contendo a última apresentação de Bruce com a banda, até a reunião

OS ANOS 90

28 DE MAIO, 1994

Bruce Dickinson lança "Tears of the Dragon", no primeiro single de seu futuro disco, *Balls to Picasso*.

ROY Z:

Obviamente, "Tears of the Dragon" é animal. Eu apenas acho que a mixagem não foi a ideal para a música. Acho que as partes estão todas lá, mas a mixagem, não. Eu teria feito diferente. Aquela música é o que podemos chamar de missão cumprida. Bruce tem outras versões dela, e todas são boas, mas não tinha exatamente os elementos e a vibração que ele queria, e nós conseguimos isso logo de cara.

BRUCE DICKINSON:

"Tears of the Dragon" nasceu com o nome de "Pendragon's Day", e era sobre o Rei Arthur, os Cavaleiros da Távola Redonda, montanhas inglesas com brumas, uma música cheia de atmosfera. E o produtor com quem eu estava trabalhando disse: "Quem é esse tal de Uther Pendragon?!? Ninguém sabe quem é esse cara!" E eu disse: "E daí? Além do mais, eles saberão depois de ouvir a música." Mas ele argumentou que não era esse o ponto. Cocei a cabeça e falei: bom, tem muita gente cantando sobre o Rei Arthur e coisas assim. Dá pra notar que isso pode ser visto como um tipo de clichê. E então apenas comecei a me questionar: "O que eu sinto e penso quando imagino esse tipo de coisa?" E acho que há algo sobre água, sabe? A Dama do Lago, Excalibur, reencarnação. E foi assim que colocamos todas aquelas imagens de água na música. E, para mim, ainda é uma faixa bem romântica, com clima de Rei Arthur. É um romantismo sobre se jogar numa tormenta, e apenas deixar a água te levar. É um tipo de ideal bem romântico. E, claro, mudar de "Pendragon's Day" para "Tears of the Dragon" não é lá exatamente uma grande mudança.

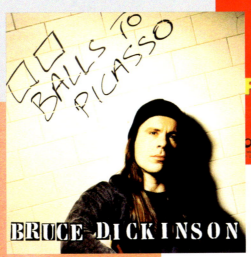

Tudo nesse visual é a antítese do Maiden, mostrando um novo começo para Bruce, depois de sua fase Eddie.
COLEÇÃO DE DAVE WRIGHT

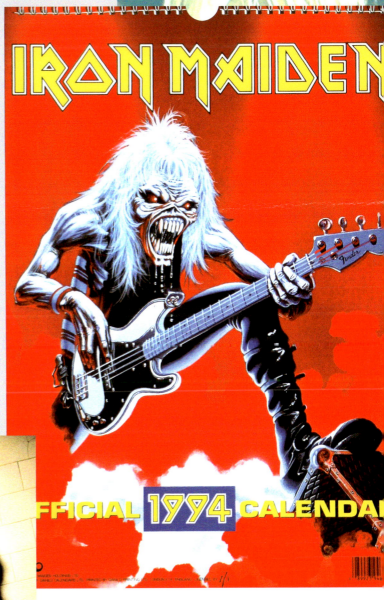

Em 1994, o Maiden era, mais do que nunca, a banda do Steve.
COLEÇÃO DE DAVE WRIGHT

155

2 MINUTES TO MIDNIGHT

17 DE JUNHO, 1994

O videoclipe de "Tears of the Dragon", de Bruce Dickinson, é lançado na MTV.

27 DE JUNHO, 1994

A gravadora Mercury lança "Cyclops", do futuro *Balls to Picasso* nas rádios de metal.

26 DE JULHO, 1994 |

Bruce lança seu segundo disco solo, *Balls to Picasso*, que marca o início de uma longa relação com o produtor, guitarrista e compositor Roy Z. Surpreendentemente, o disco ainda é o mais vendido de Bruce nos EUA, com 65.317 cópias até 2005.

BRUCE DICKINSON:

Quando comecei a produzir meu material solo, o primeiro disco que fiz, *Tattooed Millionaire*, acho que é o mais diferente, já que eu não queria que fosse parte de uma série de discos, ou uma carreira alternativa. Mas, quando eu saí da banda, comecei a traçar um caminho alternativo, digamos assim, a abrir minhas asas em termos de hard rock ou metal. Então, *Balls to Picasso* foi um desses discos com muita percussão latina rolando, mas num contexto meio metal. Nós estávamos tentando usar uma série de ritmos interessantes e em formatos que você não necessariamente já ouviu antes em discos tradicionais de metal, especialmente nas coisas dos anos 1980.

ROY Z SOBRE SUA PARCERIA COM BRUCE:

Eu havia contratado um cara para mixar o meu disco com o Tribe. Eu não sabia na época, mas ele estava trabalhando com o Bruce. Era o engenheiro de som do Keith Olsen, e nos viu tocando num bar, e eu tinha um acordo independente na Alemanha. E ele disse: "Eu gosto de vocês. Eu estou trabalhando com fulano, sicrano e o Scorpions, já quase terminamos de gravar e estamos prontos para a mixagem." Então ele pediu: "Deixa eu mixar o seu disco?" Eu topei, fizemos um acordo, deixei ele mixar uma música, e ele fez um bom trabalho. Fomos para o estúdio, e nos tornamos criaturas noturnas. Basicamente chegávamos lá tarde da noite para mixar, e no resto do dia ele ficava trabalhando com o Bruce. Sabíamos que Bruce estava lá. Um dia ele disse que teria alguns dias de folga, que eu deveria chegar mais cedo para terminar nossas coisas. Foi quando eu entrei no estúdio, e tinha um cara lá, sentado na sala de controle, batendo cabeça com uma de minhas músicas, e fiquei tipo "quem é esse cara?". Aquela música nem era boa pra bater cabeça (risos). E era Bruce. Ele começou a falar: "Adorei sua banda, eu quero ajudar, blá-blá-blá." Ele queria nos dar o mundo, basicamente. E eu estava nas nuvens, porque sempre fui fã do Maiden. Um dos primeiros shows que fui na vida foi do Maiden. E ele estava nos ajudando, nos colocou em contato com alguns promotores e agentes, e de repente foi ouvir esse disco, e estava ouvindo o nosso, e apenas desistiu dele. Apenas desistiu. Ele disse: "Ei, eu preciso de coisas como as suas no meu disco." E eu falei algo como: "Mas, cara, minhas coisas não se encaixam." E ele respondeu: "Bom, me dê apenas parte desse clima." Foi então que começamos a escrever juntos, e foi ótimo, fizemos umas três músicas. Aí ele falou: "Vou te levar comigo, vamos gravar umas três ou cinco músicas." E eu gravei com ele, que disse: "Veja, isso não se parece com o resto de meu disco, vamos ter que fazer um disco novo inteiro" (risos). Foi uma experiência divertida, uma época ótima, mas foi difícil, afinal eu estava quebrando o pau com o produtor. Eu e ele parecíamos discordar sobre como o disco deveria soar. Eu queria que soasse como o Maiden, mais pesado, e ele queria tentar fazer algo com uma cara mais comercial.

8 DE AGOSTO, 1994

O Maiden lança uma edição limitada, um box com CD (13 faixas) e VHS de *Maiden England*.

4 DE OUTUBRO, 1994

Para o conceituado disco em tributo ao Black Sabbath chamado *Nativity in Black*, Bruce faz uma parceria memorável com o Godspeed de sua versão de "Sabbath Bloody Sabbath".

Quase sem se notar, pela época desse lançamento, o catálogo ao vivo do Maiden começava a se tornar difícil de ser seguido.
COLEÇÃO DE DAVE WRIGHT

NOVEMBRO DE 1994

O Killers, de Paul Di'Anno, lança *Menace to Society*.

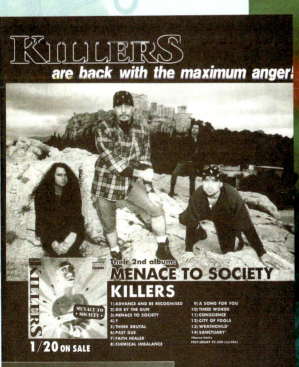

Apesar de se tornar quase um Pantera de tão pesado durante os anos 1990 e 2000, Paul continuou sendo a acessível e alegre ex-lenda do Iron Maiden.
COLEÇÃO DO AUTOR

OS ANOS 90

2 MINUTES TO MIDNIGHT

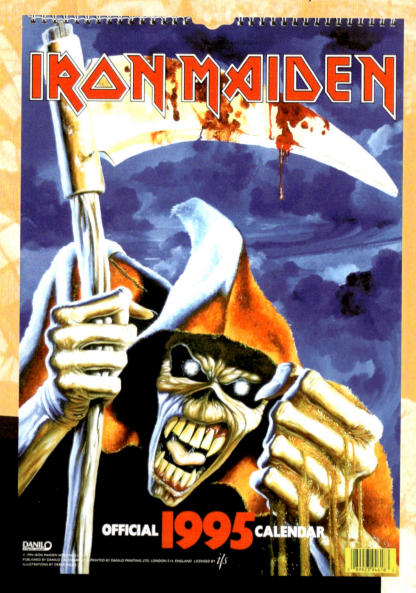

Os calendários continuaram a ser lançados, mesmo com o futuro da banda ainda incerto.
COLEÇÃO DE DAVE WRIGHT

1995

1995
Depois de quase uma década usando guitarras ESP e Jackson, Dave Murray volta a usar Fender, sua preferida durante a era de ouro. A guitarra favorita de seus primeiros dias, uma preta com corpo de 1963 e braço de 1957, foi comprada do há muito falecido Paul Kossoff, do famoso Free.

FEVEREIRO DE 1995
O projeto alternativo de Adrian Smith, Psycho Motel, lança seu disco de estreia, *State of Mind*, mas somente no Japão. Ele chegaria ao restante do mundo só no ano seguinte.

ADRIAN SMITH:
Eu queria que ele tivesse influências clássicas, como Zeppelin ou Sabbath (fase inicial), e Soli gostava mais do lado moderno de tudo. Eu também gostava de bandas como Soundgarden e Alice in Chains. Pelo que sei, são bandas que bombam. Então há um pouco delas ali também. E também há muito do tradicional nesse tipo de som, apenas devido ao meu estilo de tocar guitarra, meu estilo de solar. E a faixa-título é quase Hendrixiana. O rock das antigas se encontra basicamente com o rock moderno. Há uma banda, sei pouco sobre ela, o Candlebox, ouvi algumas músicas e pensei, ei, isso é legal. Cobrei alguns favores e coloquei um pouco do meu dinheiro nisso. Fizemos metade do disco num estúdio meio pequeno, mas com ótimo equipamento. Lembro que foi no verão de 1997, o verão mais quente que tivemos na Inglaterra por muitos anos, e não havia ar-condicionado no estúdio. Imagina só como foi. Mas era divertido. Eu meio que produzi o álbum também. Eu tinha um excelente engenheiro de som. Mas sobre fazer o vocal, eu estava lá com o Soli. Gostei muito de fazer aquilo, realmente aproveitei toda a experiência. Ele foi lançado no Japão e depois na Europa. De novo, é diferente do Iron Maiden. Tirar uma banda nova do chão, quer dizer, acho que eu nem fazia ideia do trabalho que isso dá. E nosso empresário insistia para que eu fizesse disso o projeto de uma banda. Eu acho que, olhando para trás hoje, seria mais fácil ter enfiado meu nome lá e usado isso como marketing. Sabe, Psycho Motel, *State of Mind*, o pessoal não conhece. E agora, com os relançamentos, há adesivos neles, mas na época não havia nada. Tem tanta coisa... sei lá, houve problemas com o marketing. Se eu fosse fazer um outro disco agora, iria apenas colocar Adrian Smith nele, para as pessoas saberem onde estão pisando.

29 DE MAIO, 1995

A banda de power metal alemã Gamma Ray, que faz um som muito parecido com o do Helloween (que, por sua vez, soa como uma versão mais jovem do Iron Maiden), usa um mascote semelhante ao Eddie na capa de seu disco *Land of the Free*, lançado neste dia pela Noise Records. Derek Riggs, criador dos Eddies mais antigos, seria depois contratado para produzir artes para a banda, assim como Hervé Monjeaud, que fez os Eddies mais atuais.

JULHO DE 1995

Paul Di'Anno e Dennis Stratton lançam um disco chamado *The Original Iron Men*, que seria seguido por um segundo volume em 1996, e *As Hard as Iron*, no mesmo ano.

ROD SMALLWOOD:

Pessoalmente, eu não acho que Steve deveria ter produzido *The X Factor*. Acho que ele já estava fazendo o bastante escrevendo e todas as outras coisas que ele costuma fazer. Acho que teria sido uma boa ideia ter um produtor, mas Steve achava que, se alguém conhecia o Maiden, era ele mesmo, então, qual a necessidade de se contratar um produtor? Só precisamos de um engenheiro de som. Nós discutimos muito, forte, acho que eu fiquei lá por umas oito horas. No fim do dia, o Steve se manteve firme em sua posição de tomar as decisões finais, e eu meio que mantive as minhas em certos aspectos de meu terreno. Quando discordávamos, e se aquele que quer aquilo continua falando a mesma coisa depois de horas de gritos, e que acha que aquilo é a coisa certa, decidimos que, se você acredita tanto nisso, deve estar certo, então seguimos em frente. Acho que qualquer parceria é assim, né? Mas eu não me lembro de ter passado por nada próximo de desagradável. Sério, nós discutíamos por muitas coisas pela paixão que temos sobre o que é melhor para o Maiden, com opiniões diferentes sobre isso. Mas você não pode se deixar abater por coisas assim. (*Brave Words & Bloody Knuckles*, 2005)

OS ANOS 90

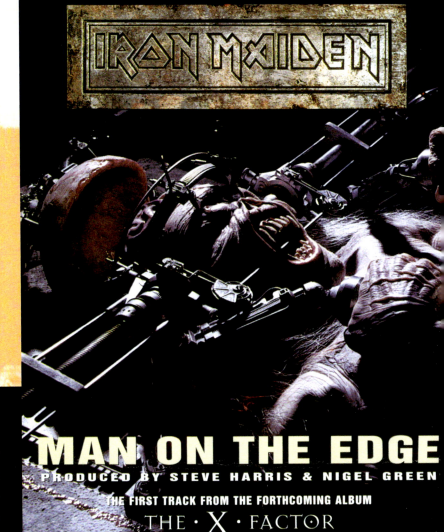

Este anúncio para um single foi, sem dúvida, a melhor representação 3D do Eddie criada para a *The X Factour*.
COLEÇÃO DE DAVE WRIGHT

25 DE SETEMBRO, 1995

"Man on the Edge", escrita por Blaze Bayley e Janick Gers, é lançada como um single prévio do futuro disco *The X Factor*. Ele é lançado em duas partes, e também em formato picture disc. Duas faixas que não entraram no disco completam o single: "Justice of the Peace" e "I Live My Way".

28 DE SETEMBRO-9 DE OUTUBRO, 1995

O Maiden começa a *The X Factour* por Israel, seguido por três shows na África do Sul. É a primeira vez da banda em ambos os locais, com o show israelense, em Jerusalém, sendo a primeira apresentação de Blaze com a banda.

BLAZE BAYLEY SOBRE SEUS NOVOS COMPANHEIROS DE BANDA E SUAS PERSONALIDADES:

O Nicko é um cara muito generoso. Tão generoso que ele não consegue parar de dar coisas. Um bom exemplo: esse novo disco teve uma edição especial limitada, capa em 3D, e elas são difícilimas de se conseguir. O Nicko tinha três, e hoje no estúdio ele estava dizendo: "Ei, você tem uma daquelas capas em 3D?" É uma das melhores e mais generosas pessoas para se estar junto. Dave Murray é um verdadeiro diamante, um guitarrista fantástico do mais alto calibre, um incrível bluesman. Sabe tudo de blues. Algumas vezes, em ensaios, para aquecer, fazíamos uma pequena jam session de blues, Nicko, Dave e eu. Nos divertíamos muito. Ele é um cara supersincero, verdadeiro. Janick tem um grande senso de humor. Ele é muito, muito divertido, e um grande músico também. Steve também é bem divertido. É muito focado na banda. E o motivo pelo qual acho que Steve e eu nos damos tão bem é que tudo é voltado para não comprometer a música, ou a arte de capa, ou qualquer coisa que tenha a ver com a banda, nos esforçamos para isso. E ele não gosta de comida chique. Se estamos viajando na classe executiva, ele pergunta o que há no menu da econômica.

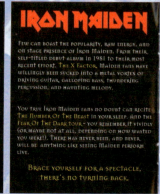

O autor foi ao show de Toronto da *The X Factour*, e achou estranho, apesar de interessante, ver a banda no palco do que era basicamente um ginásio grande.
COLEÇÃO DE DAVE WRIGHT

Antes assustador, Eddie estava se tornando algo que revirava o estômago.
COLEÇÃO DE DAVE WRIGHT

2 DE OUTUBRO, 1995

Lançamento de *The X Factor*, o primeiro dos dois álbuns do Maiden com Blaze Bayley no vocal. As vendas até 2005 marcavam 112.710 cópias.

OS ANOS 90

14 DE OUTUBRO-2 DE NOVEMBRO, 1995

A *X Factour* avança pela Europa, com o My Dying Bride abrindo os shows da segunda metade da turnê.

STEVE HARRIS SOBRE *THE X FACTOR*:

Eu acho que é um álbum bem longo. Tivemos três músicas extras que acabaram em lados B de singles, e as composições, como algumas foram feitas com o Blaze, obviamente que ter uma nova contribuição acaba trazendo alguma influência também. E claro, estar afastado há algum tempo, não ter escrito nada por um período… só de termos um novo membro na banda já deixou a coisa mais devagar, mas eu estava mais exigente com o que queria dessa vez, com o som e tudo mais. Queríamos que a bateria fosse mais ambiente, deixar todas as partes de bateria mais abertas, para que tudo respirasse mais, então há muito mais ar e espaço para se concentrar de fato nas canções. Adoro "Sign of the Cross", porque tem absolutamente tudo nela. Também gosto muito de "Look for the Truth", e, acho que por eu ter escrito, de "Blood on the World's Hands". Também adoro "Man on the Edge".

Sejamos justos: Blaze trazia uma certa semelhança com Bruce em alguns pontos.
COLEÇÃO DE DAVE WRIGHT

STEVE HARRIS SOBRE A VOZ DE BLAZE BAYLEY VERSUS AS DE BRUCE DICKINSON E PAUL DI'ANNO:

Acho que está em algum lugar entre os dois, na verdade. É difícil dizer. Pelo trabalho no estúdio, todos os três são bons, mas falando de som, de voz, eu acho que o Blaze tem um pouco mais os pés no chão, entende? É difícil explicar. são todos personagens diferentes, mas o entusiasmo de Blaze é mesmo incomparável, então foi muito fácil trabalhar com ele. A gente queria estar com a mente aberta sobre esse assunto, para encontrar a melhor pessoa possível. Mas obviamente há um ponto positivo pelo fato dele ser inglês. Ele é o ponto focal e vocal da banda, deve sempre ser o homem de frente. Mas havia um cara da Noruega, e ele falava inglês muito bem, mas ainda assim… é uma daquelas coisas. Tínhamos pessoas do mundo inteiro nos mandando material, e queríamos ter a mente bem aberta para isso.

4-10 DE NOVEMBRO, 1995

Psycho Motel, a banda de Adrian Smith, abre os shows do Maiden no Reino Unido durante a turnê para a promoção de *The X Factor*.

161

2 MINUTES TO MIDNIGHT

12 DE NOVEMBRO-23 DE DEZEMBRO, 1995

A *X Factour* cobre a Europa de forma mais extensa, ainda contando com o My Dying Bride abrindo os shows, com o Almighty como uma terceira banda na primeira metade da turnê.

STEVE HARRIS:

Sem contar um breve período, entre 83 e 84, quando até chegamos a ser considerados cool, nós nunca fomos uma banda da moda. Fazemos o que fazemos, gostem ou detestem. Acho que muita gente curte a banda, ou já curtiu, mas do jeito que as coisas são com moda e tudo o mais, ficam com vergonha de dizer. Acho que algumas bandas de hoje vão desaparecer dentro de suas próprias bundas se não tomarem cuidado e ficarem recusando turnês só porque não são cool. (*Metal Hammer*, 1995)

Infelizmente, os anúncios em revista do Maiden dificilmente mostravam alguma imaginação. E as coisas pareciam piorar durante os anos de Blaze.
COLEÇÃO DE DAVE WRIGHT

1996

12 DE JANEIRO-2 DE FEVEREIRO, 1996

O Maiden faz mais alguns shows pela Europa com a *The X Factour*, agora com o Dirty Deeds, um projeto de protegidos do Steve Harris, abrindo os shows.

OS ANOS 90

STEVE HARRIS SOBRE ESCREVER LETRAS:

Para ser honesto contigo, produzo letras e melodias diferentes durante um certo período. Resumindo: produzo música, creio eu. Mas as letras geralmente são a última coisa. Elas te restringem às vezes, se você tem uma linha melódica forte. Se a linha melódica é muito forte, você tem que se manter nela, e vai descobrir que as sílabas, ou algumas palavras que gostaria de usar, não se encaixam. E isso pode ser um pouco frustrante. Acho que o mais importante é que a melodia seja forte. Digo, essa é a forma que eu sempre escrevi, desde o primeiro disco. Mas essas músicas são todas atuais, o que significa que não começamos a escrever até a chegada do Blaze. Não queríamos compor nada que não se encaixasse com o novo vocalista. Além disso, acho que é importante fazer o novo membro se sentir parte da banda. E aconteceu que ele também escreve. Contudo, poderíamos ter escolhido um vocalista que não escrevesse. Mas nós ainda iríamos preferir esperar e tocar de acordo com as virtudes do novo vocalista, o que fizemos com todos os anteriores. Acho que já estamos no quinto.

BLAZE BAYLEY SOBRE A SITUAÇÃO DE BRUCE NA BANDA:

Bem, obviamente, quando deixou a banda, ele ignorou completamente tudo o que fizeram juntos, então não ficou bem visto no grupo. Quase nunca é citado em conversas, afinal, todo mundo está gostando do que estamos fazendo agora. Os últimos discos foram de fato muito bons. Eu não sei, raramente alguém fala dele, a não ser que tenha feito algo estúpido, o que parece acontecer sempre. As fofocas, sabe, o que ele fez agora ou algo assim. Mas Bruce é um vocalista bom demais. Ele fez um trabalho excepcional com a banda, muitas músicas realmente extraordinárias, e eu gosto de cantá-las. Eu só acho que a melhor decisão que Bruce Dickinson teve em minha vida foi ter deixado o Iron! Estou apenas feliz que ele saiu, porque é um trabalho do caralho. É absolutamente demais. Eu posso viajar pelo mundo, e de graça. Vou para os hotéis, e — olha só isso — tudo o que tenho que fazer é colocar um cartão na maçaneta da porta, e uma pessoa aparece para limpar o quarto pra mim (risos)! Não tenho isso em casa! É demais! E sabe, em alguns hotéis, basta chamar alguém pelo telefone, e eles te trazem comida! É ótimo! E você ainda vai a um show todas as noites, ótima música, e vê um monte de gente que te idolatra. Então é realmente um trabalho do caralho. Não é um trabalho, é um estilo de vida. Eu nem sinto que estou indo trabalhar!

2 DE FEVEREIRO, 1996

"Lord of the Flies" é lançada como o segundo single de *The X Factor*, com covers de "My Generation", do The Who e "Doctor, Doctor", do UFO, no lado B.

Steve segue garimpando filmes e livros atrás de ideias para músicas.
COLEÇÃO DE DAVE WRIGHT

163

2 MINUTES TO MIDNIGHT

8 DE FEVEREIRO-5 DE ABRIL, 1996

A perna norte-americana da *The X Factour* coloca a banda tocando em lugares menores, em parte devido à já anunciada reação contra o heavy metal tradicional no meio dos anos 90. A banda de abertura foi o Fear Factory. Alguns shows na Costa Oeste foram cancelados, pois Blaze pegou uma infecção na garganta.

19 DE FEVEREIRO, 1996

Bruce lança seu terceiro disco solo, *Skunkworks*, que, até 2005, havia vendido 20.361 cópias nos EUA. É o disco com pior venda de todo o catálogo solo de Bruce.

BRUCE DICKINSON:

Skunkworks foi uma tentativa de começar uma banda com estilo próprio. O que eu estava buscando fazer era juntar, na falta de uma palavra melhor, grunge ou alternativo, em particular, como o Soundgarden. Para mim, soava como uma boa banda de metal. E sem essa de maquiar as coisas pra agradar a imprensa, que estava ocupada tentando enterrar qualquer coisa que cheirasse a metal naquela época. Com exceção disso, eu não vejo razão para eles não serem chamados de uma banda de metal. E eu achava um pouco irritante essa coisa de músicos de metal não poderem tocar algo assim, já que devem ser velhos e tradicionalistas, rastejar para longe e morrer num canto qualquer. E eu não via razão para eu fazer isso. Então eu formei a banda, e fiz um disco bem intenso e nervoso chamado *Skunkworks*, do qual sou extremamente orgulhoso, e, na verdade, ainda mais agora, que todo aquele ácido que foi derramado sobre ele se dissolveu com o passar do tempo. E as pessoas que, em algum ponto, desdenharam da ideia, mudaram de posição e disseram "sabe, eu acho que gosto do disco agora" (risos), o que é sempre muito gratificante, mas seria ainda mais gratificante se tivesse acontecido naquela época.

STEVE HARRIS:

Não foi uma mudança tão drástica assim aqui na Europa como foi na América do Norte. Não tocávamos por lá há uns três anos. Talvez tomemos um choque quando formos pra lá, não sei (risos). Mas acho que o que está acontecendo é saudável, porque há muita coisa rolando. Ao meu ver, há espaço suficiente para tudo. A única coisa que notei é que o mundo está mais guiado pela moda. Não é cool gostar de certas bandas, o que eu acho uma babaquice, porque deveria ser sobre a música, e não sobre a moda. Mas essas coisas acontecem. Modismos vêm e vão. Quer dizer, nós ainda somos bem fortes no resto do mundo. É basicamente na América do Norte que as coisas andam enfraquecidas. O single foi direto para a décima posição no Reino Unido, e o disco foi direto para a oitava, o que é ótimo. Os shows estão sempre com ingressos esgotados, ou quase esgotados.

O Iron Maiden lançou muitas camisetas horrorosas, e esta é, certamente, uma delas.
COLEÇÃO DE DAVE WRIGHT

Este logo é considerado mais moderno devido ao contorno amarelo brilhante em torno do nome da banda.
COLEÇÃO DE DAVE WRIGHT

OS ANOS 90

Uma para os colecionadores de autógrafos.
COLEÇÃO DE DAVE WRIGHT

11-18 DE ABRIL, 1996

O Maiden leva a *The X Factour* ao Japão, para seis shows.

31 DE MAIO-1º DE JUNHO, 1996

Bruce e sua banda solo fazem dois shows na Espanha, que servirão de material para o *Skunkworks Live Video*.

22 DE JUNHO-17 DE AGOSTO, 1996

O Maiden toca em algumas datas espalhadas pela Europa, em sua maioria festivais. As bandas de abertura foram Skin, Helloween e Dirty Deeds.

17 DE AGOSTO, 1996

Michael Kiske, do Helloween, lança *Instant Clarity*, seu disco solo, que traz duas músicas em coautoria com Adrian Smith.

24 DE AGOSTO-7 DE SETEMBRO, 1996

O Maiden leva a *The X Factour* para a América do Sul e o México, com as bandas de abertura variando entre Motörhead, Skid Row e Helloween, e, no México, a banda local, Makina.

2 DE SETEMBRO, 1996

"Virus", que não entrou no disco, é lançada como um single, com três diferentes versões de lados B, que variavam entre músicas originais e covers.

Um design experimental e que funciona.
Uma nota: a faixa "Virus" não está no disco.
COLEÇÃO DE DAVE WRIGHT

STEVE HARRIS:

É um set bem forte, excelente, baseado na arte do disco, em metal e coisas assim. Eddie obviamente ainda está lá. Tudo parece bom mesmo. Sei lá, talvez eu esteja errado em dizer isso, mas acho que as pessoas estão ficando cansadas de bandas subirem ao palco sem luzes e sem um espetáculo propriamente dito, e ficarem olhando tediosamente para os pés. Eu acho importante que as pessoas vejam um show, um evento.

2 MINUTES TO MIDNIGHT

23 DE SETEMBRO, 1996

A banda lança uma coletânea intitulada *Best of the Beast*, em duas versões de CD: single e duplo.

OUTUBRO DE 1996

Bruce lança, somente no Japão, o EP *Skunkworks Live*, com quatro faixas.

> Um dos benefícios de se ter uma mascote como Eddie é que ele sempre fica bem numa camiseta preta. Milhões de fãs não podem estar errados.
> COLEÇÃO DE DAVE WRIGHT

1997

1997 | A Victor lança *Skunkworks Live Video*, exclusivamente no Japão, até ser relançado em 2006 como parte do box set *Anthology*.

BRUCE DICKINSON SOBRE ENCERRAR O SKUNKWORKS, QUE ACABOU CONHECIDO COMO O NOME DA BANDA E DO DISCO:

Basicamente, matei o Skunkworks. O tipo de música que os caras da banda gostavam estava tão distante de onde eu queria estar com o novo disco que decidi que não havia motivo para eu desperdiçar o tempo deles e vice-versa. Eles estavam começando a fazer um tipo de indie/Britpop, e eu sabia que definitivamente queria fazer um disco de metal. O Skunkworks foi um experimento meio Tin Machine, e não funcionou. Era diferente demais para muita gente. Estou mais inclinado a garimpar as coisas que ainda existem na área do rock. Meu tipo de coisa — lendas, sci-fi, fábulas, feitos sinistros do oculto, tudo isso junto com vocais altos e uma guitarra indecente. A verdade é que nada está claro até que isso te bata na cabeça, e foi exatamente o que aconteceu quando eu decidi fazer o novo disco. (*Brave Words & Bloody Knuckles*, 1997)

A capa do calendário de 1997 refletia a postura do grupo, protegendo Blaze a todo custo do que seria um duro caminho na estrada da turnê.
COLEÇÃO DE DAVE WRIGHT

OS ANOS 90

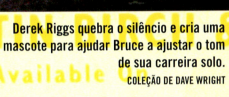

Derek Riggs quebra o silêncio e cria uma mascote para ajudar Bruce a ajustar o tom de sua carreira solo.
COLEÇÃO DE DAVE WRIGHT

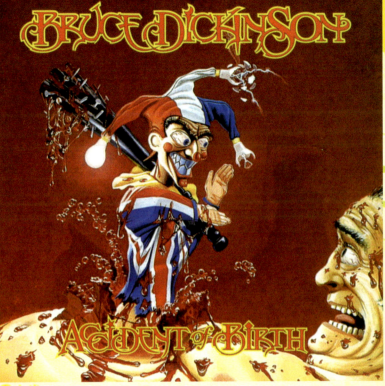

BRUCE DICKINSON SOBRE TRABALHAR COM ADRIAN SMITH NOVAMENTE:

Foi como nos tempos em que estávamos no Maiden. Não vou dizer que tomamos antigos caminhos de composição; acho que "Road to Hell" soa como algo que poderíamos ter escrito nos tempos de Maiden, mas algumas das outras coisas que escrevemos são muito mais modernas e se encaixam bem com o clima do metal anos 90. Acho que estamos tocando direto nos EUA hoje em dia porque há uma tremenda demanda. A mídia simplesmente ignorou nos últimos anos. A molecada não é burra. Sabe do que gosta e o que quer. Podem sair e comprar todos os antigos discos clássicos de rock. O que eles não podem ter são coisas novas e boas. Você pode ir atrás de um monte de bandas de bosta de hardcore, mas não de metal clássico com qualidade. Quando fui preparar o novo disco, parecia uma ótima ideia fazer um que soasse metal, com uma pitada de hardcore, e foi isso o que eu fiz. Quero que as rádios se fodam. Se alguém quer tocar meu disco no rádio, ótimo, mas não me iludo. Eu acho que você vai ouvi-lo em rádios alternativas, ou em bares de metal, mas só lá mesmo. (*Brave Words & Bloody Knuckles*, 1997)

MARÇO DE 1997

Bruce trabalha no que vai se tornar seu quarto disco solo, *Accident of Birth*, em Van Nuys, Califórnia.

ABRIL DE 1997

Paul Di'Anno lança *The World's First Iron Man*. Ainda este ano, em março, havia lançado uma versão ao vivo, com sua banda, batizada de Killers.

3 DE JUNHO DE 1997

Bruce lança seu quarto disco solo, *Accident of Birth*. A arte de capa é uma cortesia de Derek Riggs, o pai do Eddie. A ideia era criar um mascote semelhante, no caso um fantoche maníaco. As vendas do disco nos EUA, até o início de 2005, somavam 45.921 cópias.

2 MINUTES TO MIDNIGHT

15 DE JUNHO, 1997

Paul Di'Anno lança um disco de estúdio com material inédito, chamado *As Hard as Iron*.

27 DE JUNHO, 1997

O suecos do Hammerfall lançam seu álbum de estreia, *Glory to the Brave*. O disco se torna um sucesso no underground, assim como o marco inicial de uma retomada do metal tradicional, que varre a Europa. O novo subgênero acaba sendo nomeado power metal, e bandas como Rainbow, Judas Priest e Iron Maiden são colocadas como os precursores do novo subgênero do momento.

BRUCE DICKINSON:

Acho que *Accident of Birth* representa um tipo de retorno ao metal tradicional. Uma forma que gosto de descrever o disco é que ele foi um jeito de juntar praticamente tudo que eu tinha feito com metal, que foi realmente bom em algum ponto, e isso foi utilizado ao máximo no disco. Utilizei cada truque, cada pequeno detalhe que precisaria para fazer dele um sucesso. E funcionou, porque, quando foi lançado, pouquíssimas pessoas estavam fazendo discos assim.

BRUCE DICKINSON:

Eu tento não me meter em situações bizarras com a mídia. Eis uma das coisas mais estranhas. Fui parar num game show de TV, um programa sci-fi com o William Shatner (risos). E o único motivo pelo qual aceitei foi porque Shatner estaria lá, e pensei: "Caramba, eu posso pegar um autógrafo do Capitão Kirk!". E peguei, numa de suas fichas, que tinha uma pergunta sobre o Sr. Spock. Devo dizer que sou um pouco receoso com programas de TV ou mesmo game shows. Eu acho que devo participar de um ou dois aqui nos EUA e vou ter que esperar para ver o resultado disso. Mantenho um pé atrás. Quer dizer, eu não pretendo ser uma celebridade, sou bem desconfiado com isso, não vejo necessidade. *The Weakest Link* foi um dos programas que me convidaram, e se Vince Neil ou Sebastian Bach forem, eu não vou. É um show de horrores. Eu não vejo razão. Participar de *Politically Correct*, tudo bem, talvez. Mas *The Weakest Link*, eu não vejo a menor razão. Porque você já se sente culpado por associação (risos). É tipo, ei, aqui estão alguns pobres coitados que foram rock stars, e estão tentando levantar suas carreiras. Eu não quero fazer parte disso.

1º DE AGOSTO, 1997

Bruce participa da trilha sonora de *Mr. Bean: O Filme*, estrelado por Rowan Atkinson, com uma versão de "Elected", um clássico de Alice Cooper. Um videoclipe para a faixa foi produzido.

12 DE AGOSTO, 1997

Bruce Dickinson faz uma participação no game show de humor *Space Cadets*, na TV britânica.

FINAL DE 1997-FEVEREIRO DE 1998

O Maiden trabalha no que se tornaria *Virtual XI*, no Barnyard Studios, de Steve Harris, na sua propriedade, em Essex, Inglaterra.

Gravações de entrevistas com o Maiden sempre foram muito requisitadas.
COLEÇÃO DE DAVE WRIGHT

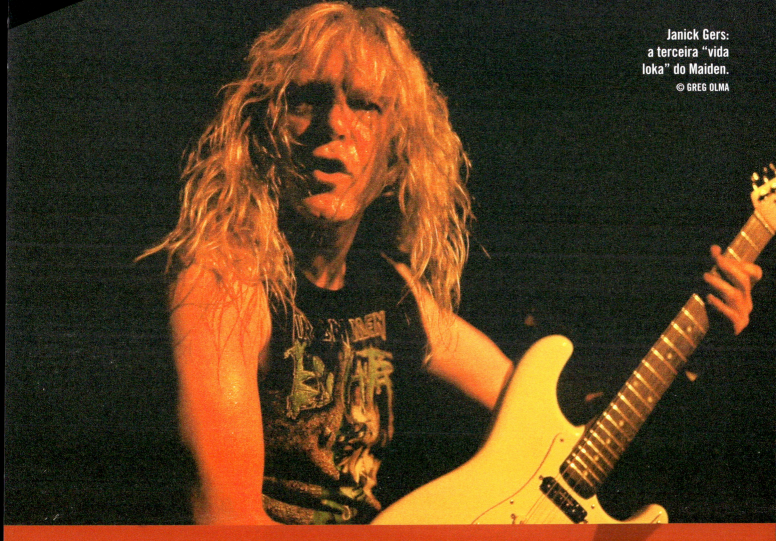

Janick Gers: a terceira "vida loka" do Maiden.
© GREG OLMA

24 DE NOVEMBRO, 1997 |

A Psycho Motel, de Adrian Smith, lança seu segundo disco, *Welcome to the World*, que traz um vocalista diferente do anterior. Dave Murray toca guitarra numa faixa chamada "With You Again".

Uma imagem atual e apropriada do projeto alternativo de Adrian, a banda Psycho Motel.
COLEÇÃO DE DAVE WRIGHT

ADRIAN SMITH:

Bem, é apenas um novo vocalista. Musicalmente, ele segue as mesmas linhas, influências clássicas, hard rock. Andy Makin, que chegou agora, me mandou uma fita, pois o Soli ficou desiludido, e com razão, com a situação toda e voltou para a Noruega. Então, nosso empresário sugeriu que achássemos um novo vocalista, e eu ouvi muitas fitas. Andy me mandou uma demo com uma qualidade de gravação incrivelmente ruim, mas deu para notar que ele tinha uma ótima voz. Era muito, muito pesada. Algo abaixo do tom, como você nunca ouviu antes. Era demoníaca (risos). Mas achei que ele tinha uma voz interessante, então liguei pra ele, e quando veio e fez o teste, foi impressionante. Eu tinha algumas ideias, e logo começamos a trabalhar em músicas novas com ele cantando, e era incrível. É um cara muito musical, um grande letrista, e tinha apenas 24 anos na época. E trazia influências modernas, Alice in Chains etc. Mas, para mim, soava como um Dan Reed demoníaco (risos).

169

2 MINUTES TO MIDNIGHT

1998

1998 | Paul Di'Anno lança dois discos no ano, *New Live & Rare*, com o Killers, e *Feel My Pain*, com o Battlezone.

JANEIRO-JUNHO, 1998 | Bruce trabalha no que iria se tornar *The Chemical Wedding*, nos estúdios Sound City e Silver Cloud, ambos em Los Angeles. Adrian Smith está com ele, e já faz parte da banda de Bruce a essa altura.

9 DE MARÇO, 1998

"The Angel and the Gambler" é lançada como um single prévio de *Virtual XI*. O disco foi lançado em dois formatos digipak, com várias faixas ao vivo e em vídeo.

BRUCE DICKINSON:

Após, com unhas e dentes, ter me reaproximado dos holofotes, feito algumas turnês, decidi embarcar no *Chemical Wedding*. E *Chemical Wedding* tentou dar um passo gigantesco, num terreno em que eu poderia honestamente dizer que nunca estive antes com esse tipo de música. Com uma carreira solo, é necessário termos dúvidas, certo? Pois parece haver uma certeza no Maiden, que a banda é produto das personalidades que a compõem. Isso tende a ser uma certeza dentro do Maiden, e parte disso é a confiança de que fã do Maiden é fã do Maiden, não importa o que aconteça, e geralmente vai comprar mais ou menos tudo que a banda lançar, desde que tenha sido feito com o coração. Então isso cria um senso de autoconfiança de que, não importa o que você faça, estará correto. Com minha carreira solo, eu não tenho tanta confiança assim. Você se sente como se não houvesse nenhum tipo de rede de proteção sob você. Se está tentando fazer algo que é diferente, isso pode ser um pouco preocupante, ou muito emocionante. A escolha é sua.

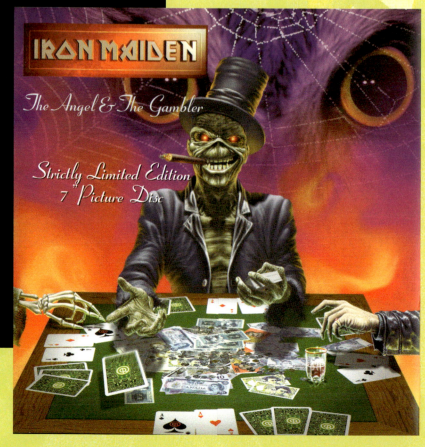

Atualmente, as ilustrações do Eddie podem ser atribuídas a uma série de artistas, não apenas ao Derek.
COLEÇÃO DE DAVE WRIGHT

OS ANOS 90

Pôster promocional para o segundo disco da era Blaze Bayley.
COLEÇÃO DE DAVE WRIGHT

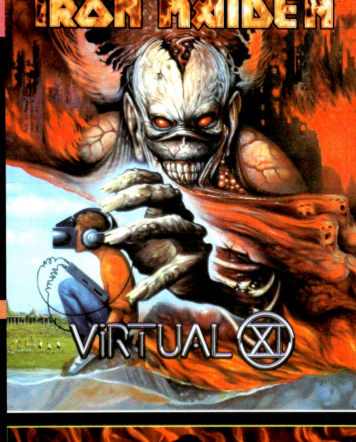

STEVE HARRIS:

Não há mais teclado do que o usual, apenas deixamos mais evidente na mixagem. Em "The Clansman" e "Don't Look to the Eyes of a Stranger", queríamos um som de orquestra, e eu mesmo toquei o teclado — era mais rápido assim. Nós usamos teclados no passado, mas dessa vez exploramos ao máximo, e o resultado foi bom. Nicko sempre resmunga, afinal, quer manter o rock'n'roll, mas ele me ligou para dizer como o órgão Hammond em "The Angel and the Gambler" ficou ótimo. (*Metal Hammer*, 1998)

STEVE HARRIS SOBRE SEU AMOR PELO FUTEBOL, QUE É DEMONSTRADO NO ENCARTE DO DISCO:

Se eu não fosse o que sou, gostaria de ter sido jogador de futebol. A beleza disso tudo é que posso fazer música e também jogar partidas beneficentes ao lado de jogadores famosos. Já joguei em Wembley, então realmente tive o melhor dos dois mundos. Sou um cara de sorte. Por outro lado, Nicko é fera no golfe, assim como Dave. Apesar de que ele também se dedica ao tênis, o que acho ótimo, pois também adoro tênis. O Blaze não é uma pessoa muito esportiva. Quer dizer, até entra no campo de futebol e brinca um pouco, mas prefere malhar, fazer musculação. Mas eu acho que sou o mais apaixonado mesmo. Sou louco por futebol, de verdade. Mas sou caseiro. Se você parar para pensar, em turnês, você está saindo o tempo todo. Quando está em casa, você só quer estar em casa e fazer coisas normais. Eu sou um cara bem entediante. Vou a um restaurante ou ao cinema. Raramente vou a bares, a menos que vá assistir a uma determinada banda, mas isso não é comum. Tenho quatro filhos, então prefiro ficar mais em casa. Mas eu vou assistir futebol, e jogo todas as semanas quando estou de folga.

23 DE MARÇO, 1998 | *Virtual XI*, o segundo disco de estúdio do Maiden com Blaze Bayley no vocal, é lançado. As vendas após sete anos do lançamento somavam 65.243 cópias, fazendo dele o disco do Maiden com a pior venda de todos os tempos.

2 MINUTES TO MIDNIGHT

BLAZE BAYLEY SOBRE SEUS DOIS DISCOS COM O MAIDEN:

Acho que *The X Factor* é o meu favorito. Mas adoro ambos. São muito especiais, pela época em que trabalhamos neles, e pelas músicas que escrevemos juntos. Creio que *The X Factor* é o meu favorito apenas porque passamos mais tempo ensaiando, compondo, convivendo com as músicas. Em *Virtual XI*, não gastamos muito tempo escrevendo, não como gostaríamos. Então eu acho que talvez certas coisas tenham saído apressadas. Mas eu realmente gosto de ambos. Há ótimas músicas em *The X Factor*. É um daqueles discos que você aprende a gostar. Acho que na verdade passamos tempo demais em estúdio gravando *The X Factor*. Creio que ele ficou muito longo, e se perde um pouco por conta disso. Mas a produção em *Virtual XI* foi mais caprichada, mais fácil de se ouvir porque é um pouco mais cru, direto. Não perdemos tempo andando em círculos e acabando no mesmo lugar. *Virtual XI* é mais curto. Há muitas pequenas diferenças. Quando gravamos

SANCTUARY

The X Factor, fizemos em digital, usamos um gravador digital de 64 faixas. Se a mesa quebrasse ou se um dos gravadores quebrasse, levaria uma semana para consertar. Tínhamos que passar por tudo isso. Mas agora, com o estúdio que usamos, muito disso foi refeito, há muita tecnologia nova, tudo estava funcionando, e gastamos bem menos tempo com problemas técnicos. Nós gravamos tudo direto num HD e usamos as fitas digitais como backup. Então tínhamos faixas virtuais. Com o Soundscape, a qualquer momento em que havia um problema, era só ligar pra eles que nos mandavam a faixa por e-mail, nós baixávamos e a gravação continuava. Estava tudo ali, mesmo que o microfone que eu uso tenha mais de dez anos, pois é como gostamos de trazer o som da minha voz. Mas ainda usamos todas as técnicas mais atuais para conseguir o melhor resultado. E eu achei muito estimulante trabalhar com tecnologia de ponta. Penso que a tecnologia está chegando a um ponto em que você não precisa mais de muito treinamento para poder usá-la. É mais como "bem, vamos usar, isso ajuda". Então foi bom. Muito das guias vocais que usamos, mantivemos como o vocal principal no álbum final. E dessa vez nós também não ensaiamos tanto. Para esse álbum, nós colocamos junto os arranjos para o baixo e a bateria, e começamos a gravar, e isso deixou nós três como se estivéssemos soltos na selva. Eu pensava: "Mas, caramba, cadê os acordes? Quantos refrões tem aí? Qual é o verso?" Então começávamos a escrever as notas: "Isso é Mi? Dó? Tá bom, você me faz um sinal quando começar com os acordes." Foi assim, sério. Mas isso nos deu espontaneidade. O clima era ótimo. Era bem parecido com fazer ao vivo, um lugar diferente a cada noite, você vai até lá e não sabe como o som está, não sabe o que consegue ouvir, é uma confusão em que você precisa trabalhar e sair de lá. E foi assim no estúdio. "Onde estou? O que eu faço agora?" Isso trouxe mais emoção ao disco.

OS ANOS 90

Foto promocional feita pelo amado, mas de vida curta, selo CMC.
COLEÇÃO DE DAVE WRIGHT

26 DE ABRIL-30 DE MAIO, 1998 |
A turnê de *Virtual XI* cobre a Europa, com Helloween e Dirty Deeds abrindo os shows.

BLAZE BAYLEY SOBRE AS VENDAS DE *THE X FACTOR* E O ESTADO ATUAL DA BANDA, EM TURNÊ COM *VIRTUAL XI*:

Sei lá, acho que um milhão de cópias. Vendeu mais do que as pessoas esperavam, isso eu posso dizer. Porque, quando começamos aquele disco, todo mundo dizia, ué, mas o metal não morreu? Já que o grunge havia aparecido. E eu sempre disse que de onde eu estava, no centro do palco, cantando em frente a milhares de pessoas todas as noites, ele não me parecia morto. Pelo número de discos que eu autografo quando fazemos esses eventos com os fãs, e pela quantidade de gente que aparece, ele não está morto, agora que o metal se tornou uma alternativa ao alternativo. Sabe, bandas como o Iron Maiden estão fadadas a se tornarem top do mundo. Nós passamos por tudo isso, tivemos uma boa resposta, principalmente no Canadá, onde a resposta foi fantástica, e mostramos o outro lado de tudo, e fizemos o que todos pensamos ser um grande disco. E agora, mesmo em suas primeiras semanas, *Virtual XI* já vendeu mais que *The X Factor* ao redor do mundo. Estamos nas listas de mais vendidos em toda a Europa, o álbum e o single, e isso só vem somar. As pessoas estão mesmo interessadas nessa música. E vamos fazer uma grande turnê pelos EUA, provavelmente chamada *Metal Mania*, e vamos para o Canadá também. Você provavelmente saberá antes de mim quais as outras bandas participantes. Eu, eu só estou na banda. Eles carimbam meu passaporte, me colocam num ônibus e me apontam o palco. Simples assim.

Blaze Bayley no estúdio.
MICK HUTSON/REDFERNS/GETTY IMAGES

173

2 MINUTES TO MIDNIGHT

A programação da turnê de *Virtual XI*.
COLEÇÃO DE DAVE WRIGHT

26 DE JUNHO-4 DE AGOSTO, 1998

O Maiden faz a turnê promocional de *Virtual XI* nos EUA, com Dio e Dirty Deeds. Algumas datas no fim de julho e início de agosto acabaram canceladas porque Blaze teve um problema de saúde causado por alergia a pólen. Apesar da presença de Dio, sempre uma grande atração, os lugares dos shows eram pequenos, refletindo os problemas da banda durante a época de Blaze.

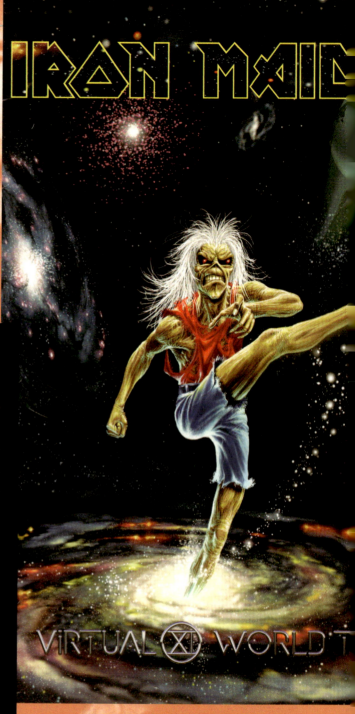

JANICK GERS SOBRE A ÉPOCA E OS DISCOS DE BLAZE BAYLEY:

Eu gosto, acho que são ótimos. Gosto deles pelo que são. O Bruce não queria mais fazer. Então foi uma questão de não dar sequência. Eu trabalhei com ele em seus projetos solo, depois trabalhei com ele em dois álbuns do Maiden, mas ele resolveu sair, o que foi um choque pra mim. Então nos reunimos e era uma questão do que fazer agora. Testamos uma série de vocalistas, mas nenhum se encaixava no que queríamos. E quando Blaze chegou, ele se doou 120%. Deu tudo o que tinha, e com uma voz muito diferente da do Bruce. E se comportou de forma profissional. Nós fizemos alguns ótimos shows, e álbuns muito bons também. Mas, nas turnês, ele tentava cantar as músicas de Bruce, e era muito difícil, pois a voz de Bruce é mais aguda. E, em algum momento, isso acabou machucando sua voz, e agora ele vai seguir carreira solo, e desejo tudo de melhor a ele, espero que se saia bem.

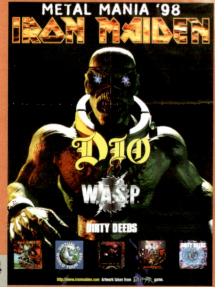

Bruce bravamente fez shows em casas noturnas durante sua carreira solo, mostrando algumas das melhores faixas que já escreveu na vida, principalmente o material de *The Chemical Wedding*.
COLEÇÃO DO AUTOR

Todas as quatro bandas eram contratadas ou da CMC ou da Sanctuary.
COLEÇÃO DE DAVE WRIGHT

OS ANOS 90

BRUCE DICKINSON:

Acho que eu poderia dizer que esse é um disco mais contemporâneo, pela maneira como ele soa. Creio que o que fizemos foi expandir e estender o repertório de *Accident of Birth*. *Accident of Birth* é um grande disco, mas também era uma espécie de resumo de tudo o que eu havia feito até então. Ele vai além disso. Estou pisando em um novo território. É meio que terreno virgem para mim. A música que mais se aproxima do disco anterior acho que é "Jerusalem", que é a coisa mais próxima de um metal progressivo, meio épico. "The Book of Thel" também, ela é meio parecida com "Aquarius", por sua estrutura, talvez. Mas nós estamos indo para uma área onde apenas pegamos o som, o som cru mesmo das coisas, e levamos a novos extremos. As letras são meio viajantes, mas é basicamente um álbum conceitual sobre alquimia. Mas quando comecei a pesquisar sobre o assunto, rapidamente se mostrou meio vazio. Depois de fazer umas duas músicas sobre alquimia, é tipo ok, tá, então é um bando de químicos tentando recriar o divino através da química. Quando você tira isso do caminho, o que é que sobra? Mas o que sempre acabava aparecendo em todos os livros sobre alquimia que eu estava lendo era William Blake, que foi um poeta inglês místico do século XIX, que viveu de 1700 e alguma coisa até cerca de 1830. Ele era um artista e um poeta, e também era relacionado aos alquimistas de várias formas. E ele usava muito da imaginação deles. Um de seus grandes heróis... ele escreveu um grande poema épico chamado "Newton", que é dedicado a Isaac Newton, que era um alquimista, uma coisa que é encoberta sempre por historiadores e cientistas. Porque não é legal para o inventor da ciência racionalista se meter com o oculto! E essa era a razão principal para ele se meter com ciência, porque estava interessado em misticismo. E William Blake era alguém que eu conhecia desde criança, desde que uma de suas pinturas foi usada na capa de um álbum do Atomic Rooster — *Nebuchadnezzar* é o nome da pintura. Então decidi fazer esse disco tridimensional. Ele deu ao disco uma alma e uma presença, e muitas coisas sobre as quais Blake escrevia, seu imaginário, sua linguagem, isso realmente me tocou pessoalmente. Senti ele quase como uma alma-gêmea. Não que eu fosse nem de perto tão talentoso como ele, mas ainda assim eu pensei: nossa, eu entendo esse homem e de onde ele vem, o que sente e como vê as coisas. Pensei ser uma inspiração sensacional para um disco. E foi sobre isso que o disco acabou se tornando — era um disco sobre alquimia, inspirado pela arte e poemas de William Blake. Era sobre isso que eu estava escrevendo! Nossa, sobre isso realmente vale a pena escrever, isso vale a pena ser feito! Tudo se encaixou, eu gostei muito, apesar de ser um pouco tenso para os meus nervos. Eu não tinha muito tempo. Nós tínhamos dois meses para escrever, depois duas semanas para ensaiar, seis semanas para gravar tudo, e depois mais duas semanas para mixar.

14 DE JULHO, 1998

Bruce lança seu quinto álbum solo, *The Chemical Wedding*. O maior sucesso de vendas do disco foi na Finlândia, uma fortaleza do Maiden, onde o álbum chegou ao 22º lugar. Entretanto, as vendas nos EUA, depois de sete anos no mercado, ficaram em 41.363 cópias.

ROY Z SOBRE ACCIDENT OF BIRTH VERSUS THE CHEMICAL WEDDING:

Accident foi basicamente um anúncio de que ele estava de volta. E eu não fiz, e gostei do Bruce também não ter feito, outro daqueles. Penso que teríamos irritado muita gente. Acho que o Bruce está artisticamente satisfeito como nunca com *The Chemical Wedding*. Acho que o álbum traduziu bem o que ele sentia. Para mim, tecnicamente, *Accident* tem um som muito bom, e há algumas músicas nele que me fazem pular sempre que ouço. Mas *Chemical* é um pacote mais coeso. Ele se encaixa melhor, foi mais pensado, tem mais profundidade, mais dimensão.

2 MINUTES TO MIDNIGHT

7 E 9 DE AGOSTO, 1998

O Maiden faz dois shows no México.

JANICK GERS:
Você vai para a América do Sul, depois para Moscou e de repente está na frente do Kremlin, ou dando entrevistas em Seul, ou no México. Conhece um monte de pessoas diferentes, engole tudo isso, e um ano depois acaba regurgitando tudo, porque é orgânico, e você cresceu com isso. Isso não significa que você irá virar uma banda mexicana, mas surgirão sentimentos baseados no que você fez no ano anterior. Mas não vamos nos tornar uma banda mexicana, vamos, Dave? Arriba, arriba, arriba! (*Hard Roxx*, 1998)

BRUCE DICKINSON, NA ÉPOCA, SOBRE A POSSIBILIDADE DE VOLTAR A CANTAR COM O IRON MAIDEN:
Eu realmente acho que o negócio todo se resume a mim e Steve – e só isso. Não há problemas em nenhum outro lugar, eu acho (risos). Temos o mesmo empresário (risos). Nós dois estamos com o Rod Smallwood. Quer dizer, sentamos e falamos sobre isso no pub e coisas do tipo. As pessoas dizem "Você vai voltar pra banda?", e eu digo "Olha, quer que eu suba ali amanhã e cante só músicas do Maiden? Espera um pouco, deixa eu pegar minhas botas". Sem problemas. E seria ótimo. Eu poderia subir ao palco com eles e fazermos um show amanhã. Seria absolutamente foda! Mas eu não acho que esse é o ponto. Para algumas das pessoas envolvidas, há mais do que isso. Tem duas coisas aqui: uma apresentação ao vivo e um disco. Uma questão é: nunca mais vai rolar? E outra é: será que rola ao vivo? E isso seria ótimo, seria como uma boa risada. Só para deixar claro, eu não tenho ideia de como isso poderia ou deveria rolar. Eu não sei se isso iria funcionar, porque estou fazendo discos agora (suspiro)... estou fazendo discos agora que... vamos colocar desse jeito, estamos fazendo discos agora de uma maneira muito, muito diferente (risos). Acho que o que estou dizendo é que não tenho certeza de como poderíamos fechar o espaço que há entre a maneira como trabalho e a maneira como Steve trabalha agora. Mas, fora isso, não haveria problema algum se ele quisesse se divertir um pouco, sabe? Além da diversão que ele está tendo agora e fazer alguns shows. Claro, porra, sim. Mas eu estou muito feliz com o que estou fazendo musicalmente agora. Mas se ele falasse "você gostaria de sair e cantar algumas músicas do Maiden?", eu diria sim, adoraria. E você não precisa demitir ninguém nem nada parecido com isso. Subimos no palco, mandamos ver meia dúzia de músicas e vamos beber alguma coisa depois. Mas não é tão simples assim. Há todo o tipo de complexidade e coisas que eu não vou falar aqui. Porque eu fiz um grande disco, vou sair para promovê-lo, e é aí que minha vida está agora, e é o meu futuro. Esse disco é meu futuro.

OS ANOS 90

Existem alguns paralelos entre a experiência do Maiden com Blaze e a do Judas Priest com Ripper Owens.
COLEÇÃO DE DAVE WRIGHT

Um cartão postal promocional alemão.
COLEÇÃO DE DAVE WRIGHT

O Helloween (do time dos contratados da Sanctuary) foi, durante o seu surgimento, em meados dos anos 80, considerado uma versão mais rápida, mais jovem e mais pesada do Iron Maiden.
COLEÇÃO DE DAVE WRIGHT

4 DE SETEMBRO-15 DE OUTUBRO, 1998

A turnê de *Virtual XI* volta à Europa, novamente com as mesmas bandas de abertura, Helloween e Dirty Deeds.

28 DE SETEMBRO, 1998

"Futureal" é lançada como um single de *Virtual XI*, junto com versões ao vivo de "The Evil That Men Do" e "Man on the Edge", além do videoclipe de "The Angel and the Gambler". A música é uma das duas da época de Blaze a entrar na coletânea *Edward the Great*. A outra foi "Man on the Edge".

17 A 26 DE OUTUBRO, 1998

O Maiden faz oito shows no Reino Unido, ainda com o Dirty Deeds abrindo as apresentações.

177

2 MINUTES TO MIDNIGHT

18 A 22 DE NOVEMBRO, 1998 |
A turnê de *The Virtual XI* chega ao Japão.

2 A 12 DE DEZEMBRO, 1998 |
O Maiden (com o Helloween e a banda brasileira Raimundos) toca na América do Sul, com o show de encerramento do Monsters of Rock em Buenos Aires, Argentina, sendo o último de Blaze com a banda.

1999

1999 |
Paul Di'Anno lança *Beyond the Maiden: The Best of*, assim como *The Masters*.

10 DE FEVEREIRO, 1999 |
Adrian Smith e Bruce Dickinson voltam a integrar o Iron Maiden.

ADRIAN SMITH:
Às vezes, você precisa chutar a própria bunda para fazer as coisas. Acho que Bruce e eu fizemos uma bela viagem pelos últimos anos. Honestamente, estou muito feliz em estar de volta ao Maiden. Isso não significa que nunca mais farei outras coisas. É ótimo estar de volta e tocar com os caras, mas não estamos casados, sabe? Somos todos nós mesmos, com nossas próprias vidas. Mas sim, tenho muito orgulho dos álbuns solo que fiz. Só queria que eles tivessem vendido mais, para ser honesto. E acho que, algumas vezes, ter uma banda inteira é confuso.

ROY Z SOBRE SEU COMPANHEIRO BRUCE DICKINSON VOLTAR AO MAIDEN:
Ah, foi ótimo. Sempre que você está trabalhando com alguém como ele ou Rob Halford, está apenas de carona: a oportunidade de trabalhar com músicos desse calibre já é demais. Não fiquei chateado, de forma alguma, fiquei foi muito feliz. Por ele e pela música que seria criada por conta disso. Por uns dois minutos houve uma conversa sobre eu produzir o disco, mas não iria funcionar porque eu era muito próximo ao Bruce. Não era uma coisa negativa, era mais como "ei, é aquele cara do Bruce". Mas acho que só de ter todos eles juntos novamente vai levantar muito a qualidade de tudo. Tenho os pés no chão. Eu realmente adoro trabalhar com metal, sempre gostei. Hoje em dia, meus amigos me chamam de "ressuscitador", porque eu vou colocar todas as bandas de metal juntas novamente e enchê-las de gás para que estejam prontas para detonar de novo. Acho ótimo que o Bruce queira continuar fazendo discos, porque, como artista, vai se sentir satisfeito. Afinal, quando se está em uma banda com tantos membros fica meio difícil conseguir fazer exatamente o que você quer.

Um brinde à reunião de família.
COLEÇÃO DE DAVE WRIGHT

OS ANOS 90

20 DE FEVEREIRO, 1999 | A Global Entertainment Corp. conclui a venda de 30 milhões de dólares em títulos securitizados ao Iron Maiden, garantidos pelo fluxo de caixa dos royalties de futuros álbuns. Os títulos foram vendidos a um único investidor institucional.

18 DE MAIO, 1999 | O projeto paralelo do Anthrax, Stormtroopers of Death, lança seu álbum *Bigger than the Devil*, onde a capa é uma paródia de *The Number of the Beast*. O Anthrax fez muitas turnês ao lado do Iron Maiden, tanto na Europa como nos EUA, em 1990 e 1991.

MAIO, 1999 | A banda lança seu primeiro jogo de videogame, *Ed Hunter*, no formato de CD duplo, junto com uma coletânea.

Quase ao mesmo tempo: Bruce retorna ao Maiden, Rob Halford volta ao Judas Priest e Ozzy começa uma turnê ao lado de seus velhos parceiros do Black Sabbath.
COLEÇÃO DE DAVE WRIGHT

2 MINUTES TO MIDNIGHT

É estranho que a turnê de reunificação do Maiden seja em torno de um videogame, mas assim é o show biz!
COLEÇÃO DE DAVE WRIGHT

INÍCIO DE JULHO, 1999

O Maiden monta acampamento em Saint John, New Brunswick, para ensaiar os futuros shows da turnê de *Ed Hunter*.

Com a volta de Adrian Smith, Dave de repente se viu parte de um trio infernal de guitarristas no Maiden.
© GREG OLMA

OS ANOS 90

11 DE JULHO-8 DE AGOSTO, 1999 |
O Maiden leva a turnê *The Ed Hunter* para a América do Norte. As aberturas das primeiras datas no Canadá ficaram por conta do Voivod e do Clutch and the Monster Magnet. No final da turnê, abriram, especialmente, as bandas de nu-metal System of a Down e Puya. Três apresentações em julho não contaram com Adrian devido ao velório do pai. Pouco depois foi necessário o cancelamento de três shows: Dave quebrou um dedo.

BRUCE DICKINSON:

Eu aparecia no estúdio todo dia, passava o tempo com Steve e Kev, e ficava por lá até o fim da *session*, lá pelas oito. Steve ia pra casa, já eu e Kev íamos pro pub beber um pouco. Então o Jan aparecia lá pelas nove e tomava uma cerveja, e aí voltávamos pra casa e íamos pra cama. E isso acontecia todos os dias. Cerca de uma vez a cada duas semanas o Steve aparecia para uma cerveja também. Se não, ele ficava no quarto dele a noite toda, na internet.

AGOSTO DE 1999-ABRIL 2000 |
O Maiden trabalha no que se tornaria o álbum *Brave New World*, no Guillaume Tell Studios, em Paris.

ROD SMALLWOOD SOBRE O PRODUTOR KEVIN SHIRLEY:

É bom lembrar que Steve é muito, muito envolvido com o processo de gravação. Ele coproduziu praticamente tudo, e trabalhou com grandes engenheiros: Martin Birch e depois Kevin. Kevin Shirley é bem similar a Martin em vários pontos. Os dois têm um senso de humor peculiar, os dois gostam de uma cervejinha, e de uma bagunça, mas são super-profissionais e sabem como tirar o melhor dos caras em termos de performance. E isso nos dá um som ótimo.

Os primeiros shows da reunificação com Bruce ainda encontraram o Maiden em locais menores – o autor viu uma apresentação em Toronto, no conhecido Massey Hall.

COLEÇÃO DE DAVE WRIGHT

2 MINUTES TO MIDNIGHT

9 DE SETEMBRO-1º DE OUTUBRO, 1999

A *Ed Hunter Tour* vai para a Europa, com o Megadeth abrindo os shows.

BRUCE DICKINSON SOBRE VOLTAR AO MAIDEN:

Eu estava por aí, sujando as mãos pelos últimos seis anos! Você quer raízes? Eu estava morando com minhocas, porra! Estive em bares nos EUA e na Europa, falei com fanzines… eu acho que meus últimos dois álbuns solo são bons pra caralho, francamente. Mas percebi que, no grande e malvado mundo do comércio, ninguém tá nem aí! Eu estava rastejando de show em show. O Maiden estava em lugares pequenos também. Bem, abracadabra! Você soma dois mais dois e tem 50 mil pessoas! (*Metal Hammer*, 1999)

2 DE NOVEMBRO, 1999

Bruce lança *Scream for Me Brazil*, seu álbum ao vivo.

BRUCE DICKINSON:

Esse disco quase não rolou. Quando chegamos para o primeiro show em São Paulo, tínhamos tudo acertado para a gravação. Ao começarmos a primeira música, Stan, nosso engenheiro de som, estava no caminhão, mas não saía nada das caixas. E ele ficou "o que está acontecendo?!", e o engenheiro brasileiro olhou pra ele e disse: "Hum, não faço ideia, estava funcionando", e Stan disse "não estamos gravando nada! O que aconteceu?!" Só lá pela quarta música eles começaram a captar alguma coisa que parecia com uma banda. E até hoje não sabemos o que houve. Era uma mesa digital, mas, basicamente, ela reiniciou sozinha e apagou toda a memória, o que significa que perdemos as primeiras três ou quatro músicas do show. Ele me contou isso no final da apresentação, e havia sido um show brilhante, era a primeira noite em São Paulo, e eu só disse "Que, merda!". Por sorte conseguimos gravar um dos outros shows e preencher os espaços. E também tínhamos um show extra, que foi acrescentado. Foi uma matinê num domingo, e ele estava com cerca de 2/3 dos ingressos vendidos à tarde, e iríamos embora naquela noite. E era outra vez em São Paulo. Fizemos assim duas noites em São Paulo, uma com ingressos esgotados, a outra com 2/3 vendidos. Então eu disse: "Olha, como voltaremos para São Paulo, e a unidade móvel está por lá, vamos gravar esse show também, apenas para ter certeza de que estamos cobertos." Porque (risos) eu já desconfiava de tudo a essa altura. Mas foi ótimo. Só que tivemos que procurar tudo nas fitas. Eu acho que uma das faixas que soa melhor no disco foi resgatada de uma das cópias de segurança, que é "Book of Thel".

OS ANOS 90

Caminhos semelhantes na carreira de Bruce e Adrian finalmente trouxeram os dois de volta para casa.
© GREG OLMA

A anúncio alemão para o álbum ao vivo de Bruce.
COLEÇÃO DO AUTOR

O Maiden começou o século 21 com tudo, reforçando sua formação com o retorno de Bruce Dickinson, assim como o de Adrian Smith. No departamento da guitarra, Smith seria um reforço de peso, transformando a banda em um exército de seis homens, com três guitarristas. A princípio, não parecia que a novidade necessariamente iria mudar a má sorte da banda, mas devagar e de forma constante, os fãs começaram a retornar, os shows foram ficando maiores e, quase imperceptivelmente, o Maiden voltou a integrar a colcha de retalhos que é a cultura pop, e de um jeito bem maior do que em qualquer época do auge da banda nos anos 80.

Brave New World marcaria um memorável retorno, mas depois, provando que eles falavam sério sobre se manterem vitais, *Dance of Death* emergiria em 2003, seguido por *A Matter of Life and Death*, em 2006. Os dois álbuns encontraram a banda se sentindo mais confortável e madura com seu som, e ainda assim se tornando mais épica e progressiva. O investimento na produção era claro e visível, e as músicas eram tocadas com orgulho nas maiores, mais suntuosas, mais longas e mais regulares e explosivas turnês.

De alguma forma, e de modo improvável, assim como o Rush, o Iron Maiden preenchia o melhor de dois mundos: era celebrado pelo seu entusiasmo com novos discos e novas músicas tocadas ao vivo, e por proporcionar um grande evento histórico, banhado na nostalgia da era de ouro do metal, quando um *Killers* podia ser seguido por um *The Number of the Beast*, que, por sua vez, daria espaço para a grandeza que é *Piece of Mind*.

Eu acho que o Adrian é o único outro cara dessa banda que já ouviu falar do Voivod. Mandou bem, Bruce!

COLEÇÃO DE DAVE WRIGHT

2 MINUTES TO MIDNIGHT

Não foi nenhum estratagema complexo que fez tudo acontecer. Rod Smallwood simplesmente tematizou turnês de forma inteligente, colocando os novos discos como grandes salvadores do rock, e agora sendo apresentados ao vivo, e depois criando hype sobre turnês, como *Somewhere Back in Time*, onde foi prometido que os clássicos seriam mais uma vez trazidos de volta para incendiar os fãs.

DVDs ao vivo e documentários iriam manter a chama viva, como o notável *Flight 666*, um diário de viagem altamente profissional, que iria enfatizar tanto a carreira de piloto de Dickinson como a certeza de que o Maiden continua a ter fãs ao redor do mundo. De fato, a banda passou a ser posicionada como heroicos embaixadores do metal, sem medo de entregar pessoalmente sua amada e teimosa música a qualquer um sedento de um som pesado, não importando onde ele possa ter sido inocentemente exilado.

8 DE ABRIL, 2000

A *Billboard* anuncia que a Sanctuary comprou a Castle Music por 46 milhões de libras.

Um belo CD transparente com um Eddie dos mais malvados.
COLEÇÃO DE DAVE WRIGHT

ROD SMALLWOOD SOBRE A CRIAÇÃO DA EMPRESA:

Quando assinei com o Maiden, eu não queria mesmo empresariar mais ninguém. Queria ser como Peter Grant, apenas uma banda, fazer tudo direito, e curtir. Só o fato de ter uma sociedade com Andy Taylor, que estudou na faculdade comigo, e já sermos sócios há muito tempo, até antes do Maiden, já era tudo de que o Maiden carecia. Precisávamos de uma agência de viagem confiável, então compramos uma e a transformamos em nossa agência de viagem. Nós queríamos deixar John Jackson, nosso promotor, em uma situação confortável, então o trouxemos em 84, e começamos a empresa em torno dele. A Sanctuary foi batizada por uma música do Maiden de 1979, quando eu quis renomear a empresa. Olhei para os títulos que tínhamos, e "Sanctuary" me pareceu ideal. "Vamos ter um santuário longe desse lixo", diz a letra. Não há dúvidas de que a empresa foi criada para termos a certeza de que tudo o que o Maiden tivesse fosse realmente o melhor possível. Tudo meio que cresceu depois disso. O que acontece se você coloca gente boa para preencher certas funções, o que acontece quando elas não estão trabalhando? Precisam ter o que fazer. Você começa a trazer as coisas. Isso se desenvolve, e então você começa a ter satélites em torno do núcleo. Elas estão cuidando do Maiden, mas outras estão cuidando de outras coisas. Então, de repente, você precisa crescer, e pensamos: sermos os donos dos nossos próprios direitos é o melhor caminho. Então começamos a fazer TV, e gradualmente pensamos que nossa empresa poderia comprar uma como a Castle. E apenas aconteceu que a Castle... já tínhamos feito negócios com ela com o catálogo do Maiden na América do Norte há alguns anos quando isso não era nem um cisco no olho, por assim dizer. Foi quando tiramos da Capitol e colocamos na Castle. Já que iríamos comprar Castle, e obviamente, assim, acabaríamos donos do catálogo do Maiden na América do Norte. A banda ficou absolutamente encantada. Agora, eles definitivamente seriam bem tratados. (*Brave Words & Bloody Knuckles*, 2003)

OS ANOS 2000

ADRIAN SMITH:
É, fiquei orgulhoso de ter tirado aquilo do caminho, pois pensei: sabe, isso vai funcionar. Essa foi a primeira música que gravamos. Nos a preparamos num grande armazém em Portugal, e foi a primeira música que tocamos juntos.

JANICK GERS:
Eu acho que é uma música direta, por isso é o primeiro single. Foi a primeira coisa que escrevemos juntos. Adrian trouxe o riff, e era demais, assim como tudo que foi surgindo depois. E isso foi ótimo, pois Adrian tinha acabado de voltar, foi muito bom para ele aliviar a pressão, acabou se sentindo mais confortável. E isso foi até antes de fazermos a turnê de "Ed Hunter"

8 DE MAIO, 2000
Data de lançamento de "The Wicker Man", o esmagador primeiro single de *Brave New World*, lançado como CD e também em vinil, junto com uma série de faixas e vídeos ao vivo.

BRUCE DICKINSON:
Steve está passando por um momento bem progressivo nesse disco. Quase tudo que fez foi movido por isso, e devo confessar, eu estava um pouco apreensivo sobre algumas coisas. Mas embarquei nessa por respeito. Sabe, ele pegou "Wicker Man", pegou algumas coisas minhas e se dedicou a isso, então eu também resolvi me dedicar às músicas dele. Quando começamos a trabalhar em "Nomad", pensei que talvez não fosse funcionar. Eu estava preocupado com "Nomad", e ela funcionou bem pra cacete, então eu rapidamente engoli minhas palavras. Nós nunca ousamos ficar tão soltos em um disco antes. Por isso acho ele maravilhoso. Eu devo dizer que fiquei um pouco perdido no meio, pensava: "Acho que é a coisa certa a se fazer." Mas sempre havia um pouco de "eu espero que funcione, eu espero que as pessoas entendam". Mas no final do disco eu entendi. Nós terminamos as faixas, e 12 dias depois, Nick voa para a Flórida, para jogar golfe. Pouco depois, quando nos encontramos, ele ouviu o disco pela primeira vez, e me abraçou e começou a me beijar. Eu disse: "Bem, posso considerar que você gostou?" Ele estava pirando em quão bom era, e, como havíamos ficado tão próximos a ele, era ótimo ver isso de alguém que também esteve envolvido com o disco, e que o estava ouvindo pela primeira vez depois de terminado. Eu acho que é realmente um puta trabalho, e acho que a maioria das pessoas que o ouve também entendem, mesmo que tenham ouvido bem pouco, e não tiveram a chance de se aprofundar. Mas a coisa mais importante é mesmo a reação inicial a ele. (*Brave Words & Bloody Knuckles*, 2000)

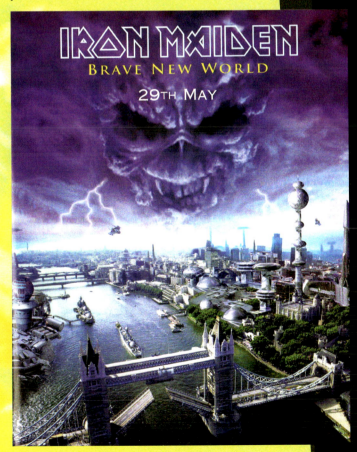

A ansiedade pelo primeiro disco com o retorno de Bruce estava nas alturas.
COLEÇÃO DO AUTOR

2 MINUTES TO MIDNIGHT

ADRIAN SMITH:

É, foi um tipo de ruptura mesmo. É diferente do jeito como normalmente trabalhamos, ou do jeito que as coisas eram feitas quando eu estava na banda. Nós tentamos fazer muita coisa ao vivo. Quando optamos por Kevin Shirley... gostávamos do que já havia feito; então, quando ele sugeriu fazer a maioria das coisas num ambiente ao vivo, tínhamos que respeitar isso, porque ele havia feito coisas ótimas. Então Kevin conseguiu um estúdio onde podíamos nos preparar, ter muito contato visual e manter a espontaneidade na música. Obviamente, com a tecnologia do jeito que está, há certas coisas que você pode fazer para melhorar tudo. Então não é que apenas fomos lá e mandamos ver. Levou uns dois ou três meses para que tudo fosse feito. Mas fizemos o máximo ao vivo que pudemos, e mesmo assim ele soa como um álbum de estúdio. Eu gosto dos elementos progressivos nele. Acho que é algo que fazemos bem e que nos sentimos confortáveis fazendo, e algo que muitas bandas não estão fazendo hoje em dia. Poderíamos ter baixado o tom de forma surreal, e tentar fazer tudo realmente pesado, mas não era esse o ponto. Acho que fomos numa direção diferente, e que serviu bem para nós. Achamos um nicho. Músicas como "The Navigator" e "Brave New World" são ótimas ao vivo também. Acho que o álbum é bem pesado, mas não exageramos com overdubs e coisas assim. A pior coisa é você começar a fazer algo assim, ter uma ideia fixa sobre como tudo deveria ser, e quem deve ter crédito pelo quê. No fim das contas, o que importa é entregar um grande disco. Se você se distrair demais com política, isso pode ser prejudicial e causar um monte de estresse. Se detona, ótimo. Não importa quem escreveu.

JORNALISTA TIM HENDERSON:

A vida deve estar boa no *camp* do Maiden. Curiosamente, estão dizendo que *Brave New World* é o melhor lançamento do Iron Maiden até agora. Sentimentos fortes para comparar o trabalho de um bando de velhos de hoje com parte do melhor heavy metal já criado, como *Powerslave*, *Piece*, *Seventh Son* e *Beast*, para citar alguns. Sentado com uma cerveja na mão, e depois de ouvir repetidas vezes, eu fiz reverência. O disco bate qualquer retorno: Aerosmith, Priest, Purple, Kiss, Ozzy, Sabbath, Page/Plant, qualquer um. Aqui a coisa é real, do começo ao fim. O mais engraçado é que o primeiro single, "The Wicker Man", está longe de representar o real feeling do disco, apesar de que cresce com o tempo, com suas qualidades épicas. Definitivamente, uma abertura de show. Em uma palavra, *Brave New World* é maduro, um álbum criado pela experiência pura, com um sexteto longe de estar desgastado pela ação do tempo. O Maiden fez grandes álbuns no passado, mas, com *Brave New World*, tudo está alinhado em sintonia, com resultados fascinantes. No final do disco, o produtor Kevin Shirley incluiu um comentário de McBrain no estúdio: "Aaah, errei, cacete" falando sobre algum erro de tempo. Esses caras estão longe de errar. E Steve, seja lá o que estivesse passando pela sua cabeça quando você contratou Blaze, você está agora praticamente perdoado, por ter nos dado *Brave New World* para nos concentrarmos. Obrigado. (*BraveWords.com*, 2000)

29 DE MAIO, 2000

O Maiden lança seu décimo segundo disco de estúdio, *Brave New World*, a reunificação da banda com o vocalista Bruce Dickinson e o guitarrista Adrian Smith. Até maio de 2008, as vendas do álbum nos EUA somavam 307 mil cópias.

O autor, braço direito do editor Tim "Metal" Henderson, se aproveitou do fácil acesso ao Maiden durante os 14 anos de circulação da revista.

COLEÇÃO DO AUTOR

BRUCE DICKINSON:

Eu não tenho muito o que reclamar do disco. Acho ele excelente pelo que era, para quando foi feito. Desempenhou um bom trabalho, e foi um ótimo precursor do disco seguinte. Para suceder *Brave New World*, queríamos fazer algo que fosse diferente o bastante a ponto de que as pessoas pudessem ouvir e dizer "nossa, eles realmente fizeram um belo trabalho com este aqui". Ninguém esperava que *Brave New World* fosse tão bom quanto é, então foi ótimo quando nós paramos e olhamos um para o outro, dizendo "nada mal, hein, galera?" Eu acho *Brave New World* um grande disco. Acho que é um grande disco do Maiden. Não vou dizer que não há falhas, porque há algumas que eu vou guardar comigo, da mesma forma em que há falhas em qualquer disco que eu tenha feito, alguns com mais do que outros. Eu sou a última pessoa a encher o peito e dizer que um disco é perfeito, porque, se fosse, eu não veria razão em continuar fazendo. Mas, no geral, é um excelente trabalho da banda, certamente um dos meus quatro discos favoritos do Maiden.

2 DE JUNHO-23 DE JULHO DE 2000

A primeira parte da *Brave New World Tour* ocorre na Europa, com a abertura dos shows variando entre Dirty Deeds, The Almighty, Slayer, Entombed e Spiritual Beggars. Três shows no meio de julho tiveram que ser cancelados, pois Janick caiu do palco no festival *Metal 2000*, em Mannheim, na Alemanha. Dream Theater e Motörhead abriram.

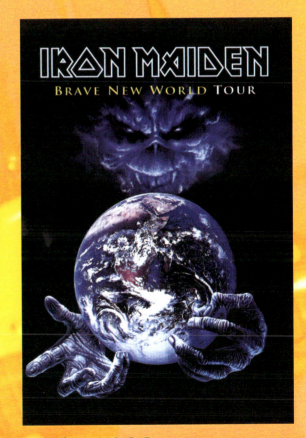

Um programa de turnê com um logotipo mais simples, apenas contornado.
COLEÇÃO DE DAVE WRIGHT

20 DE JUNHO, 2000

Bruce canta como convidado em uma faixa de *Universal Migrator Part 2: Flight of the Migrator*, um álbum conceitual do Ayreon. A faixa se chama "Into the Black Hole".

1º DE AGOSTO-24 DE SETEMBRO, 2000

O Maiden excursiona pela América do Norte para promover *Brave New World*. O Entombed abriu as primeiras datas canadenses, com o Queensrÿche abrindo as restantes, além de Halford em todas elas. Todas as bandas eram parte do elenco da Sanctuary, em níveis variados. Bruce deu uma famosa bronca no público de Toronto por ser quieto e insignificante se comparado ao público de Quebec. O que provavelmente era verdade, dado o tamanho sem precedentes do fã-clube da banda na província de Quebec.

2 MINUTES TO MIDNIGHT

ROD SMALLWOOD, SOBRE MANTER A MÁQUINA DO MAIDEN RODANDO:

Não há como concordar com cada detalhe todos os dias. Trabalhamos como um time. Penso que o fato de eu sempre enxergar tudo da mesma forma que o Steve desde o começo, e obviamente a banda mudou com a volta do Bruce, todos tendemos a ver as coisas do mesmo jeito. Já tive brigas com Steve por conta dos sets dos shows. Houve uma turnê nos EUA, há alguns anos, que eu fiquei falando disso o tempo todo, pela turnê inteira (risos). Mas, no fim das contas, o set é o que os rapazes querem fazer. Quer dizer, sempre vou colocar meu ponto de vista sobre o que está funcionando melhor, mas nada demais. Escolher as músicas de um show, montar o palco, eu me envolvo até certo ponto, até o ponto em que é a hora mais correta para a banda se juntar e dar uma olhada geral, e então analisamos todos juntos e fazemos os ajustes necessários. Acho que uma das razões pelas quais nos damos tão bem é que todos temos o mesmo feeling sobre o que a banda deve ser. Todos nos sentimos privilegiados por trabalhar com uma coisa chamada Iron Maiden. Cada um tem uma função diferente, seja o cara do som, o empresário, a banda. Todos trabalhamos para essa coisa, e todos queremos fazer o melhor por ela. Então eu acho que você deve olhar tudo pela perspectiva do Iron Maiden, e não de uma perspectiva individualista.

8 DE AGOSTO, 2000

O Halford, a banda do vocalista do Judas Priest, Rob Halford, lança seu álbum de estreia, *Ressurrection*. Bruce Dickinson coassina e canta a música principal: "The One You Love to Hate".

BRUCE DICKINSON:

Eu ouvi algumas faixas de trabalho. Obviamente, cantei em uma junto com o Rob, ouvi umas demos e uma música chamada "Silent Screams", que era boa pra caralho. O disco todo é como a época clássica de *Screaming for Vengeance*, do Priest. Brilhante. A voz dele é sensacional, então eu acho que foi um grande lance pra ele. Acho que será ótimo para o público também. Acho que eles irão adorar devido à ausência do Priest no mercado. (*Brave Words & Bloody Knuckles*, 2000)

Dave Murray, Chicago, 1999.
© GREG OLMA

OS ANOS 2000

PAUL DI'ANNO SOBRE O NOME DO DISCO:
Tá, passei um bom tempo nos EUA, Texas e Los Angeles, e sei lá mais onde. Eu simplesmente não me sentia bem parado num mesmo lugar. Morei ao redor do mundo, aqui e acolá, como dizem, conheci gente diferente, peguei ideias. Algumas das coisas que vi pelo mundo não me deixaram feliz. Musicalmente, eu queria algo pesado, mas não muito. Acho que era apenas o heavy metal para o ano 2000. Não tentamos parecer com coisas antigas, eu não acredito nisso. Como músico, você deve avançar com o tempo. Não é tão pesado como o que fizemos antes com o Battlezone. Quanto à minha voz, isso é até estranho, porque com o Battlezone ela era muito mais pesada. Eu sei lá, vivo achando que... tem algum tipo de raiva dentro de mim, e algumas vezes ela aflora. Sei que não sou mais um jovem revoltado, mas conforme vou envelhecendo, percebo que estou ficando mais puto da vida (risos). Uma coisa eu sei, é que conforme vou envelhecendo, minha voz está ficando melhor. Estou muito feliz com isso. Apenas parece mais fácil, e olha que eu não faço nada para cuidar dela, para ser bem honesto contigo (risos). Eu adoraria. Ainda fumo, então eu realmente não cuido muito dela. Tudo o que sei é que, se você não consegue fazer, não deveria mesmo estar fazendo.

29 DE AGOSTO, 2000
Di'Anno lança *Nomad*.

23 DE SETEMBRO, 2000
A *Billboard* celebra o 25º aniversário do Sanctuary Group, com uma típica e bem extensa cobertura e uma série de mensagens de felicitações vindas de inúmeros parceiros de negócios.

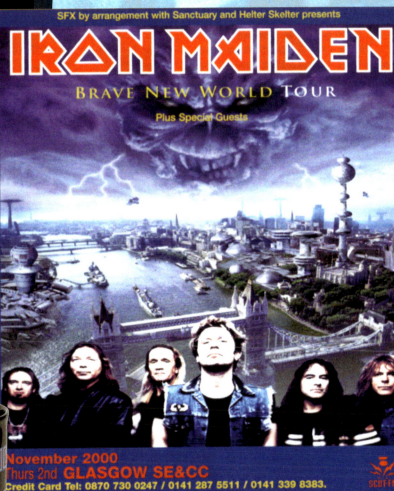

Sendo um dos grandes ícones da cultura pop, o Maiden, liderado pelo Eddie, comercializa uma vasta gama de produtos.
COLEÇÃO DE DAVE WRIGHT

Com uma formação como essa, era inevitável que o Maiden voltasse rapidamente aos grandes palcos.
COLEÇÃO DE DAVE WRIGHT

191

JANICK GERS SOBRE AS TRÊS GUITARRAS NA BANDA:

Somos todos diferentes. Depende de como você olha. É difícil falar de si mesmo. Dave tem um som mais suave, e Adrian é muito rítmico. Eu talvez, sei lá, seja mais nervoso, sem limites.

19-29 DE OUTUBRO, 2000

A turnê de *Brave New World* chega ao Japão.

23 DE OUTUBRO, 2000

"Out of the Silent Planet" é lançada como um single, junto com versões ao vivo de "Wasted Years" e "Aces High", além do videoclipe da música.

Apesar da bela apresentação fotográfica usada durante *Brave New World*, havia muita quinquilharia promocional de qualidade duvidosa.

COLEÇÃO DE DAVE WRIGHT

JANICK SOBRE A POSSIBILIDADE DE ROY Z TRABALHAR COM A BANDA EM BRAVE NEW WORLD:

Isso chegou a ser cogitado. Nada contra o Roy, mas queríamos alguém de fora. Não queríamos que soasse como um álbum solo do Bruce, isso seria bobagem. Nosso som é nosso som. Você pode fabricar um som assim, que você pode trabalhar com qualquer banda que quiser, mas o nosso não é assim. Queremos alguém que capture nosso som com três guitarras. E foi isso que o Kevin fez. Ele veio e não adicionou nada além de sua habilidade em captar sons. É um álbum diferente. Todas as guitarras são parecidas hoje em dia, com muitos botões, e a bateria tem sempre um certo som, e é isso que vende nas rádios. Então ele veio e captou o nosso som, e isso é a coisa mais difícil a se fazer. A Gillan nunca foi captada em estúdio como éramos ao vivo. É muito difícil captar a essência de uma banda, e acho que o Kevin conseguiu. Devo admitir que trabalhei com um monte de produtores, incluindo o pessoal da Gillan, mas nunca me dei bem com nenhum deles. Na verdade, nós quase explodimos com alguns. Mas o Kevin tem essa capacidade de fazer você prestar atenção no que está fazendo, e isso faz você tocar melhor.

ADRIAN SMITH SOBRE KEVIN SHIRLEY:

Você precisa de uma personalidade forte, que ele tem, e de muito conhecimento técnico, que ele também tem. É uma espécie rara de combinação. Ele foi nos ver ao vivo, foi nos ver ensaiar, ouviu cada um de nós individualmente, e de fato entendeu tudo, tinha um plano de ação. Mas ele e Steve passaram alguns dias juntos, se enfrentando. Ele tem uma personalidade forte; se você deixar, ele vai te provocar um pouco. Então você precisa revidar e falar coisas na cara dele algumas vezes. Mas, uma vez que tudo isso ficou fora do caminho, ficamos bem. Há aquela energia que você sente quando estamos juntos numa sala e queremos que tudo dê certo.

BRUCE DICKINSON SOBRE KEVIN SHIRLEY:

Eu acho que é o disco do Maiden com a melhor qualidade de som. E isso não tem nada a ver com tecnologia. Tem tudo a ver com o fato de Kevin insistir em gravar a banda ao vivo, com base no que ouviu no Hammerstein Ballroom. O som é fantástico. Ele dizia: por que não fazer desse jeito? Por que você quer discutir sobre gravar de um outro jeito? E foi isso que ele fez, procuramos pelo estúdio que poderia nos dar tudo o que queríamos. Um local onde poderíamos ter um grande som de bateria e também ter todas as guitarras tocando juntas ao vivo, colocar minha voz ao vivo, e onde poderíamos olhar um para o outro enquanto fazíamos isso. Achamos esse lugar em Paris, que funcionou perfeitamente, e ensaiamos as faixas como se estivéssemos preparando um show. Depois gravamos a coisa toda ao vivo. Demoramos uns doze dias para gravar tudo, foi cerca de um dia para cada faixa. Fizemos quatro, cinco, seis passagens em cada música, e depois passamos as seis semanas seguintes basicamente sentados esperando o Kevin trabalhar em todas as seis passagens na bateria, depois no baixo, depois nas guitarras, e depois nos vocais. Após umas seis semanas voltei lá e fui logo dizendo: "Tá legal, hora da dor e do sofrimento, hora de gravar os vocais principais". E Kevin disse: "Não, você terminou. Você já fez tudo". (*Brave Words & Bloody Knuckles*, 2000)

Mais uma camiseta maneira, criada para encher as barracas de produtos lotadas de mais do mesmo.
COLEÇÃO DE DAVE WRIGHT

2 MINUTES TO MIDNIGHT

2-10 DE NOVEMBRO, 2000

O Maiden e o Halford fazem algumas apresentações pela Europa, como parte do festival Metal 2000.

2001

6-19 DE JANEIRO, 2001

O Maiden faz dois shows na Inglaterra, no Shepherd's Bush Empire, antes de voar para o México para um show, seguido de três datas na América do Sul. Halford e Queensrÿche fazem a abertura no México, com o Halford seguindo junto para a América do Sul. No dia 19, a banda faz (e grava) o show que se tornaria o disco ao vivo *Rock in Rio*.

6 DE FEVEREIRO, 2001

Paul Di'Anno lança *The Beast: Live*.

BRUCE DICKINSON
SOBRE O NOME METAL 2000:

Nos anos 80, o Monsters of Rock era uma espécie de festival comemorativo, parecido com o Ozzfest, mas, sabe, ninguém tá nem aí se for como o Lollapalooza. Festivais de metal são para os fãs. Batizamos de Metal 2000 porque todo mundo tá ficando fora de forma. É tipo "Monsters of Rock? Já não há tantos monstros assim". Então, falamos "vamos apenas chamar de Metal 2000. É claro o bastante, não?". Ninguém pode reclamar disso, é um nome bem claro, não é sutil, não tem camuflagens com supermodelos ou qualquer bosta do tipo. É bem direto e primitivo. Metal 2000 não deixa dúvidas sobre o que é. Só não sei onde o Korn se encaixa nisso tudo, mas deixa pra lá. (*Brave Words & Bloody Knuckles*, 2000)

PAUL DI'ANNO:

O Killers, minha antiga banda, e eu acordamos em fazer uma pequena turnê juntos. Ensaiamos na semana passada, e tudo foi muito bem. É, o Killers, nós todos continuamos a ser amigos e tudo o mais, mas eu vejo como... chega uma hora em que você deve se afastar. As coisas estavam ficando um pouco estranhas. Eles gostam de tocar esse tipo mais antigo de música, e eu nunca fui muito chegado a isso. Eu vim do punk, e depois, do Iron Maiden.

11 DE SETEMBRO, 2001

A tragédia. O autor e Bruce Dickinson mantêm a entrevista combinada para o fatídico dia.

25 DE SETEMBRO, 2001

Bruce lança o CD duplo *The Best of Bruce Dickinson*.

ADRIAN SMITH SOBRE TRABALHAR COM BRUCE EM SEU MATERIAL SOLO:

Eu estive envolvido em seus três últimos álbuns. Obviamente estamos muito envolvidos com o Iron Maiden agora. Mas Bruce tem planos de fazer alguma coisa solo no ano que vem. Se ele me ligar e falar que gostaria de escrever algo comigo, ou que eu toque em algumas faixas, seria ótimo. Mas sair em turnê por seis meses ou coisa assim, eu não sei. Quando Bruce entrou na banda, nós meio que flutuamos na direção um do outro. Ele gostava muito de escrever, e eu costumava ficar tocando riffs o tempo todo, então nos acostumamos a ficar juntos e compor bastante. Acho que temos uma química. Bruce é um ótimo compositor, escreve ótimas letras, acho que disso ninguém duvida. Um guitarrista e um vocalista juntos (estala o dedo), isso funciona. Você se senta como um guitarrista e tenta escrever, e, de repente, você tem um milhão de riffs. Você se senta com um vocalista, e as coisas entram em foco imediatamente.

OS ANOS 2000

21 DE NOVEMBRO, 2001

Paul Di'Anno lança *Killers Live at the Whiskey*. Ainda nesse ano chega *Cessation of Hostilities*, uma caixa com os três álbuns de Paul com o Battlezone. O trio também foi empacotado em uma caixa (2008), agora chamada de *The Fight Goes On*.

4 DE DEZEMBRO, 2001

A Eagle Vision lança a série em DVD *Classic Albuns*, com um volume centrado em *The Number of the Beast*.

PAUL DI'ANNO:

Nós regravamos "Children of Madness" para o último disco do Battlezone, e meio que a deixamos mais do jeito que ela deveria ser. Mas, infelizmente, nos últimos seis meses mais ou menos, o Battlezone ficou na sarjeta. Há certas questões pessoais acontecendo com os rapazes. Eu não vou dizer quem, mas eles têm algum problema comigo e com o Paulo, tipo, "ei, que papo é esse de material solo?", pois há muito ciúme rolando, e eu disse: "Ah, que se dane, tô nem aí." Então a coisa azedou, e o baixista está tocando numa banda punk comigo (risos). E ele está feliz com isso, e eu e o Paulo vamos apenas continuar com o material solo.

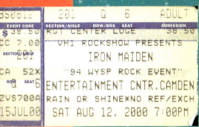

O Maiden cobrou um valor de ingresso dos mais populares para os fãs que foram ver a banda na virada do milênio, 38,50.
COLEÇÃO DE DAVE WRIGHT

Uma prova de que o Maiden finalmente se tornou classic rock.
COLEÇÃO DE DAVE WRIGHT

Durante o período de reinado conservador do PMRC e do combate ao satanismo dos anos 80, isso teria sido banido das escolas por toda parte.
COLEÇÃO DE DAVE WRIGHT

195

2 MINUTES TO MIDNIGHT

2002

2002 | O programa *Bruce Dickinson's Friday Rock Show* estreia na BBC, transformando Bruce em personalidade do rádio ao longo dos anos e fazendo o vocalista participar de uma série de documentários na emissora.

11 DE MARÇO, 2002

A banda lança o single de "Run to the Hills", em duas partes, e com várias faixas ao vivo como lado B.

19-21 DE MARÇO, 2002

O Maiden faz três shows na Brixton Academy de Londres, para ajudar o Fundo de Apoio à Esclerose Múltipla, de Clive Burr.

25 DE MARÇO, 2002 | A banda lança o disco ao vivo *Rock in Rio*.

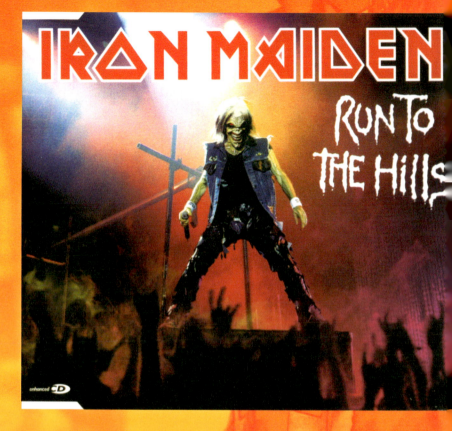

Uma reciclagem dos tempos mais punks do Maiden, de 20 anos atrás.
COLEÇÃO DE DAVE WRIGHT

BRUCE DICKINSON:

Bem, basicamente é a turnê de *Brave New World*. É isso. Se você viu algum show da turnê, é isso que ele é. É um show inteiro, sem nada adicionado, nenhum overdub, nenhuma brincadeira. Ele foi apenas mixado, e é isso. O que o faz diferente de todos os outros discos ao vivo que fizemos. Claro, o disco que devemos sempre lembrar é *Live After Death*. Porque aquele é o que todos, todos mesmo, concordam ser o maior, mais popular, aquele que todo mundo parece se referir como o disco ao vivo clássico do Maiden. Eu até acho que este, o *Rock in Rio*, tem chance de destroná-lo, e se não isso, ao menos se igualar a ele. E, de um ponto de vista pessoal, acho que minha performance aqui é bem superior a *Live After Death*. Não ouço o original há anos (risos). Os arranjos não teriam mudado, mas a maneira como planejamos eles poderia. Quer dizer, se algo aconteceu, foi por osmose, apenas gradualmente. Tivemos muita sorte com ele, afinal, esse show em especial, o do Rock in Rio, foi transmitido ao vivo para 100 milhões de pessoas na mesma noite em que o gravamos. Então, quem duvidar de minhas palavras, só o que precisa fazer é avaliar por si mesmo ouvindo qualquer uma das muitas gravações piratas (risos) e ouvir o mix da TV, e verá que nada mudou. Só o áudio é que está bom pra cacete (risos).

IRON MAIDEN

OS ANOS 2000

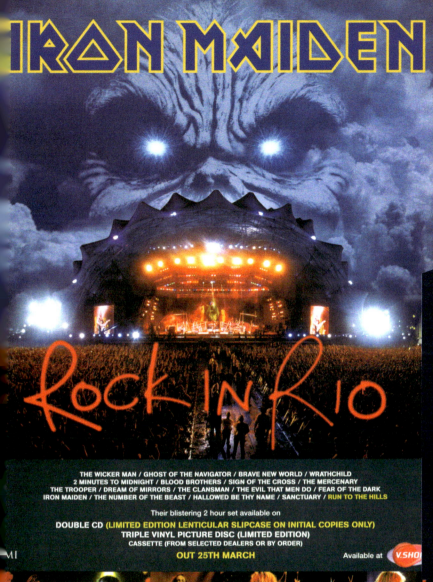

O Brasil ama o Iron Maiden, mas há muitos outros exércitos de fãs apaixonados em todas as economias emergentes.
COLEÇÃO DO AUTOR

12 DE JUNHO, 2002

Rock in Rio é lançado em DVD duplo.

KEVIN SHIRLEY:

A plateia sul-americana sabe cada palavra de cada música. O que, com 300 mil pessoas, costuma ser um problema aquelas torres de retorno espalhadas pela pista toda, gerando um atraso no som. Então eu apenas usei o Pro Tools e achei uma batida da caixa em todas as torres de retorno, e corrigi o tempo de todas elas. De repente, você tem 300 mil vozes cantando em sincronia com a faixa, e é fenomenal. Com som 5.1, é monstruoso. A banda mal aparece. A resposta do público é de arrepiar. (*Mix*, 2002)

28 DE JUNHO, 2002

A editora Blake Publishing lança *The Beast*, a autobiografia de Paul Di'Anno.

PAUL DI'ANNO FALANDO EM OUTUBRO DE 2001:

Deus, já começamos? Obviamente eu tive que contratar um ghost writer. Não tenho tempo nem paciência pra isso. É um amigo nosso chamado Dale Webb. Ele foi até onde eu moro outro dia e conversamos por umas cinco horas e meia sem parar. Ele disse: "Bem, acho que mais umas três ou quatro dessas bastam." E eu exclamei: "Puta merda, você não tá falando sério?!?" (risos). Não será a história completa. Acho que será provavelmente até três ou quatro anos atrás. Mas porra, sempre há espaço para mais uma. A editora é a John Blake Publishing, na Inglaterra, que fez toneladas e mais toneladas de livros, é bem respeitada. Eles fizeram uma série sobre gângsteres, toda essa coisa de crimes reais. Então pensei, aaah, eles não devem se interessar muito por música. Então é mais sobre as coisas em que me meti, coisas interessantes do lado obscuro da vida (risos), o que é bom, porque eu até já exorcizei meus demônios. Sou de fato uma pessoa completamente diferente hoje.

197

2 MINUTES TO MIDNIGHT

29 DE AGOSTO, 2002

Paul Di'Anno lança *Screaming Blue Murder: The Very Best of Paul Di'Anno*.

23 DE OUTUBRO, 2002

O jogo de videogame *Tony Hawk's Pro Skater 4* traz Eddie como um personagem desbloqueável. E a música "The Number of the Beast".

24 DE OUTUBRO, 2002

O Dream Theater, que abria os shows do Maiden no passado, toca o álbum "The Number of the Beast" inteiro, num show em Paris. Outra conexão com o Maiden é o fato de que Kevin Shirley trabalhou por um longo tempo com as duas bandas. No mais, também há uma certa linha que vai do Rush ao Maiden e ao Dream Theater quando se fala no desenvolvimento de algo que possa ser chamado de metal progressivo.

4 DE NOVEMBRO, 2002

A EMI lança a terceira coletânea da banda, *Edward the Great*, com 16 faixas.

16 DE NOVEMBRO, 2002

A EMI lança a caixa *Eddie's Archive*: um CD duplo com gravações antigas ao vivo, chamado *Beast Over Hammersmith*, um CD duplo chamado *BBC Archives*, e um terceiro CD duplo chamado *Best of the B Sides*.

Para comemorar o melhor álbum do Maiden, segundo o autor.
COLEÇÃO DE DAVE WRIGHT

Certamente mais fácil de ouvir do que *Metal Box*, do PiL.
COLEÇÃO DE DAVE WRIGHT

OS ANOS 2000

17 DE DEZEMBRO, 2002

O DVD *Rock in Rio*, disco de ouro no mês anterior, agora já é platina.

2003

BRUCE DICKINSON:
Nosso comportamento quando vamos ao palco e tudo o mais é como uma equipe esportiva. Nós vamos lá e acabamos com a raça do adversário, mas o adversário não está lá. Não estamos tentando bater em nosso público, mas há algum tipo de barreira invisível que queremos derrubar tocando ao vivo. (*Brave Words & Bloody Knuckles*, 2000)

JANEIRO E FEVEREIRO, 2003

A banda trabalha no que se tornaria *Dance of Death*, no Sarm West Studios, em Londres.

ADRIAN SMITH SOBRE GRAVAR *DANCE OF DEATH* VERSUS *BRAVE NEW WORLD*:

Acho que a abordagem foi a mesma; o mesmo produtor, Kevin Shirley. Ele gosta de trabalhar, é jovem, mas é um produtor das antigas. Gosta de gravar as bandas ao vivo, faz diversas tomadas e depois junta as melhores. Às vezes, mantemos alguns vocais, na maioria das vezes mantemos as guitarras. Não é um processo de construção básico como fazíamos. É algo mais espontâneo. Geralmente fazemos uma música por dia e gravamos da hora do almoço até o fim da tarde. Nesse intervalo, fazemos umas oito ou 10 tomadas da música. Geralmente, a primeira é a melhor, mas fazemos de novo e de novo, e, em geral, tudo volta à primeira tomada. Nós seguimos fazendo apenas para ver se surge uma melhor. Eu coescrevi muita coisa, junto com o Steve. Geralmente eu não escrevo com ele, escrevo com o Bruce. Eu e Bruce escrevemos muita coisa para o álbum, mas que acabou não entrando. Provavelmente eram coisas um pouco mais lentas e com um estilo pesado demais de rock, e este é um disco com muito mais energia. Mas sim, eu obviamente escrevi algumas faixas. Provavelmente há uma boa parte da minha personalidade lá.

O Maiden recebeu muitas críticas por esta capa, devido ao tosco design criado em computador e tipografia cafona.
COLEÇÃO DE DAVE WRIGHT

Steve e Janick, mandando ver.
PAUL BERGEN/REDFERNS/GETTY IMAGES

199

2 MINUTES TO MIDNIGHT

Dave Murray, 31 de janeiro de 2004, no Universal Amphitheatre, em Los Angeles.
COLEÇÃO DO AUTOR

25 DE FEVEREIRO, 2003

A banda britânica de power metal Dragonforce lança *Valley of the Damned*, seu álbum de estreia, e logo começa a ser considerada pelos críticos um Iron Maiden mais veloz, assim como aconteceu com o Helloween nos anos 80, que era visto como uma nova e aprimorada versão do Maiden, talvez não tão confortável em seu trono.

25 DE MARÇO, 2003

Blaze, a banda de Blaze Bayley, lança um álbum ao vivo chamado *As Live as it Gets*. Ao lado de músicas do Blaze (de *Silicon Messiah*, de 2000, e *Tenth Dimension*, de 2002), há algumas faixas de seu período com o Maiden.

23 DE MAIO-12 DE JULHO, 2003

O Maiden começa a turnê *Give Me Ed... 'til I'm Dead*, na Europa, com abertura variando entre Stray, Murder Dolls e Arch Enemy. Michael Amott, do Arch Enemy, já havia excursionado com o Maiden, quando fazia parte da banda de stoner rock Spiritual Beggars, o que foi facilitado pelo fato de ambos contarem com o gerenciamento da Sanctuary. O set do Maiden trazia a música "Wildest Dreams", que estaria presente no próximo disco.

DAVE MURRAY SOBRE A PERSONALIDADE DE *DANCE OF DEATH* VERSUS *BRAVE NEW WORLD*:

Eu acho que *Brave New World* é o mais leve. Quer dizer, há muita coisa pesada lá, mas há muita melodia também. Acho que ele revive um pouco aquela vibe dos anos 80. Eu tive uma sensação de *Piece of Mind/Powerslave* com esse disco. Acho que *Dance of Death* é um pouco mais obscuro e sombrio. E provavelmente foi também um pouco mais complexo em sua intensidade e na performance. Mas ele não começou assim. Foi apenas a maneira como evoluiu no estúdio. Então, sim, um pouco obscuro e um pouco mais sinistro em algumas partes. Mas isso foi feito especificamente para criar um clima. "Dance of Death", a faixa, é como "Paschendale", há um monte de coisas acontecendo por lá. É uma vibração real, uma faixa cativante, muitas coisas complicadas acontecendo.

2 DE JUNHO, 2003

A EMI lança um DVD duplo chamado *Visions of the Beast*, uma coletânea com 47 videoclipes.

21 DE JULHO-30 AGOSTO, 2003

A turnê *Give Me Ed... 'til I'm Dead* vai para a América do Norte, com Dio e Motörhead abrindo mais uma vez os shows.

Este box ganhou disco de platina duplo nos EUA, superando a marca de 100 mil cópias vendidas.
COLEÇÃO DE DAVE WRIGHT

BRUCE DICKINSON
SOBRE SUA CARREIRA, FALANDO AO AUTOR EM TORONTO (DURANTE A TURNÊ):

Estou fazendo, musicalmente falando, um projeto por vez. Quer dizer, depois de seis anos de atividades solo muito intensas, onde quase fiquei, financeiramente falando, literalmente sem roupas, eu estava mesmo nas cordas depois de alguns discos, mas consegui voltar, me colocando onde eu tinha uma carreira de verdade como artista solo, e aí reintegrar o Maiden no meio disso tudo, ser jogado de novo na frigideira com *Brave New World*, e depois uma turnê, duas turnês, e agora este disco. Musicalmente, estou bem ocupado. E, de alguma forma, estou procurando um antídoto para o lado musical das coisas. Afinal, o lado musical está mudando. O Maiden está se tornando – eu não sei se está se tornando na América do Norte, mas certamente fora dela – os Rolling Stones do heavy metal. Tipo o lado ao vivo está bem separado da questão do disco. Nas duas maiores turnês atuais, não tínhamos um disco. Não tínhamos lançado uma porra de um disco! Então, colocando a cabeça nisso, de alguma forma a banda alcançou esse status icônico, em que ela parece fazer cada vez menos, mas ainda assim se tornar maior (risos). É difícil tirar a cabeça disso. E não posso me enxergar como um fóssil, um ícone ou esse tipo de coisa, é simplesmente impossível. Não quero me ver dessa maneira. Então eu apenas evito ao máximo o assunto e vou fazer outra coisa. Vou trabalhar para uma companhia aérea como um cara qualquer, vestir terno e gravata, sentar lá na frente, trancar a porta e voar com as pessoas por umas dez horas por dia, e nunca ser visto por elas.

As vendas de camisetas do Maiden estão entre as maiores de qualquer banda da história.
COLEÇÃO DE DAVE WRIGHT

2 MINUTES TO MIDNIGHT

15 DE AGOSTO, 2003

Paul Di'Anno lança um DVD com 25 faixas ao vivo chamado *The Beast in the East*.

1º DE SETEMBRO, 2003

A banda lança "Wildest Dreams" como um single promocional, em CD e DVD. Algumas curiosidades no pacote incluem uma *jam* no estúdio ("Pass the Jam") e uma versão orquestrada de "Blood Brothers".

PAUL DI'ANNO SOBRE AS TURNÊS:

A única coisa de que realmente não gosto é ficar enfurnado num estúdio. Mas sair em turnê, ah, fiz isso por anos. Eu adoro, você conhece gente nova, ajuda a compor... é bom botar a raiva e as coisas todas no papel. É ótimo, ajuda a lavar a alma. Além disso, eu adoro tocar, ainda mais quando volto ao Brasil. Vou te contar: não há um só dia em que eu não chegue perto das lágrimas lá, pela forma como me tratam e como eu me sinto, perto dos brasileiros. Somos provavelmente a segunda maior banda de metal no Brasil, depois do Sepultura. E é ótimo ver o país sendo reconhecido por algo além do futebol, que é maravilhoso. Mas é bem diferente. Há fãs e fãs. Mas é muito, muito positivamente desgastante estar se divertindo no palco, dar tudo de si, mas é ainda mais quando volto ao Brasil. Porque eles sabem que podem me ver a qualquer hora, em qualquer lugar que me queiram, porque eu tenho um amor enorme por todos eles. É uma relação quase que direta com o público. É absolutamente fantástico. Quando saio do avião em São Paulo, eu honestamente digo: Maravilha, estou em casa.

O Maiden deveria receber um prêmio por escrever e gravar músicas novas regularmente e depois apresentá-las ao vivo quando saem em turnê.

COLEÇÃO DO AUTOR

OS ANOS 2000

DAVE MURRAY
SOBRE COMO SUAS CONTRIBUIÇÕES PARA A BANDA SÃO FINALIZADAS:

Eu venho com ideias e riffs, mas Steve é um compositor nato. Até fiz algumas coisas com o Bruce, onde eu colocava os acordes e ele apenas jogava as letras. Mas eu diria que 90% do tempo eu ficava sentado com o Steve, compartilhando ideias, e ele as desenvolvendo. Algo como a faixa "Brave New World", aquilo saiu de um pequeno riff, e Steve tinha um grande refrão e algumas outras coisas. É como se você aparecesse com uma peça de um quebra-cabeça e os outros caras encaixassem o resto das peças para completar a figura. Eu acho que algo como "Rainmaker' foi muito agradável, por sentar lá, tocar a introdução e trabalhar as coisas com o Steve. Já tínhamos a parte instrumental pronta e tocamos tudo para o Bruce, que fez as letras na hora, como se já estivessem prontas na cabeça (risos). É uma colaboração, e acho que é o mesmo com os outros caras – Janick e Steve, Bruce e Adrian –, é basicamente essa colaboração. E a parte boa disso é que não há nenhum tipo de falta de material. Todo mundo tem uma carta na manga. Então, é basicamente pegar as músicas mais fortes, que irão para o disco. Quando você mostra alguma coisa, você precisa estar completamente certo de que aquilo vai funcionar para a banda.

8 DE SETEMBRO, 2003 |
A banda lança *Dance of Death*, o segundo álbum de estúdio desde que Bruce voltou. Dois anos após o lançamento, as vendas nos EUA marcam 138.904 cópias.

BRUCE DICKINSON SOBRE *DANCE OF DEATH* VERSUS *BRAVE NEW WORLD*:

Para ser honesto, eu diria que são mais ou menos idênticos. A única diferença, acho, é que estávamos bem confortáveis com a maneira que vínhamos trabalhando, e pegamos isso do último disco. Estamos animados de verdade por podermos fazer o trabalho da mesma forma, fazer as coisas ao vivo, ensaiando e fazendo ao vivo, e assim foi.

As composições foram divididas de forma bem igual. Se todos tivéssemos a mesma mentalidade e tempo poderíamos produzir três discos entre nós seis. Material é o que não falta. Tudo o que temos que fazer é basicamente relaxar e deixar a coisa rolar. Ninguém senta num canto e vota em qual música entra ou não, ou coisas assim. Nós meio que nos revezamos e cada um mostra o que tem de melhor. E, por alto, se é uma música que você acredita ser bem legal, você toca para todo mundo e diz "Ah, tá legal", e é a vez do próximo. Tem muita melodia nesse disco, tem muito enredo e história. Na verdade, *Dance of Death* poderia ser um álbum do Jethro Tull/Ian Anderson, com ele sentado ao lado de uma fogueira, fumando um cachimbo e dizendo: "Deixe eu contar uma história...", e eu adoro isso. Pensei, uau, isso é ótimo, é isso que o Maiden deveria estar fazendo. É assim que vamos levar o Maiden adiante de uma forma que muitas outras bandas não podem alcançar. Elas não podem nem chegar perto do que estamos tentando no momento, pois nunca entenderão. Não suportariam caminhar pela linha que divide o tentar fazer, o conseguir e o fracassar, tipo Spinal Tap. Porque essa é a linha em que você anda com essa música.

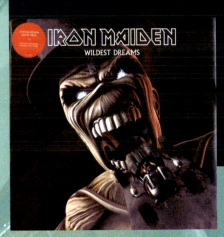

A capa da versão em vinil compacto lançado para "Wildest Dreams", do álbum *Dance of Death*.
COLEÇÃO DE DAVE WRIGHT

2 MINUTES TO MIDNIGHT

19 DE OUTUBRO-28 DE NOVEMBRO, 2003

A *Dance of Death Tour* começa de forma extensa pela Europa, inicialmente com o Gamma Ray abrindo os shows (mais uma vez mantendo o padrão de conexão pessoal, o Maiden já conhecia Kai Hansen, do Gamma Ray de shows com o Helloween no final dos anos 80), e depois com o Funeral for a Friend.

24 DE OUTUBRO, 2003

Dance of Death recebe disco de ouro pela BPI no Reino Unido.

JORNALISTA TIM HENDERSON:

Sem contar os excelentes updates online do produtor Kevin Shirley, o sucessor de *Brave New World* estava mais bem guardado que o Fort Knox. Nem um pio foi vazado além de a banda mostrar ao vivo o teaser/single promocional "Wildest Dreams", um memorável hino setentista inspirado em Status Quo/Slade. E com virtualmente todas as imagens mentais do líder/baixista Steve Harris, a banda consistentemente atirava em todas as direções. O problema é que o veículo precisa de uma troca de óleo. *Dance of Death* é, inegavelmente, Maiden clássico. E a Sanctuary sabe que *se não está quebrado, não conserte*. Mas este é o problema. Sem contar as partes orquestradas que se mostram ao longo do disco, as composições se mantêm numa constante. E há carne demais no osso. Corte 1/3 do disco e lance o restante em 2004, não em 2006. Eu nunca pensei que me veria reclamando por um disco do Maiden ser longo, mas, nesse caso, os heróis ingleses diluem o apelo geral de *Dance of Death*, enchendo ao máximo, e a xícara transbordou. Se você quer algo épico, você tem: nove faixas com mais de cinco minutos, seis com mais de seis minutos. É claro que o evento acaba se tornando extremamente cansativo. (*BraveWords.com*, 2003)

NICKO MCBRAIN SOBRE *DANCE OF DEATH*:

No último, apesar de termos nos divertido muito fazendo, Kevin Shirley realmente não acertou a mão com o som. Ele mixou as partes rítmicas bem pesado, as guitarras estavam lá, mas sumiam na metade da mixagem. Neste álbum há muito mais uma vibe de ao vivo. Cada música de *Brave New World* foi mixada da mesma forma. No novo álbum, fomos um pouco mais chatos. Tal música precisa mais disso, de menos isso, essa música precisa mais disso do que a faixa antes dela. Cada música tem um sabor diferente. Se você é fã do Maiden, há algo novo neste álbum para todos. Acho que os fãs podem encarar esse disco como uma retrospectiva da história musical da banda, pois goste você mais de *Killers*, de *Beast* ou de *Seventh Son*, há algo aqui para você. Nós nunca concebemos previamente nossas ideias, não olhamos para o álbum anterior e pensamos "ah, tínhamos aquele tipo de música e deu certo, vamos fazer igual". *Brave New World* foi um disco muito maduro, acho que isso foi gratificante para nós, mas desta vez decidimos tentar fazer o disco o mais ao vivo possível. Fizemos quatro ou cinco tomadas de cada música, e depois juntávamos pedaços se alguém fazia merda, o que eu fazia bastante (risos). Não usamos Pro Tools. A essência de tudo o que você ouve é ao vivo, menos os solos de guitarra. Gravamos esse álbum de uma forma bem tradicional, incluindo aí um monte de vinho tinto, já que estávamos em Paris e tudo mais (risos).(*Brave Words & Bloody Knuckles*, 2003)

OS ANOS 2000

24 DE NOVEMBRO, 2003

"Rainmaker" é lançada como single, em CD e DVD. "More Tea Vicar" é mais uma *jam* improvisada, e outra faixa do álbum, *"Dance of Death"*, é apresentada em versão orquestrada.

1º-21 DE DEZEMBRO, 2003

A *Dance of Death Tour* chega ao Reino Unido, com o Funeral for a Friend abrindo os shows. As últimas duas datas da parte europeia foram remarcadas.

BRUCE DICKINSON SOBRE SE SENTIR ORGULHOSO COMO LETRISTA EM *DANCE OF DEATH*:

Eu gosto de "Face in the Sand" e também de "Journeyman" e "Rainmaker". São as letras menos óbvias, por assim dizer. "Montségur" é bem legal, mas é uma história medieval bem direta da perseguição católica e tudo mais, um cerco medieval. É uma história fascinante. Mas eu adoro "Journeyman", é uma das minhas músicas favoritas do disco. É sobre a vida, sobre escolhas. É sobre as escolhas que você faz, suas consequências, e questões criativas. É meio melancólico, de um jeito engraçado, uma melancolia edificante. É aquele tipo de coisa, num dia de muita chuva, quando você olha pela janela num dia assim, você encara as nuvens e algumas vezes pensa: um dia ainda serei um rock star, é isso que eu quero ser, eu vou sair e lutar com tigres. Mas é um jogo que eu abandonei completamente. Eu, de qualquer forma, não costumava fazer muito isso. Mas, conforme o tempo passa, eu vejo que gastar seu tempo olhando para trás e sonhando é um verdadeiro desperdício de tempo, tempo esse que você poderia estar agindo. Ou melhor ainda, não agindo (risos). Apenas relaxando.

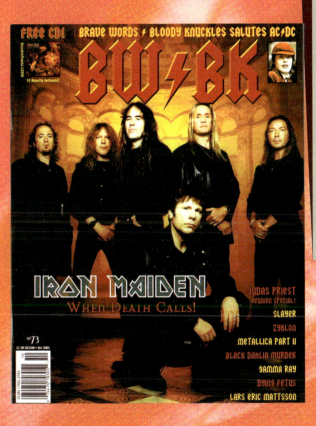

O jornalista Tim Henderson, da *BW&BK*, sempre foi um grande apoiador do Maiden, desde o primeiro disco.
COLEÇÃO DO AUTOR

Mais um compacto em vinil colorido para os colecionadores.
COLEÇÃO DE DAVE WRIGHT

2004

2004 | A High Roller Records lança uma caixa com o acervo do Urchin em LP (330 cópias em vinil prateado), com uma segunda versão em vinil lançada no dia 15 de outubro (1.500 cópias), seguido de uma versão em CD em 2011, limitada a 1.000 cópias. Urchin é a banda de NWOBHM onde Adrian Smith tocava antes do Maiden.

2 MINUTES TO MIDNIGHT

11-17 DE JANEIRO, 2004

O Maiden faz shows na América do Sul, continuando a pavimentar estradas pelo continente. O apoio à banda só aumenta.

ROD SMALLWOOD, FREQUENTEMENTE EM TURNÊ COM A BANDA, SOBRE SEU ESTILO DE EMPRESARIAR:

Bem, é um mundo diferente agora, uma abordagem diferente. No início, quando Peter Grant e Don Arden davam as cartas, bem, era Velho Oeste total, o início dos negócios. Acho que as coisas mudaram muito. Tenho certeza de que rolava grana suja por fora, na encolha. Mas o mundo era daquele jeito. Tive sorte, estou com o Maiden desde o começo, certamente desde *The Number of the Beast*, e eles formam um grupo muito profissional. É diferente. No meu estilo de gerenciar, provavelmente me envolvo mais com as questões criativas que a maioria, em termos artísticos, de palco, além do que ainda escrevo as apresentações e tudo mais, gosto de fazer diferente. Mas certamente há que se dar crédito ao Peter (risos). Foi um grande empresário. Mas você pode não pensar assim. Não há regras por aí, e uma das coisas mais bacanas sobre música é que não há regras. Você tem algumas normas de conduta que tenta seguir, integridade e coisas que você pega aqui e ali. Mas acho que todo mundo tem seu próprio estilo e suas próprias qualidades. Quer dizer, se fosse uma banda apoiada no rádio, provavelmente meu trabalho seria inútil, porque eu nunca ouço rádio, eu não gosto de ouvir coisas que me são forçadas a ouvir. Eu quero novidades, vou atrás de coisas novas. Um dos lances mais bacanas sobre a internet agora é que você pode escolher o que vai ouvir. E também, se você é uma banda de rádio, seria bem difícil, pois não seria algo do meu gosto.

Bruce Dickinson: sempre na linha de frente da tecnologia em calça pantalona.
COLEÇÃO DO AUTOR

20-31 DE JANEIRO, 2004

A banda faz uma curta turnê norte-americana, já que estiveram por lá no verão passado. A maior parte dos shows de abertura ficou a cargo do Arch Enemy, com os rapazes da indie-Priest Cage aparecendo para as últimas duas datas em Los Angeles.

5-8 DE FEVEREIRO, 2004

A banda conclui a turnê *Dance of Death* no Japão, levando o Arch Enemy junto.

OS ANOS 2000

Steve a postos, enquanto Bruce procura no público o seu próximo alvo para pedir mais barulho.
COLEÇÃO DO AUTOR

DAVE MURRAY SOBRE FAZER DEMOS PARA O MAIDEN EM CASA, USANDO ATÉ UMA BATERIA ELETRÔNICA:

Ah, sim, com certeza. Eu faço, sei que o Adrian também faz, e o Janick fez em *Dance of Death*. É divertido. Você está em casa, deixa alguma coisa rolando na bateria e vai colocando riffs. E isso te inspira. Você tenta fazer algo parecido com um refrão, uma sequência legal, um verso, algumas melodias. E ainda mais agora, com computadores, tudo ficou ainda mais fácil. Mas, no final das contas, a coisa tem que ser sólida. Mas é algo divertido de se fazer em casa, e tenho certeza de que o pessoal tem coisas que nunca levaria para a banda, mas que são legais de se ter. É divertido se você está à toa, tocando, e surge algo.

NICKO MCBRAIN SOBRE TER BRUCE DE VOLTA À BANDA:

Bruce, desde que voltou, mudou completamente. Precisava fazer as coisas dele, mas acabou que sentia falta do Maiden. Até hoje não o perdoei pelo jeito como saiu, mas estou feliz que ele tenha feito isso, pois precisava. Eu disse isso a ele, e ele entendeu, mas agora está de volta, e é um novo homem. O que temos agora é muito especial. Estamos muito, muito animados com a banda. Todos temos nossas diferenças de opinião em certas coisas, seja um som, uma música… – você sempre vai ter esse tipo de coisa –, mas não há mágoas sobre isso. Há muita história nesse novo álbum. O mais importante para mim é que eu escrevi uma faixa (risos). Nós ainda somos do jeito que éramos quando entrei para a banda, mas acho que estamos em choque ainda, por termos ainda mais do que tínhamos, e olha que nós tínhamos tudo. (*Brave Words & Bloody Knuckles*, 2003)

29 DE MARÇO, 2004

"No More Lies" é lançada como um single de agradecimento aos fãs, chamado *Dance of Death Souvenir EP*. O pacote, que tinha junto uma munhequeira, inclui versões orquestradas de faixas do álbum, um videoclipe da música, e uma "mixagem cômica" de "Age of Innocence".

2 MINUTES TO MIDNIGHT

O Maiden sempre usa seus próprios produtos no palco.
COLEÇÃO DO AUTOR

Os cavalheiros do Iron Maiden.
MIKE HUTSON/REDFERNS/GETTY IMAGES

9 DE NOVEMBRO, 2004

A EMI lança um DVD incrementado e cheio de curiosidades chamado *The History of Iron Maiden Part 1: The Early Days*.

É difícil dizer quem é mais amado na Grécia, se o Maiden ou o Iced Earth!
COLEÇÃO DO AUTOR

2005

2005 | A DRZ Records lança *World's Only Female Tribute to Iron Maiden*, o disco de estreia da banda The Iron Maidens. A arte da capa é de Derek Riggs.

2005 | A bateria branca característica de Clive Burr é doada ao Hard Rock Cafe de Londres.

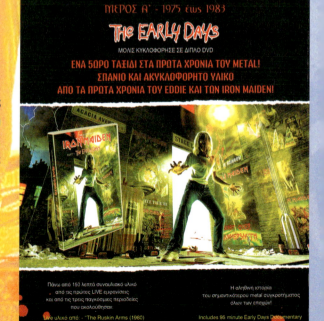

OS ANOS 2000

2005 | Bruce apresenta o programa *Flying Heavy Metal*, um documentário sobre aviação em cinco episódios, no Discovery Channel.

BRUCE DICKINSON
SOBRE O ESFORÇO EM MANTER O EQUILÍBRIO NA VIDA:

Eu não vou viajar por nove meses em turnê, esquece. Sabe, eu tenho uma vida na música e uma vida fora dela. E, na verdade, eu gosto das duas. Pensando assim, quando eu tiver 70 anos de idade, minha vida fora da música é que vai me sustentar pelo resto da vida. E vamos voltar um pouco. Em cinco anos, quando eu tiver 50, minha vida fora da música será aquela com a qual eu me importo. Não a minha vida na música. Serão meus filhos, minha família, o que for. Isso é uma forma de transferir de uma coisa para a outra. Adoro a ideia de viajar, sair em turnê por duas semanas, e dizer: OK, não vamos fazer nada por quatro ou cinco meses, e depois vamos tocar por duas semanas em algum outro lugar. Ei, vamos para a Costa Oeste por duas semanas, *pá*, *pum*, pronto! Na verdade, a coisa toda está voltando para... quer dizer, outras bandas fazem isso, geralmente as punks, para ser honesto, bandas como Bad Religion e outras assim. Todos eles têm empregos formais, como professores universitários. Eles se juntam, planejam suas férias e falam: "Vamos cair na estrada por um mês!". É! Eu acho que é uma ideia do caralho.

Bruce no Hyundai Pavilion, em San Bernardino, 20 de agosto de 2005.
COLEÇÃO DO AUTOR

3 DE JANEIRO, 2005 | "The Number of the Beast", um single puramente nostálgico, é lançado com várias faixas ao vivo e versões em vídeo como lado B.

14 DE JANEIRO, 2005 | *The History of Iron Maiden Part 1: The Early Days* recebe discos de ouro e platina no mesmo dia.

18 DE FEVEREIRO, 2005

Brave New World recebe disco de ouro no Reino Unido, com o álbum atingindo 282.460 cópias vendidas nos EUA. Importante: um registro do SoundScan do catálogo dos anos 80, já que o SoundScan começou a operar no dia 25 de março de 1991, até agora, cerca de 14 anos depois, revelou vendas de 2,4 milhões de cópias. Uma análise dos números mostra que os discos do Maiden dos anos 80 venderam mais, essencialmente o dobro, do que qualquer um dos anos 90 e 2000, com exceção de *Fear of the Dark*, que tinha vendido 421.786 cópias até fevereiro de 2005.

Mais uma imagem do Hyundai Pavilion, em San Bernardino.
COLEÇÃO DO AUTOR

209

PRIMAVERA, 2005

Bruce e seu maior parceiro de composições, Roy Z, trabalham na Califórnia no que iria se tornar *Tyranny of Souls*, no Signature Sound, em San Diego, e no Castle Oaks Productions, em Calabasas.

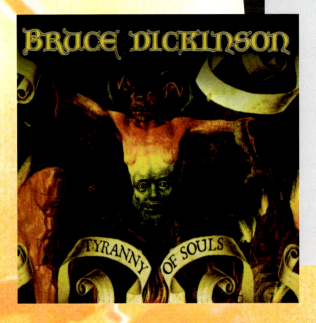

Bruce aposta de novo em uma capa assustadora com elementos históricos. Dessa vez, no entanto, a imagem não está conectada a um álbum conceitual.
COLEÇÃO DE DAVE WRIGHT

BRUCE DICKINSON:

O disco foca nas músicas. Ou seja, é guitarra e vocais – isso é o coração e a alma de tudo. Então foi o que aconteceu. Nesse ínterim, caí do palco em Los Angeles e detonei todos os músculos do tórax. Cerca de uma semana depois, no Japão, todos os músculos da minha lombar se inverteram, e o meu osteopatafisio-sei-lá-o-quê na Inglaterra disse: "Ah, sim, isso geralmente acontece. Você detona uma parte do corpo e outra vai junto em solidariedade." Então acabei gravando os vocais na volta para Los Angeles, depois da turnê japonesa, e fiquei lá por uns dez dias. Gravei todas as vozes, mas precisávamos ter uma cama ao lado do microfone para eu poder me deitar entre as tomadas (risos). Triste mesmo. Dá pra me imaginar sem poder me mexer? Eu só ficava reclamando e xingando. Não usamos um estúdio, fizemos tudo com Pro Tools na cozinha do Roy (risos). Então ninguém sabia o que estava acontecendo, porque ninguém de fato sabia. Eu apenas ia até a casa do Roy, e ele estava lá com o Pro Tools pronto, e gravou as guitarras no próprio quarto. Tudo foi feito na casa dele, menos a bateria, que ele gravou no estúdio com o Dave, e foi isso... ninguém sabia o que estava acontecendo. Eu acho que nem o meu empresário sabia o que estava acontecendo. Eu falei: "Vou até ali um pouquinho e já volto." Aí, de repente, revelei: "OK, está pronto. Está terminado, mixado, aqui está", e todo mundo ouviu e disse: "Jesus, uau, que disco". (*Brave Words & Bloody Knuckles*, 2005)

1º DE MARÇO, 2005

Reforçando as similaridades de sua carreira com a do Maiden, o Judas Priest lança *Angel of Retribution*, que traz a banda reunida em sua formação clássica, depois de dois discos não tão amados com outro vocalista. Os dois vocalistas dessas formações, Bruce Dickinson e Rob Halford, retornam de carreiras solo aclamadas pela crítica, que devem muito à parceria com o guitarrista e produtor Roy Z.

23 DE MAIO, 2005

Bruce lança *Tyranny of Souls*, com a produção, um pouco do baixo e todas as guitarras assinadas por Roy Z.

28 DE MAIO-9 DE JULHO, 2005

O Maiden leva para a Europa a turnê *Eddie Rips up the World*, só com músicas dos quatro primeiros álbuns, e com o palco decorado como no recém-lançado DVD *Early Days*. A abertura ficou por conta de bandas similares ao Maiden, como Dragonforce, Mastodon, Within Temptation e Dream Theater.

OS ANOS 2000

Mais uma vez, um simples acessório, agora uma bandeira, pode ser muito eficiente, como Bruce consegue provar em sua performance de "The Trooper".
COLEÇÃO DO AUTOR

BRUCE DICKINSON:

É, de certa forma, um disco bem filosófico. Sim, eu escrevi sobre nossa necessidade de seguir em frente e descobrir coisas. De modo geral, a humanidade... estou aqui, já passei dos 40, com três filhos que estão crescendo no mundo, e eu penso: "Eles terão filhos, chegarão aos 40 e então terão filhos." Esse processo todo continua sempre. O que significa? O que, em nome de Deus, significa tudo isso? Por que estamos aqui? Somos só um tipo de, sei lá, ovelhas, que apenas comem a grama e andam por aí, e acabam sendo devoradas por lobos? Ou estamos aqui para descobrir coisas grandes e seguir em frente, até quem sabe deixaremos este planeta e iremos até algum outro lugar? Qual a razão disso tudo? A única resposta que eu tenho é que não há um final. O final é apenas a existência, é seguir em frente, é o que devemos fazer. Devemos seguir em frente e descobrir coisas. Talvez um dia eu descubra que há um fim. Mas descobrir o final seria entediante demais. Quando comecei a pensar nisso, escrevendo algumas das músicas e pensando em todas as manifestações que surgiram por conta disso, nós precisamos de alguma coisa para essa parte da introdução, no começo. E eu pensei: "O que até complementa... se houvesse um filme de ficção científica que completasse a filosofia do disco, qual seria?" E eu disse: *Uma Sepultura na Eternidade*, de 1958. Uma verdadeira obra-prima da ficção científica. Então por isso que aquela vozinha diz "professor Quatermass, onde você está?". No filme, esse inteligente professor sempre vai ajudar a humanidade, e apenas com a lógica científica rigorosa resolve o que parece ser problemas espirituais insolúveis. Ele atravessa religião, superstição e o oculto, coisas assim, e acaba descobrindo coisas muito mais profundas que surgem por conta da ciência que está por trás de tudo o que acontece. (*Brave Words & Bloody Knuckles*, 2005)

2 MINUTES TO MIDNIGHT

DAVE MURRAY:

O que tentamos fazer é manter nosso estilo. Escrever a música, tocá-la da maneira que queremos. Nós nunca realmente seguimos nenhuma tendência ou moda. Basicamente, nos mantivemos fiéis a nós mesmos, e acho que essa é uma das grandes qualidades da banda, nós nunca nos tornamos comerciais. Nós apenas escrevemos músicas que surgem naturalmente. Então, basicamente, você faz isso por um tempo, levando a banda ao redor do mundo. De forma periférica, olhando de fora para dentro, parece um pouco diferente. E há muito trabalho acontecendo nos bastidores. Mas espero que, sabe, nós fizemos muitos discos e uma série de turnês, e eu espero que as músicas sobrevivam ao tempo. No momento estamos tocando as antigas, então isso prova uma das coisas: a sustentação. A banda só é forte se as músicas são fortes. Mas eu acho que cabe ao resto do mundo legitimar e dizer como elas estão. Basicamente cabe a cada um, como cada um percebe isso.

Mais um luxuoso cartaz para o mercado grego.
COLEÇÃO DO AUTOR

21 DE JUNHO, 2005

Visions of the Beast recebe discos de ouro e platina no mesmo dia.

21 DE JUNHO, 2005

A discografia solo de Bruce Dickinson é relançada em uma versão expandida.

BRUCE DICKINSON
COMPARANDO SEUS DISCOS SOLO COM OS DISCOS DO MAIDEN:

É o seguinte: se você gosta do meu trabalho solo, diga isso para os seus amigos, vá comprar alguns e apenas desfrute-os pelo que se propõem a ser. Se você gosta dos discos do Iron Maiden, da maneira como fazemos e tudo o mais, apenas aproveite. E se não gostar, não há necessidade de virar as costas para eles. Eles são o que são, o Maiden é o que é, e isso não vai mudar tão cedo. Essa é a natureza da Besta, é isso que todos aceitamos quando entramos na banda e quando voltamos para ela. Essa é a força do Maiden, e algumas pessoas a enxergam como uma fraqueza. Mas você pode olhar dos dois lados. Eu não vejo razão alguma para as pessoas transformarem um disco em uma arma contra outro disco. Apenas curta os discos pelo que eles são. (*Brave Words & Bloody Knuckles*, 2005)

Adrian parecendo muito confortável vestido de metaleiro.
COLEÇÃO DO AUTOR

5 DE JULHO, 2005 |

The Essential Iron Maiden, uma coletânea com 27 faixas em dois CDs, é lançada. O Maiden se junta a uma série de bandas que usam o termo "essencial" em coletâneas.

ROD SMALLWOOD SOBRE O IMPACTO DE 25 ANOS DE IRON MAIDEN, DESDE O LANÇAMENTO DO DISCO DE ESTREIA:

Como se vê, o Maiden exerceu uma enorme influência nos últimos 25 anos. Muitas bandas hoje são influenciadas pelo Maiden, mas muitas foram fortemente influenciadas pelo Sabbath antes disso. Não há dúvida de que o Sabbath foi o primeiro. Para mim, o primeiro heavy metal foi o The Kinks, com "You Really Got Me". Você passa então para um período com Sabbath, Purple, Zeppelin. O Zeppelin nunca quis ser chamado de metal, mas vamos admitir, qualquer um que goste de metal com certeza gosta de ouvir Led Zeppelin. Eles são o que podemos chamar de padrinhos de tudo isso; o Sabbath obviamente fica com o lado mais pesado, o Purple com o mais musical, o que é provavelmente a maneira errada de se dizer isso. Eles gostam de tocar, e a musicalidade é absurda. E aí você tem o Zeppelin, que era único. E todas eram bandas britânicas. Foi realmente uma coisa que nasceu britânica e acabou se espalhando, acho que pelos últimos o quê? 25 anos? As bandas britânicas tiveram uma visão diferente da coisa toda. Elas sempre se preocuparam mais em tocar bem as músicas, que eram longas também. As bandas americanas fazem diferente. Há exceções. Quer dizer, algo como o Metallica se encaixaria bem nas bandas britânicas, mas algo como o Mötley Crüe, não. E o Def Leppard se encaixaria bem nos moldes de bandas americanas, mas o Iron Maiden, não. E há ramificação. Acho que você precisa olhar para a história em diferentes seções. Digo, você tem as três primeiras, e partindo disso, começando no início dos anos 70, Judas Priest, UFO, Scorpions e mais recentemente Maiden estavam sozinhos de alguma forma. O Maiden apareceu mais no início dos anos 80, ao mesmo tempo que o Def Leppard, mas o Def Leppard não é necessariamente visto como uma banda de metal, apesar de que eu tenho muito apreço por eles. Então, o Maiden estava um pouco isolado, apesar de estarem com o New Wave of British Heavy Metal, que era a base para as bandas de metal na época. E seguimos então para o grande sucesso internacional do início dos anos 80, e depois disso houve Metallica, Megadeth, Anthrax, esse tipo de banda, seguidas, claro, pela cena grunge e depois pelo nu-metal, ambos sumindo depois de um período relativamente curto, mas deixando seu legado, como, por exemplo, o Nirvana. Então, foi a maneira como nos encaixamos nisso, provavelmente nós fomos um dos degraus no meio do caminho. E eu acho que o Maiden é tão importante quanto o Sabbath pelo que fizeram. Acho que o Maiden trouxe coisas novas. Fizemos muito por... sabe, damos muito valor aos fãs em termos de produtos e mercadorias. Acho que não há mais muito disso, no mesmo nível dos anos 80. Acho que o Maiden deixou sua marca, em termos de fazer questão de que a garotada tivesse acesso a coisas bacanas a um preço justo. E a musicalidade acima da média. Acho que todas as bandas que citei possuíam excelentes músicos.

2 MINUTES TO MIDNIGHT

BRUCE DICKINSON:
Bem, certamente com o Maiden. Nós vemos o Ozzfest como uma oportunidade de conquistar um público mais jovem. É muito difícil para nós, de verdade, termos acesso a esse público. Afinal, os shows estão diferentes, há limite de idade, tem toda aquela merda de acesso a lugares determinados e tudo mais. O tipo de público que queremos é o que temos na Europa, que é basicamente molecada. O Ozzfest tem esse público, então o que queremos fazer é ir lá e tocar para eles – esse é o motivo por estarmos no Ozzfest. Por alguma razão, eu vejo a comunidade do metal um pouco mais organizada, de modo geral, na Europa do que nos EUA. Os EUA respondem bem ao rádio e coisas assim. É difícil juntar pessoas em massa, em quantidade suficiente e no lugar e hora certos. Então, para termos um bando de garotos vendo o Maiden, é um pouco difícil. O Ozzfest representa essa oportunidade para nós tentarmos mostrar alguma coisa para essas pessoas, e fazê-las dizer: "Nossa, isso é Maiden."
(*Brave Words & Bloody Knuckles*, 2005)

15 DE JULHO-20 DE AGOSTO, 2005

A turnê mundial *Eddie Rips up the World* chega à América do Norte, com a banda sendo uma das atrações do Ozzfest. O Black Sabbath foi o headliner nessa noite.

15 DE AGOSTO, 2005

Sai o single de "The Trooper", com vários vídeos e versões ao vivo como lado B.

Mesmo amada como esta música é, os fãs estavam começando a se cansar dos produtos supérfluos sendo constantemente lançados pela máquina do Maiden.
COLEÇÃO DE DAVE WRIGHT

20 DE AGOSTO, 2005

No Ozzfest, em San Bernardino, Califórnia, uma discussão entre Bruce Dickinson e Sharon Osbourne acaba conhecida como "A festa dos ovos", onde, misteriosamente, ovos foram atirados em Bruce e na banda durante "The Trooper", além de outras tentativas de sabotagem à apresentação do Maiden. Dizem que foi tudo orquestrado por Sharon, em resposta a Bruce falar mal de Ozzy por usar um teleprompter.

25 DE AGOSTO, 2005

Visions of the Beast recebe disco duplo de platina.

25 DE AGOSTO - 2 DE SETEMBRO, 2005

A banda encerra a turnê mundial *Eddie Rips up the World* com quatro shows no Reino Unido, o último deles com renda dedicada ao Fundo de Apoio à Esclerose Múltipla, de Clive Burr. A abertura desse show ficou por conta do Voodoo Six, projeto de estimação de Bruce/Harris, e Pig Iron, apresentando o lendário funcionário do Maiden, Dave Pattenden.

29 DE AGOSTO, 2005

A banda lança um CD duplo ao vivo chamado *Death on the Road*.

NICKO SOBRE O SENSO DE FAMÍLIA COM O MAIDEN:

É difícil explicar a essência disso. Eu teria que escrever um livro. Acaba se resumindo a trabalho de equipe, não é um único homem que faz a banda. Tá, é a banda do Steve Harris, tira ele e você não tem um Iron Maiden. Conversei com ele sobre isso uma vez e ele disse: "Vai se foder, claro que vocês conseguem um outro baixista se eu sair." E eu disse: "Você deve estar de sacanagem, sai fora, Steve." Ele não é vaidoso, não pensa "eu sou o cara". Eu nunca vou tocar com outro baixista, e sei que ele não vai tocar com outro baterista (risos). Não me entenda mal, não estou falando isso porque estamos fazendo essa entrevista. É desse jeito que as pessoas são nessa banda. (*Brave Words & Bloody Knuckles*, 2003)

DAVE MURRAY SOBRE O USO DE TECLADOS EM UM SHOW AO VIVO:

No estúdio, acho que Steve toca a maior parte dos teclados. E aí tem um cara, na verdade o roadie do Steve, Mike Kenny – ele é o cara que toca atrás do palco quando estamos ao vivo. Se tem algum tipo de teclado, ele vai estar atrás do cenário, tocando. Na verdade, costumávamos trazê-lo para o palco no anos 80, ele ficava num elevador em uma certa parte do show. Não lembro em qual música era, mas ele meio que surgia por trás do cenário, fazendo uma coisa meio *Fantasma da Ópera*. E aí ele sumia de novo (risos). Mas hoje eu gosto dos teclados. Acho que eles dão mais musicalidade, dão mais dinâmica e um pouco de calor para a coisa toda.

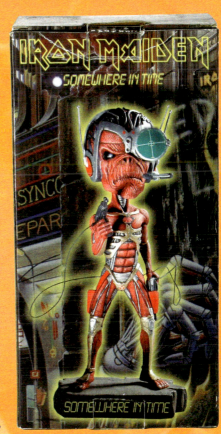

Uma divertida versão de nosso intrépido herói.
COLEÇÃO DE DAVE WRIGHT

2 MINUTES TO MIDNIGHT

11 DE OUTUBRO, 2005 | Um álbum tributo, com estrelas do rock, chamado *Numbers from the Beast*, é lançado pela Rykodisc.

DEZEMBRO, 2005 | O Maiden começa a escrever as letras do que viria a se tornar o 14º disco de estúdio da banda, o 3º depois da volta do Bruce.

2006 | *Nomad*, o álbum de Paul Di'Anno lançado em 2002, é ampliado e relançado como *The Living Dead*. Paul também lançou, em 2006, *The Maiden Years: The Classics*, adicionando mais peças à crescente pilha de reconstruções e relançamentos de várias bandas do seu passado.

PAUL DI'ANNO SOBRE BATIZAR O ÁLBUM DE *THE LIVING DEAD*:

A música em si já é bem poderosa. E as pessoas com quem trabalho costumam me dizer: "Nossa, você tem tendências suicidas" (risos). O que não é verdade. Mas é uma boa música, e, de alguma forma, eu me vejo como um morto-vivo – estou constantemente em turnê, e sempre cansado. O disco é bem mais pesado (risos), que é o que eu estava tentando fazer já há algum tempo. Eu escrevo, e tudo o que escrevo eu tento usar. Acredite, tem um monte de músicas que eu simplesmente jogo fora. Na hora, até parece uma boa ideia, mas aí eu volto no dia seguinte, e ela não é tão boa assim. Faço o que posso. Não posso apenas escrever coisas que se parecem com o que já fiz. Tenho que olhar pra frente em cada disco. Nesse há crítica política bem disfarçada (risos), problemas sociais e coisas do tipo. A música "The Living Dead" fala por si. Sabe, eu viajo o mundo todo e vejo coisas que eu penso que, a essa altura, não deveriam nem estar existindo. Pessoas famintas, sem dinheiro. A letra de "The Living Dead" fala basicamente que você não pode fechar os olhos para isso e não sentir nada pelo que acontece no mundo, porque tem coisa demais acontecendo, e você meio que se esconde disso. "POV 2005" é sobre ponto de vista, racismo, nazismo. "Mad Men in the Attic"... eu viajo muito, e quando volto ao Brasil, vejo bem o que está acontecendo por lá. É tipo, me interna, eu não quero ver isso. É uma loucura o que se vê ao redor do mundo. Você apenas volta pra casa, se tranca e se afasta – você quer ser o louco (risos).

6 DE FEVEREIRO, 2006 | *Death on the Road*, antes lançado como um CD ao vivo, é relançado como DVD duplo, com alguns extras.

MARÇO E ABRIL, 2006 | A banda trabalha no que se tornaria *A Matter of Life and Death*, gravando no Sarm West Studios, em Londres, e terminando os trabalhos dois meses antes do programado. Possíveis títulos para o álbum eram *The Legacy* e *The Pilgrim*, ambos nomes de faixas do disco.

OS ANOS 2000

26 DE MAIO, 2006

Andy Taylor, o sócio veterano e guru financeiro (além de cofundador) da Sanctuary, deixa a empresa após um período de fracos resultados.

Janick em uma de suas poses clássicas.
COLEÇÃO DO AUTOR

JANICK GERS SOBRE ACELERAR A PRODUÇÃO DO ÁLBUM:

Foi o mais rápido, com certeza. Os outros ficaram prontos em tempos similares. Mas esse foi rápido por uma única razão: no álbum anterior, o Kevin Shirley não ficou muito feliz com a mixagem final. Ele queria uma mixagem um pouco diferente. E isso porque fez uma mixagem, e todo mundo, bem, o Steve achou que ele ficou satisfeito, mas então ele fez outra mixagem, e gostou das duas. Houve uma discussão sobre qual seria lançada. E, para esse disco, o que ele fez foi gravar tudo e depois mixar, coisa que nunca fizemos. Nós sempre gravávamos as músicas ao vivo, depois fazíamos overdub no que precisava e só então ele levava a coisa toda embora, trazia de volta, reequalizava tudo, e aí fazia a mixagem mais básica. É assim que fazemos álbuns. Foi assim que fizemos nos últimos 20 anos. Bem, a ideia do Kevin para esse álbum, que eu acho que daria a ele um pouco mais de controle, era ir mixando conforme fôssemos avançando. Então, assim que os overdubs das guitarras, vocais ou seja lá o que precisasse estivessem prontos, quando terminávamos aquela faixa e passávamos para a seguinte, ele faria a mixagem simultânea. O que soa um pouco estranho, pois na verdade isso funciona fantasticamente bem, afinal uma vez que você largou uma coisa e precisa pegar ela novamente, ela nunca soa da mesma maneira. Mesmo com o computador dizendo que sim, nunca é igual, então nós somamos coisas, que na verdade é como jogar o tal do pó mágico em cima de tudo, ele colocava junto na mixagem e pronto. Praticamente mixou enquanto estávamos fazendo o overdub. Quando terminávamos o overdub, estava tudo pronto.

2 MINUTES TO MIDNIGHT

ADRIAN SMITH SOBRE A UNÂNIME OPINIÃO POSITIVA ACERCA DO MATERIAL SOLO DE BRUCE, E SUA PARTE NO PROCESSO:

Pessoalmente, acho que o Roy Z tem muito crédito sobre os álbuns. Ele produziu, tocou guitarra e, para ser honesto, escreveu a maioria das músicas com o Bruce. Eu gostei bastante de tocar as músicas, e contribuí com algumas minhas também. Mas o que gostei mesmo foi de tocar guitarra. Estou feliz apenas fazendo o que faço hoje. Não sinto necessidade de fazer mais. Talvez eu pudesse compor mais, sei lá, mas isso é outro campo minado, escrever músicas para outras pessoas. Meter a mão em vespeiro até posso fazer no futuro. Posso fazer algo mais instrumental só para mim e lançar. Até já tive mais ambição, fazer mais coisas solo. Mas eu não tenho mais isso, para ser honesto. Eu não sei se o Bruce vai fazer mais um. Eu certamente já não sinto tesão em fazer. Eu meio que parei com álbuns solo, já fiz com o Bruce, fiz todas aquelas coisas, não sinto mais necessidade de fazer. E eu não sei como o Bruce se sente sobre isso.

19 DE JUNHO, 2006

Bruce Dickinson, pela Sanctuary, lança uma caixa com três DVDs chamada *Anthology*.

Bruce trabalhando no Verizon Wireless Amphitheatre, em Irvine, Califórnia, 21 de outubro de 2006.
COLEÇÃO DO AUTOR

14 DE AGOSTO, 2006

O single de "The Reincarnation of Benjamin Breeg", que vinha junto com a versão para a rádio BBC de "Hallowed Be Thy Name", é lançado como prévia de *A Matter of Life and Death*. No pacote: CD, material promocional e versões em vinil transparente, cada um com faixas diferentes. O single chegou à primeira posição na Suécia e na Finlândia.

JANICK GERS SOBRE A ESCOLHA DO SINGLE:

Nós sabíamos que não teríamos nenhuma exposição, seja nas rádios ou em qualquer outro tipo... quer dizer, não somos uma banda que toca nas rádios. Na verdade, evitariam de todo jeito tocar nossa música, mesmo se tivéssemos um single liderando as listas. Então, nos preocuparmos se iriam tocar não fazia sentido algum. Apenas pensamos: vamos lançar essa música, que tem esse belo riff, que mostra um pouco do que somos. É uma música pesada e o conteúdo é incrível, a ideia de "Benjamin Breeg". Ótima letra, um riff fantástico, apenas pensamos em lançá-la como um aperitivo para o álbum. Não estávamos pensando comercialmente. Era apenas o que o Iron Maiden sempre foi.

OS ANOS 2000

25 DE AGOSTO, 2006

O Maiden lança *A Matter of Life and Death*, seu décimo-quarto disco de estúdio, que entra direto na nona posição da lista de mais vendidos da *Billboard*, se tornando o primeiro do Maiden a estrear entre os top 10. Receberia o disco de ouro em sete países (mas não nos Estados Unidos), com a Finlândia em destaque, levando-o ao status de platina com a venda de 30 mil cópias. Contrariando notícias de que não foi masterizado para manter um clima de ao vivo, Bruce disse que ele foi sim masterizado, mas de uma forma "bem básica".

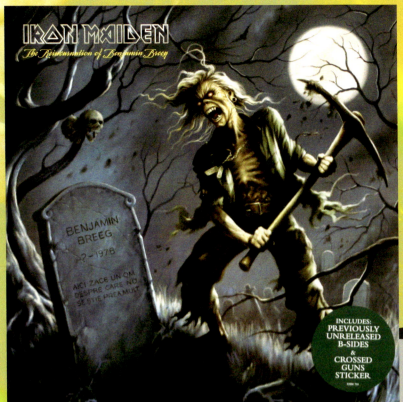

Essa bela faixa foi uma excelente escolha para o primeiro single de *A Matter of Life and Death*.
COLEÇÃO DE DAVE WRIGHT

23 DE SETEMBRO, 2006

O Iron Maiden consegue seu primeiro disco no Top 10 da *Billboard*, com *A Matter of Life and Death*, que vendeu 56 mil cópias já na primeira semana de lançamento na América do Norte. Enquanto isso, a Sanctuary Management passa por uma imensa reestruturação, principalmente pelo anúncio de que o veterano executivo Merck Mercuriadis estaria deixando a empresa a qualquer momento.

OUTUBRO, 2006

O Maiden recebe a certificação canadense (da CRIA) de disco triplo de platina por *The Number of the Beast* e de platina dupla por *Piece of Mind*, *Powerslave* e *Live After Death*. O disco de ouro canadense chega também para *Brave New World*, *A Matter of Life and Death* e a coletânea *Edward the Great*.

JANICK GERS:

Para mim, há um progresso natural. As músicas são um pouco mais longas, há mais temas. Quando fazemos um disco, é uma época no tempo. É onde você está naquele momento em particular. Eu gostei de *Dance of Death*, é um grande trabalho. Sabe, eu odeio quando as bandas aparecem falando "essa é a melhor coisa que nós já fizemos". Bom, que tal o anterior? Eles sempre dizem "ah, cara, esse é melhor que o anterior!" Fazem isso o tempo todo. Eu não penso assim. Eu estava bem satisfeito com *Dance of Death* e estou muito feliz com *A Matter of Life and Death*, afinal é um avanço. É uma etapa diferente, é uma página diferente, um caminho diferente.

Músicas mais longas, é um pouco mais profundo e há muita sutileza nas palavras e nas ideias vocais, eu acho. Creio que seja uma mudança interessante para a banda, e eu estou muito orgulhoso dele.

Os fãs do Maiden preferem que a banda saia em turnê com outra banda de metal ao seu lado, então a escolha da Bullet for My Valentine não caiu muito bem no gosto de muita gente.
COLEÇÃO DO AUTOR

219

2 MINUTES TO MIDNIGHT

4-21 DE OUTUBRO, 2006

O Maiden começa a turnê *A Matter of Touring* com 11 shows na América do Norte, com a banda Bullet for My Valentine abrindo. O grupo decide tocar o disco novo na íntegra.

13 DE OUTUBRO, 2006

A Matter of Life and Death recebe disco de ouro no Reino Unido.

25-31 DE OUTUBRO, 2006

O Maiden faz cinco shows no Japão, com abertura da filha de Steve, Lauren Harris.

9 DE NOVEMBRO-8 DE DEZEMBRO, 2006

O Maiden leva *A Matter of Touring* para a Europa, com Lauren Harris e Trivium abrindo os shows.

Adrian faz pose em mais um solo, enquanto pensa em seu próximo projeto paralelo de metal.
COLEÇÃO DO AUTOR

ADRIAN SMITH SOBRE O LUGAR DO MAIDEN NA ATUAL E MAIS AMPLA INDÚSTRIA DO ROCK:

Temos mais cobertura na Europa, com certeza. Alguns dos festivais que fizemos na Alemanha, por exemplo, nós tocamos com tudo quanto é tipo de banda. Então temos que lutar pela atenção do público, pois tem gente que foi pra ver Cardigans e Los Lobos (risos). Mas, no fim da noite, em alguns casos, o lugar está fervendo, e nos sentimos bem com isso. Mas eu acho que se você está por aí há tempo demais acaba se tornando classic rock, né? (risos) Se ficar vivo tempo o bastante, claro. Eu acho que muitas bandas de metal surgiram pela via mais difícil, ralando na estrada. Conosco, certamente, a coisa não foi baseada no rádio, então eu acho que sempre houve um pouco mais de substância nisso. Hoje em dia parece uma esteira rolante com bandas, a rotatividade é altíssima, rápida demais. As pessoas fazem discos num curto período de tempo, tudo computadorizado. Bandas como nós são uma raridade, bandas que tocam de verdade, e fazem tudo da forma mais difícil.

14 DE NOVEMBRO, 2006

"Different World", faixa de *A Matter of Life and Death*, é lançada como single nos EUA, em quatro versões diferentes. A música é tida como uma homenagem ao Thin Lizzy, pelo estilo vocal de Bruce na gravação.

11-23 DE DEZEMBRO, 2006

O Maiden leva *A Matter of Touring* para o Reino Unido, ainda com Lauren Harris e com o Trivium abrindo os shows.

OS ANOS 2000

Bruce em cima de sacos de areia, parte do cenário de guerra da turnê de 2006.
COLEÇÃO DO AUTOR

26 DE DEZEMBRO, 2006

"Different World" é lançada como um single, em várias versões, sendo que a em DVD incluía um cover do Focus, "Hocus Pocus".

O single em CD para o mercado americano de "Different World", que também foi lançado em LP compacto.
COLEÇÃO DE DAVE WRIGHT

JANICK GERS SOBRE STEVE HARRIS COMO LETRISTA VERSUS BRUCE DICKINSON:

Eu não sei, não dá pra separar os dois. Steve escreve de maneira mais simples, e acho elas mais diretas. Acho ele muito honesto. E faz isso de uma maneira bem simples, para mostrar o seu ponto. E Bruce provavelmente vai em outra direção. Suas letras não são tão simplistas. E adoro os dois estilos. Trabalhei com o Bruce muitas e muitas vezes, eu adoro as letras dele. Steve é muito preciso no quesito pronúncia, e sabe exatamente como quer que as palavras sejam ditas. Você consegue ouvir as nuances, cada um tem sua própria maneira de dizer cada palavra, de formar a frase. Ele é muito, muito criterioso com isso.

2 MINUTES TO MIDNIGHT

Uma camiseta criada exclusivamente para o show da banda em Dubai, em 9 de março de 2007, no Desert Rock Festival.

COLEÇÃO DE DAVE WRIGHT

2007 | Adrian Smith assina um contrato com as guitarras Jackson, seu primeiro patrocínio do tipo em 15 anos.

9-17 DE MARÇO, 2007
O Maiden faz quatro shows: em Dubai, Grécia, Sérvia e Índia.

2-24 DE JUNHO, 2007 | O Maiden encerra *A Matter of Touring* com uma segunda passagem pela Europa, devido à época dos festivais. Lauren Harris está encarregada das aberturas até o final.

7 DE AGOSTO, 2007 | Paul Di'Anno lança *Iron Maiden Days & Evil Nights*. O álbum de covers traz cinco faixas do Maiden e sete de outras bandas.

OS ANOS 2000

2008

DAVE MURRAY SOBRE FAZER SOLOS HARMÔNICOS AO VIVO, E NO ESTÚDIO:

Quando o material fica pronto, e começamos a trabalhar no estúdio para os álbuns, cada nota precisa estar perfeita. Quando tocamos ao vivo, nossa abordagem é a mesma. É como uma harmonia em três partes. Temos harmonias que não estão no disco, afinal, agora, temos três guitarristas. Mas, basicamente, você mantém as partes harmônicas, mantém os riffs e os acordes, a estrutura real da música. Acho que, com um solo, é quando você pode realmente brincar um pouco. Porque, quando se está fazendo quatro ou cinco shows por semana, há uma pequena margem para manobras, você não precisa estar tão estruturado e tocar o mesmo solo toda noite. Mas, com as harmonias, elas serão as mesmas que você ouve no álbum.

1º-15 DE FEVEREIRO, 2008

O Maiden embarca para a primeira parte da *Somewhere Back in Time Tour*, com shows na Índia, Austrália e Japão, com abertura de Lauren Harris e bandas locais (Lauren iria abrir todos os shows até o final da turnê, em abril do ano seguinte).

6 DE FEVEREIRO, 2008

O Maiden lança *Live After Death* em DVD.

19 DE FEVEREIRO-12 DE MARÇO, 2008 |

O Maiden começa a parte latino-americana da turnê, logo após um show em Inglewood, Califórnia.

4 DE MAIO, 2008 |

Data de lançamento do filme de terror *The Chemical Wedding*, com roteiro de Bruce. Bruce também atua em dois papéis no filme, que é baseado em seu disco homônimo.

12 DE MAIO, 2008 |

A EMI lança uma coletânea em CD chamada *Somewhere Back in Time: The Best of 1980–1989*. Músicas da época de Paul Di'Anno estão presentes em formato ao vivo, com Bruce Dickinson nos vocais.

14 DE MAIO-21 DE JUNHO, 2008

A turnê *Somewhere Back in Time* vai para a América do Norte.

Steve Harris aponta para os fãs em Irvine, Califórnia, 31 de maio de 2008.
COLEÇÃO DO AUTOR

17 DE MAIO, 2008 |

O Iron Maiden toma conta de uma edição da influente revista *Billboard*. Até mesmo o logotipo da *Billboard* é redesenhado com a fonte típica do logo da banda. Bruce conta à revista que suas músicas favoritas do Maiden de todos os tempos são, na ordem, "Rime of the Ancient Mariner", "Moonchild", "Run to the Hills", "The Number of the Beast" e "Paschendale".

223

OS ANOS 2000

Olhe de perto e você vai notar que a marca dos pratos de Nicko são impressas com a tipografia típica do Iron Maiden.
COLEÇÃO DO AUTOR

10 DE JUNHO, 2008 |
Lauren Harris lança *Calm Before the Storm*, seu álbum de estreia. Steve participa, contribuindo com baixo e backing vocals em cerca de um quarto do álbum, além de coproduzir.

27 DE JUNHO-19 DE AGOSTO, 2008
A turnê *Somewhere Back in Time* continua, agora começando uma extensa parte europeia, com várias datas em festivais famosos.

ROD SMALLWOOD SOBRE PILOTAR A NAVE DO MAIDEN:

Steve fundou a banda, é nosso principal compositor, e se precisa tomar uma decisão, toma em prol da banda, de uma forma muito democrática. Com o Maiden, muita coisa gira entre mim e Steve, e nossas brigas, basicamente… é o que fazemos. Mas o Steve sempre teve controle total da música, do estúdio, dos produtores, do que tocamos no palco… Eu tenho meu ponto de vista. Meu lado é o marketing, os shows, e é sobre essa parte que discutimos. Historicamente, sempre nos demos muito bem. Algumas vezes acontece de "ah, não queremos muito fazer esse show aqui", ou "queremos fazer um pouco mais curto", mas, no geral, nos conhecemos tão bem que sabemos onde tudo termina. Como um negócio, nós sempre tomamos conta das coisas. É bom que eles nunca tenham sentido necessidade de fazer isso. Eles têm seus próprios contadores, advogados e tudo o mais, mas isso é uma coisa da qual nós sempre cuidamos, e acho que, por fazermos bem, todos sempre ficaram muito felizes. E Andy é um cara bem sagaz em como operar a parte de impostos internacionais da empresa. Essas coisas são importantes para uma banda. Certas bandas, como o Maiden, não são guiadas pelo dinheiro, mas, no final das contas, se você está trabalhando tão duro como eles estão, vai querer a recompensa justa por isso. E nós garantimos que assim seja.

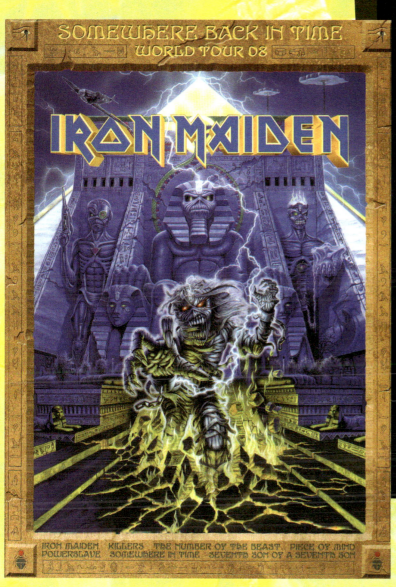

Uma releitura cinematográfica da arte de *Powerslave*.
COLEÇÃO DE DAVE WRIGHT

31 DE JULHO, 2008 |
A 19ª edição do festival Wacken Open Air acontece de 30 de julho a 2 de agosto. O Iron Maiden se apresenta, tornando-se a maior banda que já tocou no festival.

225

2 MINUTES TO MIDNIGHT

2 DE AGOSTO, 2008

Adrian Smith tem uma guitarra Jackson roubada durante uma pausa na turnê grega.

Adrian, no Verizon Wireless Amphitheatre, em Irvine, Califórnia, 31 de maio de 2008.
COLEÇÃO DO AUTOR

2009

10-22 DE FEVEREIRO, 2009

O Maiden leva a turnê *Somewhere Back in Time* para a Sérvia, Dubai, Emirados Árabes (pela segunda vez tocando no Desert Rock Festival), Índia e Nova Zelândia.

25 DE FEVEREIRO-9 DE ABRIL, 2009

A turnê *Somewhere Back in Time* visita novamente a América Latina, agora com a maior passagem da história da banda pela América do Sul.

15 DE MARÇO, 2009

A turnê chega a São Paulo, atingindo o maior público em um show do Maiden fora de festivais, com 63 mil pessoas.

21 DE ABRIL, 2009

A Banger Films, em conjunto com a banda, lança o documentário *Flight 666*, que registra a turnê *Somewhere Back in Time*, onde a banda, a equipe e todo o equipamento viajaram em uma única aeronave, pilotada parte do tempo por Bruce Dickinson. A banda batizou o Boeing 757-200 customizado de Ed Force One.

A fantástica homenagem cinematográfica de Sam Dunn e Scot McFadyen à volta ao mundo do Maiden.
COLEÇÃO DE DAVE WRIGHT

22 DE MAIO, 2009

A banda lança, no Reino Unido, um álbum ao vivo chamado *Flight 666*, em comemoração ao documentário.

9 DE JUNHO, 2009

Data de lançamento nos EUA do disco ao vivo *Flight 666*.

13 DE JULHO, 2009

A versão em vídeo de *Flight 666* recebe discos de ouro e platina no mesmo dia.

O Eddie futurista de *The Final Frontier*.
COLEÇÃO DO AUTOR

25 DE AGOSTO, 2009

Adrian Smith, que é fanático por pesca, ilustra a capa da revista *Angler's Mail*.

DEZEMBRO, 2009 |
A banda escreve e grava algumas coisas em Paris, em uma espécie de ensaio para as sessões formais nas Bahamas, que se tornariam o próximo álbum, *The Final Frontier*.

OS ANOS 2010

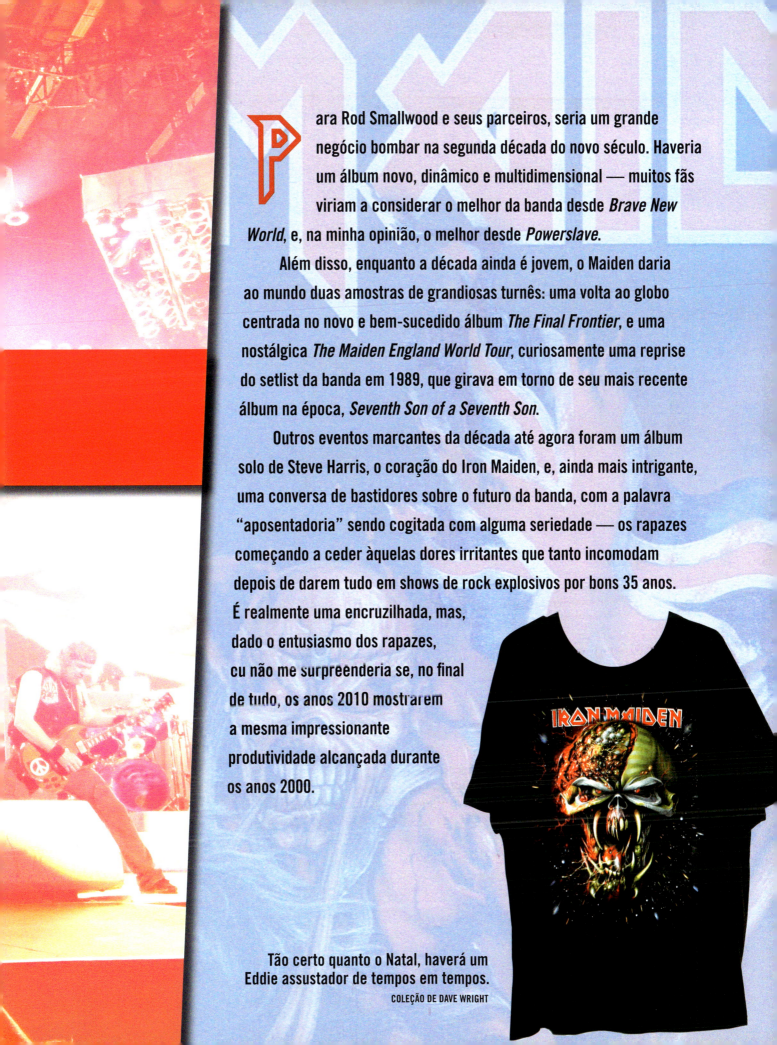

Para Rod Smallwood e seus parceiros, seria um grande negócio bombar na segunda década do novo século. Haveria um álbum novo, dinâmico e multidimensional — muitos fãs viriam a considerar o melhor da banda desde *Brave New World*, e, na minha opinião, o melhor desde *Powerslave*.

Além disso, enquanto a década ainda é jovem, o Maiden daria ao mundo duas amostras de grandiosas turnês: uma volta ao globo centrada no novo e bem-sucedido álbum *The Final Frontier*, e uma nostálgica *The Maiden England World Tour*, curiosamente uma reprise do setlist da banda em 1989, que girava em torno de seu mais recente álbum na época, *Seventh Son of a Seventh Son*.

Outros eventos marcantes da década até agora foram um álbum solo de Steve Harris, o coração do Iron Maiden, e, ainda mais intrigante, uma conversa de bastidores sobre o futuro da banda, com a palavra "aposentadoria" sendo cogitada com alguma seriedade — os rapazes começando a ceder àquelas dores irritantes que tanto incomodam depois de darem tudo em shows de rock explosivos por bons 35 anos. É realmente uma encruzilhada, mas, dado o entusiasmo dos rapazes, eu não me surpreenderia se, no final de tudo, os anos 2010 mostrarem a mesma impressionante produtividade alcançada durante os anos 2000.

Tão certo quanto o Natal, haverá um Eddie assustador de tempos em tempos.
COLEÇÃO DE DAVE WRIGHT

2 MINUTES TO MIDNIGHT

Um Paul Di'Anno mais gordinho ouve um pedido do público. Vai atendê-lo em breve.
© DAVE WRIGHT

2010

2010 | Paul Di'Anno lança um songbook chamado *The Early Iron Maiden*.

2010 | Adrian Smith grava o vocal principal de "Reach Out" em *Guitars, Beers & Tears*, um álbum solo de Dave "Bucket" Colwell, do Bad Company.

11 DE JANEIRO-1º DE MARÇO, 2010 | O Maiden grava o que iria se tornar *The Final Frontier*, no Compass Point Studios, nas Bahamas. É a primeira viagem de volta a Nassau desde as gravações de *Powerslave*.

MARÇO, 2010 | A gravação de vocais adicionais e a mixagem de *The Final Frontier* acontecem na Califórnia.

4 DE MARÇO, 2010 | O Maiden anuncia as datas de sua próxima turnê na América do Norte e na Europa.

16 DE MAIO, 2010 | O Maiden perde seu grande amigo Ronnie James Dio para o câncer. A banda estava agendada para tocar em algumas datas com o Black Sabbath reformulado, rebatizado como *Heaven and Hell*.

28 DE MAIO, 2010 | Depois de oito anos no ar, o *Bruce Dickinson's Friday Rock Show* tem seu último episódio transmitido pela rádio BBC.

8 DE JUNHO, 2010 | A banda lança a faixa "El Dorado", como um single prévio, com download gratuito, do futuro álbum *The Final Frontier*. A música rende ao Maiden o seu primeiro Grammy, na categoria de Melhor Performance de Metal (2011). No mesmo dia, a banda revela o nome de todas as músicas do disco e a arte da capa.

9 DE JUNHO-20 DE JULHO, 2010 | O Maiden estreia a primeira parte de sua turnê mundial para promover *The Final Frontier* na América do Norte, com o Dream Theater abrindo todos os shows, menos o de Winnipeg.

OS ANOS 2010

13 DE JULHO, 2010

O Maiden lança seu único videoclipe de *The Final Frontier*, a música de abertura "Satellite 15… the Final Frontier".

Nos anos mais recentes, Bruce passou a maneirar nas fantasias, apostando em uma indumentária mais casual.
COLEÇÃO DO AUTOR

BRUCE DICKINSON:

É um disco bem interessante, heterogêneo, e há muita coisa acontecendo nele. É longo, com uma hora e quinze minutos. Acho que é um disco rico pra caramba, bem diferente. Mas nós realmente não analisamos nada até começarmos a falar com jornalistas, para ser sincero. Tem algumas coisas bem incomuns nele. Acho que é a faixa de abertura… eu não vou dizer que vai chocar, mas é bem diferente. Vamos ver. De qualquer forma, você pode colocar dez pessoas num pub discutindo músicas do Iron Maiden, e elas terão dez opiniões diferentes sobre isso ou aquilo. (*The Aquarian Weekly*, 2010)

Dave e Steve no San Manuel Amphitheater, em San Bernardino, Califórnia, 19 de junho de 2010.
COLEÇÃO DO AUTOR

30 DE JULHO-21 DE AGOSTO, 2010

A segunda parte da turnê mundial *The Final Frontier World Tour* cobre a Europa.

4-7 DE AGOSTO, 2010

Acontece o 21º festival Wacken Open Air, apresentando Alice Cooper, Iron Maiden, Mötley Crüe e Slayer como as maiores atrações.

231

2 MINUTES TO MIDNIGHT

JORNALISTA DOM LAWSON:

Sem dúvida, a mais vanguardista e extravagante produção do Maiden acabou gerando dissidentes entre os fãs mais hardcore, que, apesar de todas as nostálgicas turnês e oportunidades de ouvir aquelas antigas e abençoadas músicas, não ficarão satisfeitos até Martin Birch ser resgatado da aposentadoria e Eddie voltar para "Acacia Avenue". Mas este álbum não tem a intenção de apaziguar ninguém além dos homens que o criaram, e com músicas como "Isle of Avalon" e "Where the Wild Wind Blows", o Maiden está orgulhosamente proclamando a determinação sem limites que lhe permitiu sobreviver com a dignidade intacta depois de tantos anos de serviço ativo. "Isle of Avalon" é seguramente filha de Adrian Smith, com seu repique, acordes leves e tentadores, que crescem lentamente. Mas é também a sublime demonstração de uma habilidade vocal (Dickinson) que não envelhece, quando o colossal refrão surge em meio a longos trechos de um elegante e poderoso metal progressivo, que parece zombar do conceito de que o Maiden estaria engessado. Da mesma forma, "When the Wild Wind Blows", uma composição de Steve Harris, dos segundos iniciais até o belo desfecho, contém traços familiares o suficiente, durante seus engenhosamente pungentes 11 minutos de duração, para prover uma conexão com o passado enquanto ainda empurra o Maiden adiante, para um território cheio de atmosfera e harmonia, que é novo para a banda e também será para os fãs. Com semelhantes atos de bravura surgindo durante os surtos galopantes de "Starblind", os contos de bravos piratas de "The Talisman", e as lindas mudanças de tangência e dinâmica de "The Man Who Would Be King", tudo está bem longe de soar como um último capítulo de uma grande saga. Em vez disso, de todos esses rumores de que este seria o último álbum do Maiden e outras bobagens especulativas do tipo, *The Final Frontier* soa como uma pedra fundamental para mais alguns anos de vida, e, muito provavelmente, ainda mais aventuras criativas por vir. Não vai agradar a todos, nem deveria. Os shows do Maiden continuam sendo uma celebração do passado e do presente, porém apropriados para um álbum adornado com aquela imagem que rompe os limites da galáxia, este é um vislumbre emocionante e muito gratificante de um novo futuro para a banda de metal favorita de todos nós. (*BraveWords.com*, 2010)

Esta ideia diferente para camiseta aposta no visual de quadrinhos de sci-fi.
COLEÇÃO DE DAVE WRIGHT

Janick Gers: sempre vestido de Iron Maiden.
COLEÇÃO DO AUTOR

13-18 DE AGOSTO, 2010

O Maiden lança seu décimo-quinto álbum de estúdio, *The Final Frontier*, escalonando o lançamento mundial por cinco dias. O disco chegou ao quarto lugar na lista da *Billboard*. O título do álbum flerta com a ideia de que este possa ser o último do Maiden, com Steve dizendo em algum momento que 15 álbuns de estúdio era uma vitória e tanto.

16 DE SETEMBRO, 2010

Bruce é contratado como diretor de marketing da hoje extinta companhia aérea Astraeus.

27 DE OUTUBRO, 2010

A música "Coming Home", do *The Final Frontier*, é lançada como um single para as rádios, em versão editada.

OS ANOS 2010

Uma camiseta clássica com temas japoneses,
para um show na Saitama Super Arena,
que acabou cancelado.
COLEÇÃO DE DAVE WRIGHT

2011

11 DE FEVEREIRO-17 DE ABRIL, 2011

A terceira parte da turnê do *The Final Frontier* acontece na Ásia e na América do Sul, e é chamada (ao menos informalmente) de *Around the World in 66 Days Tour*.

11 DE MARÇO, 2011 |

Paul Di'Anno é condenado à prisão por fraude tributária, mas cumpre só dois dos nove meses de sentença.

6 DE MAIO, 2011 |

Ian Gillan e Tony Iommi lançam o single beneficente "Who Cares". O baterista é Nicko.

28 DE MAIO-6 DE AGOSTO, 2011

A quarta e última parte da turnê para promover *The Final Frontier* é uma longa perna europeia.

JUNHO, 2011 |

Bruce é destaque em um vídeo da Autoridade de Aviação Civil britânica sobre segurança no transporte de carga.

6 DE JUNHO, 2011

A EMI lança a coletânea *Fear to Eternity: The Best of 1990-2010* em CD duplo, que chega ao 86º lugar na *Billboard*. Músicas da época de Blaze Bayley são apresentadas em formato ao vivo, com Bruce Dickinson fazendo os vocais.

19 DE JUNHO, 2011

A Queen Mary College presenteia Bruce Dickinson com um doutorado honorário em música.

25 DE SETEMBRO, 2011

A banda de metalcore Rise to Remain lança seu álbum de estreia, *City of Vultures*. O vocalista da banda é o filho mais velho de Bruce Dickinson, Austin.

E hoje, Dave é quem está vestido de Iron Maiden.
© TREVOR SHAIKIN

233

2 MINUTES TO MIDNIGHT

31 DE OUTUBRO-18 DE NOVEMBRO, 2011

Nicko ministra uma série de workshops de bateria patrocinados pela Premier. Chamado *An Evening with Nicko*, o evento engloba sete datas na Alemanha e no Reino Unido.

10 DE DEZEMBRO, 2011

Bruce divide o palco com Ian Anderson, do Jethro Tull, e Justin Hayard, do Moody Blues, no festival Canterbury Rocks, um evento para angariar fundos para a reforma da Catedral de Cantuária.

2012

2 DE JANEIRO, 2012

O novo projeto paralelo de Adrian Smith, Primal Rock Rebellion, lança, para download gratuito, seu primeiro single: "I See Lights". Em seguida, a banda lança o videoclipe da música "No Place Like Home" em seu website oficial, no dia 26 de janeiro.

ADRIAN SMITH SOBRE A FORMAÇÃO DA BANDA:

A coisa meio que evoluiu. Conheci Mikee Goodman há cinco ou seis anos. Eu o vi tocando com uma banda chamada SikTh, e fiquei bem impressionado. Acabei escrevendo com ele, mas eu não sabia que isso iria virar um álbum. Se muito, era para ser algo solo dele, comigo produzindo e compondo, mas tudo acabou se tornando um projeto conjunto. A coisa apenas cresceu, de verdade. É bem 50/50. Quando conheci Mikee, eu tinha algumas músicas. A primeira foi "Savage World" e também "Search for Bliss". As duas estão no álbum. Eu tinha feito apenas umas demos simples, e queria ver o que o Mikee iria fazer. E achei o que ele fez bem interessante. Ele não é um vocalista convencional, e achei o seu estilo de voz bem interessante. Achei que poderia haver alguma coisa ali, então fui atrás. (*BraveWords.com*, 2012)

Trabalhadores de uma banda batalhadora: em uma época sem vendas de álbuns, fazer turnês garante o leite das crianças.
© TREVOR SHAIKIN

9 DE JANEIRO, 2012

Blaze Bayley, depois de anos com sua conceituada banda (Blaze), reestrutura o Wolfsbane, na qual estava antes de entrar para o Maiden, e lança um álbum chamado *Wolfsbane Saves the World*.

OS ANOS 2010

2 DE FEVEREIRO, 2012

A convite do capitão, Bruce passa três noites em um submarino nuclear britânico.

27 DE FEVEREIRO, 2012

O Primal Rock Rebellion lança seu álbum de estreia, *Awoken Broken*.

Luzes, pirotecnia, ação!
© TREVOR SHAIKIN

ADRIAN SMITH:

Ele tem vida própria. Eu tinha duas músicas, e aí não fizemos mais nada por cerca de um ano. Saí em turnê com o Maiden, e então fizemos mais algumas músicas. Aí eu viajei de novo. Por isso, ele ficou alguns anos sendo feito. Foi apenas depois que saímos com essas quatro músicas que tivemos alguma reação das pessoas. Primeiro queríamos um EP, mas a gravadora acabou nos dando sinal verde para fazer um álbum completo. Tivemos então que nos sentar e compor mais umas seis ou oito músicas. Foi assim que o corpo do disco surgiu. É um território novo para o Mikee. Quando eu o vi com sua banda anterior, ele cuidava dos vocais mais extremos, e eles tinham outro cara que fazia os vocais melódicos. Acho que Mikee queria, possivelmente, fazer algo mais melódico. Eu com certeza queria. Gosto desse novo estilo de metal, com riffs bem pesados, e as guitarras abaixo do tom. Gosto de ouvir um pouco de melodia nas coisas que escuto, então essa era a ideia – fazer música pesada com refrões memoráveis... tipo um musical. Coloquei o Mikee numa direção diferente, e o encorajei a cantar mais melodicamente e a escrever melodias. Ele sabe bem como escrever boas melodias. Não é o que ele cresceu ouvindo, pois é mais jovem do que eu, então ele provavelmente cresceu ouvindo Korn e Pantera. Já eu, eu vim de Purple, Sabbath e Beatles. Então, temos uma formação musical diferente, e isso dá uma mistura interessante. (*BraveWords.com*, 2012)

2 MINUTES TO MIDNIGHT

23 DE MARÇO, 2012

O Maiden lança um álbum e um DVD ao vivo chamado *En Vivo!*.

1º DE MAIO, 2012

Bruce abre uma empresa de manutenção aeronáutica no País de Gales, chamada Cardiff Aviation Ltd.

11 DE MAIO, 2012

En Vivo! recebe discos de ouro e platina no mesmo dia.

JORNALISTA AARON SMALL:

Digitalmente filmado há cerca de 1 ano, no dia 10 de abril de 2011, *En Vivo!* é o Iron Maiden no seu melhor. Se alimentando de 50 mil fãs extasiados em Santiago, Chile, durante a *The Final Frontier World Tour*, a banda entrega um show magnífico, com 17 músicas, capturadas por 22 fantásticas câmeras HD, além de uma OctoCam voadora, que oferece incríveis imagens aéreas. Tanto as imagens em tela cheia como dividida são utilizadas para permitir o máximo de exposição, resultando em um espectador grudado na tela. Aos 53 anos, o *frontman* Bruce Dickinson corre e pula no gigantesco palco com a agilidade de um homem com a metade de sua idade – ao mesmo tempo que mostra uma impecável performance vocal. E, para o puro deleite da multidão fanática dentro do Estadio Nacional, não um, mas dois Eddies surgem durante o show de duas horas. E isso é só o disco 1...
(*BraveWords.com*, 2012)

NICKO MCBRAIN SOBRE O ESTADO ATUAL DO MAIDEN:

Steve e eu nos mantemos firmes no que fazemos. Ter três guitarristas nos dá um som mais cheio, e eles são músicos fantásticos. Às vezes acho que eles são educados demais na hora de dividir os solos. Nos divertimos muito. Após tantos anos, não há egos nessa banda. Nossa competição é dentro de casa. Quando vamos fazer um disco, não falamos sobre o disco anterior ou o que vamos fazer diferente. Nosso álbum favorito é aquele no qual estamos trabalhando.

28 DE MAIO, 2012

The Number of the Beast é escolhido em uma pesquisa da HMV o disco favorito do público britânico lançado durante os 60 anos de reinado da rainha Elizabeth até o momento.

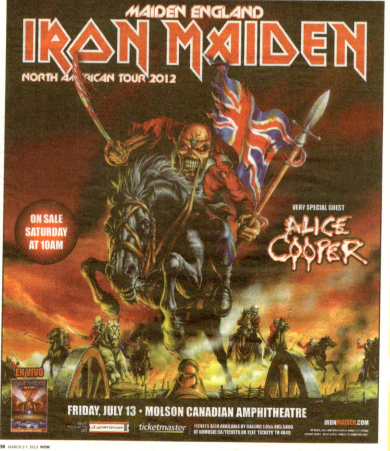

Ter Alice Cooper abrindo os shows adicionou muito ao primeiro mês da turnê *Maiden England*.

COLEÇÃO DO AUTOR

Nosso querido líder, 13 de julho de 2012, Molson Amphitheatre, Toronto.
© TREVOR SHAIKIN

STEVE HARRIS SOBRE OS RIGORES DE SE ESTAR COM O MAIDEN:

Não sei se conseguiremos mais dez anos, mas creio que certamente mais cinco ainda temos pela frente, é difícil dizer. Conforme você envelhece, fica duas vezes mais difícil se manter em forma e preparado. Trabalhamos duro, de verdade, fazendo isso. É importante para nós. Estaríamos enganando a nós mesmos e a todo mundo se não fosse assim, então buscamos nos cuidar. Mas fica mais difícil a cada ano. Eu já não jogo tanto futebol, mas jogo bastante tênis. (*The Quietus*, 2012)

21 DE JUNHO-18 DE AGOSTO, 2012

O Maiden começa a *Maiden England*, cobrindo os EUA e o Canadá. A abertura é de Alice Cooper.

28-29 DE AGOSTO, 2012

O jogo de videogame *Rock Band Blitz* é lançado, incluindo uma versão tocável de "The Wicker Man".

A bela arte de capa do primeiro disco solo de Steve Harris.
COLEÇÃO DE DAVE WRIGHT

25 DE SETEMBRO, 2012

A EMI lança *British Lion*, o primeiro trabalho solo de Steve Harris.

10 DE OUTUBRO, 2012

Bruce faz um discurso motivacional (e canta!) como um dos palestrantes em uma conferência da IBM em Estocolmo.

15 DE OUTUBRO, 2012

A EMI começa uma campanha de relançamentos em ordem cronológica, em picture discs de vinil, com os primeiros lançamentos sendo *Iron Maiden* e *Killers*.

STEVE HARRIS:

Ele passou um bom tempo sendo construído. Já tem anos, é uma coisa que tenho com caras que conheço há um tempão, então não é um projeto com estranhos. Conheço essa turma há muito, muito tempo. Acho que desde cerca dos anos 90. Havia uma banda. Eu estava tentando ajudá-la na época, e rebatizei a coisa como British Lion. Eu estava produzindo eles, empresariando, escrevi músicas com eles sem que ninguém soubesse. Até mesmo alguns caras da banda não sabiam que eu estava envolvido desse jeito. Até que tudo implodiu, infelizmente. Pensei que a partir daí deveria fazer algo com isso algum dia, afinal, eu achava que algumas daquelas músicas eram ótimas, precisavam ver a luz do dia. E foi isso, enfim. O vocalista da banda, Ritchie Taylor, eu mantive contato com ele, e também com Grahame Leslie, o guitarrista. Então nos reunimos com David Hawkins, o guitarrista que conheci através do Ritchie, e começamos a trabalhar em outras músicas, e tudo foi evoluindo a partir daí. Foi assim que tudo surgiu. Mas demorou uma eternidade para tudo realmente sair. A quarta música, eu acho, "Us Against the World", é provavelmente a que mais lembra o Maiden. "A World Without Heaven" tem o tipo de guitarras harmônicas que parecem um pouco com Maiden para mim. Mas a maioria das coisas eu realmente acho que não são similares. Claro, o meu estilo de tocar baixo é o que é. Tentei coisas diferentes em algumas músicas, coisas que eu normalmente não tenho chance com o Maiden. Não que eu não tenha a chance. Quando fazemos Maiden, é algo completamente diferente. Sabe, eu prefiro trabalhar assim, quando você separa um período de tempo. Mas isso foi feito em partes e pedaços, épocas distintas, por isso tentei buscar um som diferente em músicas diferentes, e acho que tudo saiu muito bem. Mas ainda acho que se parece comigo. Não tento me distanciar de nada, na verdade. Eu estava abordando as músicas da forma como achava que elas deveriam ser abordadas. E as músicas são meio orgânicas. Essa é a palavra que todo mundo usa hoje em dia, mas elas vieram bem naturalmente, mesmo. Apesar de que, certas vezes, não era muito natural gravá-las. Mas eu acho que o resultado final é um álbum muito coeso. Ele não se parece com um álbum de recortes, de forma alguma. E já foi provado pra mim que, se você... porque eu sempre trabalhei com o Maiden como se a gente tivesse períodos de tempo, mas já me foi provado que, hoje em dia, você pode ir em uma direção cênica completamente diferente, e ainda assim conseguir um grande resultado. (*Brave Words.com*, 2012)

2013

2013

O Iron Maiden se aposenta, ou...

ROD SMALLWOOD:

Conquistar novas praias? Não sei. Acho que já conquistamos o que esperávamos e queríamos. Certamente não temos a intenção de começar a tentar o rádio. Seria uma vergonha ir para o rádio agora, não? Embaraçoso. Faremos um disco que não pode ir ao ar, não consegue espaço nas rádios, com certeza. Não estamos nem aí para as rádios, para ser sincero. Pode usar minha frase nisso. Não é referência para o Maiden, de verdade. Nunca tocamos, e eles nunca nos apoiaram. Sabe, nós vendemos 50 milhões de discos, e nós mantemos, mais que qualquer banda, uma relação muito próxima com nossos fãs, provavelmente maior do que jamais houve de alguma forma no mundo inteiro. Os garotos recebem um imenso afeto e atenção do Maiden. Então, por que deveríamos nos importar com o rádio? Isso vem e volta, e eles mudam de ideia a cada três minutos. É meio chato, na verdade (risos). (*Brave Words & Bloody Knuckles*, 2003)

Bruce vislumbra seu futuro.
© TREVOR SHAIKIN

2 MINUTES TO MIDNIGHT

Paul Di'Anno, no Hard Rock Hell, ouvindo o público cantar junto.
KEVIN NIXON/*METAL HAMMER MAGAZINE*/GETTY IMAGES

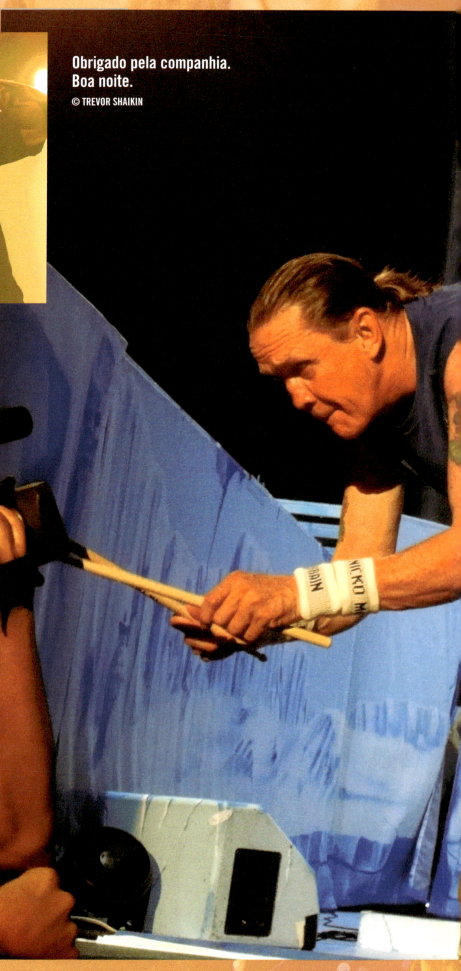

Obrigado pela companhia. Boa noite.
© TREVOR SHAIKIN

12 DE MARÇO, 2013

Clive Burr, um dos primeiros bateristas do Maiden, depois de uma longa batalha contra a esclerose múltipla, morre durante o sono, aos 56 anos.

25 DE MARÇO, 2013

O Iron Maiden relança uma versão expandida de *Maiden England*, de 1989, agora chamada *Maiden England '88*. O original estava disponível apenas em VHS, e agora chega em CD, DVD e LP duplo de vinil.

8 DE ABRIL, 2013

A ex-primeira-ministra inglesa, e há muito tempo inimiga do Maiden, Margaret *Dama de Ferro* Thatcher morre aos 87 anos.

9 DE ABRIL, 2013

O Maiden começa a fabricar a sua própria cerveja premium, a Trooper.

BRUCE DICKINSON:

Dentro dessa carcaça de 53 anos há um garoto de 17. Essa é a essência de se fazer tudo isso. Quando você é um garoto e experimenta algo que te faz sentir "nossa, estou andando nas nuvens". A primeira música que você escreve, suas primeiras experiências, você tem que preservar isso, e proteger do cinismo do mundo, porque o mundo se alimenta das pessoas, e destrói seus sonhos e esperanças. E são essas coisas que as pessoas chamam de infantis, essas são as coisas que na verdade nos motivam e mantêm a nossa criatividade ativa. É essa preciosidade, que mora dentro das pessoas, que, quando é perdida, nos coloca em perigo. (*HARDtalk*, 2012)

Discografia Selecionada

sta discografia foi elaborada para proporcionar certos benefícios e vantagens, enquanto deixa outros de fora: primeiro, eu quis destacar a criatividade real, a composição das letras, então o que temos é basicamente uma discografia dos álbuns de estúdio, com o crédito das letras e o tempo das músicas.

Essencialmente, eu queria um guia para os leitores poderem localizar qual álbum de estúdio contém qual música, além de quem a escreveu. Se você não conhece tal padrão: geralmente o primeiro nome listado é o do autor da música, e o segundo, o do autor da letra. Um nome apenas, bem, aquele cara escreveu a coisa toda. Muitos nomes, foi um trabalho em grupo.

Além disso, continuando o espírito desta minha missão, eu me aventurei em checar os nomes em cada lado B relevante na seção de notas, associado com a época da banda que estivermos discutindo. Ou seja, sem ser muito específico em termos de descrever todos os singles. Há, de fato, um belo apanhado de músicas originais do Maiden e de covers que não foram creditadas propriamente nos discos, e, em termos de criatividade, devem ser mencionadas.

Agora, o que você não tem nesta discografia é uma listagem das músicas de discos ao vivo, coletâneas ou vídeos, ou mesmo explicações gerais sobre relançamentos que a banda fez ao longo dos tempos. Assim como todas as bandas com extensas carreiras, as apresentações ao vivo começam animadas e importantes (*Live After Death*), e então se tornam uma coisa bem menos agitada nos anos seguintes, e é ainda pior com as coletâneas. E, droga, os puristas nem gostam de ver o material de vídeo nas discografias.

E também, visto que estamos apenas listando o título de um monte de músicas, para diminuir a bagunça, suspendi o uso das aspas.

ÁLBUNS DE ESTÚDIO

IRON MAIDEN
Abril de 1980. Produtor: Will Malone

Lado A: 1. Prowler (Harris) 3:55; 2. Remember Tomorrow (Harris, Di'Anno) 5:27; 3. Running Free (Harris, Di'Anno) 3:16; 4. Phantom of the Opera (Harris) 7:20
Lado B: 1. Transylvania (Harris) 4:05; 2. Strange World (Harris) 5:45; 3. Charlotte the Harlot (Murray) 4:12; 4. Iron Maiden (Harris) 3:35

Nota: A versão nos EUA adiciona "Sanctuary" (Harris, Murray, Di'Anno). Os envolvidos no álbum são Paul Di'Anno, Dave Murray, Dennis Stratton, Steve Harris e Clive Burr. Também dessa época são "Burning Ambition" (Harris) e a já mencionada "Sanctuary", assim como "Invasion" e o cover do Skyhooks, "Women in Uniform".

KILLERS
Fevereiro de 1981. Produtor: Martin Birch

Lado A: 1. The Ides of March (Harris) 1:48; 2. Wrathchild (Harris) 2:54; 3. Murders in the Rue Morgue (Harris) 4:14; 4. Another Life (Harris) 3:22; 5. Innocent Exile (Harris) 3:50
Lado B: 1. Killers (Harris, Di'Anno) 4:58; 2. Twilight Zone (Murray, Harris) 2:33; 3. Prodigal Son (Harris) 6:05; 4. Purgatory (Harris) 3:18; 4. Drifter (Harris) 4:47

Nota: O guitarrista Dennis Stratton é substituído por Adrian Smith. Não há nenhuma música original ou cover lançado durante a época de *Killers*.

Salvador Dali como o demônio.
COLEÇÃO DE DAVE WRIGHT

THE NUMBER OF THE BEAST
Março de 1982. Produtor: Martin Birch

Lado A: 1. Invaders (Harris) 3:20; 2. Children of the Damned (Harris) 4:34; 3. The Prisoner (Smith, Harris) 5:34; 4. 22 Acacia Avenue (Smith, Harris) 6:34
Lado B: 1. The Number of the Beast (Harris) 4:25; 2. Run to the Hills (Harris) 3:50; 3. Gangland (Burr, Smith) 3:46; 4. Hallowed Be Thy Name (Harris) 7:08

Nota: O vocalista Paul Di'Anno é substituído por Bruce Dickinson. A única faixa lançada que não está no LP durante esse período foi "Total Eclipse".

PIECE OF MIND
Maio de 1983. Produtor: Martin Birch

Lado A: 1. Where Eagles Dare (Harris) 6:08; 2. Revelations (Dickinson) 6:51; 3. Flight of Icarus (Smith, Dickinson) 3:49; 4. Die with Your Boots On (Smith, Dickinson, Harris) 5:22
Lado B: 1. The Trooper (Harris) 4:10; 2. Still Life (Murray, Harris) 4:37; 3. Quest for Fire (Harris) 3:40; 4. Sun and Steel (Smith, Dickinson) 3:25; 5. To Tame a Land (Harris) 7:26

Nota: O baterista Clive Burr é substituído por Nicko McBrain. Novas faixas desse período que não estão no disco são covers do Montrose, "I Got the Fire", e do Jethro Tull, "Cross-Eyed Mary".

DISCOGRAFIA SELECIONADA

POWERSLAVE
Setembro de 1984. Produtor: Martin Birch

Lado A: 1. Aces High (Harris) 4:31; 2. 2 Minutes to Midnight (Smith, Dickinson) 6:04; 3. Losfer Words (Big 'Orra) (Harris) 4:12; 4. The Duellists (Harris) 6:07
Lado B: 1. Back in the Village (Smith, Dickinson) 5:03; 2. Powerslave (Dickinson) 7:10; 3. Rime of the Ancient Mariner (Harris) 13:40

Nota: Novas faixas dessa época são um cover do Beckett, "Rainbow's Gold", a "discussão" gravada "Mission from 'Arry" (Harris, McBrain) e um cover do Nektar, "King of Twilight".

Piadas internas por todo lugar, cortesia de Derek Riggs: uma capa de disco para ser lida.
COLEÇÃO DE DAVE WRIGHT

SOMEWHERE IN TIME
Setembro de 1986. Produtor: Martin Birch

Lado A: 1. Caught Somewhere in Time (Harris) 7:22; 2. Wasted Years (Smith) 5:06; 3. Sea of Madness (Smith) 5:42; 4. Heaven Can Wait (Harris) 7:24
Lado B: 1. The Loneliness of the Long Distance Runner (Harris) 6:31; 2. Stranger in a Strange Land (Smith) 5:43; 3. Deja-Vu (Murray, Harris) 4:55; 4. Alexander the Great (Harris) 8:35

Nota: Faixas extras desse período são "Sheriff of Huddersfield" (Iron Maiden) e músicas do projeto anterior de Adrian Smith, "Reach Out", "Juanita" e "That Girl".

SEVENTH SON OF A SEVENTH SON
Abril de 1988. Produtor: Martin Birch

Lado A: 1. Moonchild (Smith, Dickinson) 5:39; 2. Infinite Dreams (Harris) 6:09; 3. Can I Play With Madness (Smith, Dickinson, Harris) 3:31; 4. The Evil That Men Do (Smith, Dickinson, Harris) 4:34
Lado B. 1. Seventh Son of a Seventh Son (Harris) 9:53; 2. The Prophecy (Murray, Harris) 5:05; 3. The Clairvoyant (Harris) 4:27; 4. Only the Good Die Young (Harris, Dickinson) 4:42

Nota: Faixas dessa época que não estão no disco são "Black Bart Blues" (Harris, Dickinson) e um cover do Thin Lizzy, "Massacre".

NO PRAYER FOR THE DYING
Outubro de 1990. Produtor: Martin Birch

1. Tailgunner (Harris, Dickinson) 4:15; 2. Holy Smoke (Harris, Dickinson) 3:49; 3. No Prayer for the Dying (Harris) 4:23; 4. Public Enema Number One (Murray, Dickinson) 4:13; 5. Fates Warning (Murray, Harris) 4:12; 6. The Assassin (Harris) 4:35; 7. Run Silent Run Deep (Harris, Dickinson) 4:34; 8. Hooks in You (Smith, Dickinson) 4:08; 9. Bring Your Daughter ... to the Slaughter (Dickinson) 4:45; 10. Mother Russia (Harris) 5:31

Nota: O guitarrista Adrian Smith é substituído por Janick Gers. Os lançamentos dessa época fora do disco são todos covers: "Stray's All in Your Mind", "Golden Earring's Kill Me" do (ce Soir), "I'm a Mover", do Free, e "Communication Breakdown", do Led Zeppelin.

245

DISCOGRAFIA SELECIONADA

A versão britânica em LP duplo de *Fear of the Dark*.
COLEÇÃO DE DAVE WRIGHT

FEAR OF THE DARK

Maio de 1992. Produtor: Martin Birch

1. Be Quick or Be Dead (Gers, Dickinson) 3:24; 2. From Here to Eternity (Harris) 3:38; 3. Afraid to Shoot Strangers (Harris) 3:38; 4. Fear Is the Key (Gers, Dickinson) 5:35; 5. Childhood's End (Harris) 4:40; 6. Wasting Love (Gers, Dickinson) 5:50; 7. The Fugitive (Harris) 4:54; 8. Chains of Misery (Murray, Dickinson) 3:37; 9. The Apparition (Gers, Harris) 3:54; 10. Judas Be My Guide (Murray, Dickinson) 3:08; 11. Weekend Warrior (Gers, Harris) 5:39; 12. Fear of the Dark (Harris) 7:18

Nota: Faixas adicionais ao disco dessa época são a cômica "Nodding Donkey Blues" (Harris, Dickinson, Gers, Murray, McBrain), uma brincadeira com Chuck Berry, "Roll Over Vic Vella", e covers do Montrose, com "Space Station No. 5", e do Budgie, com "I Can't See My Feelings".

The X Factor em LP.
COLEÇÃO DE DAVE WRIGHT

THE X FACTOR

Outubro de 1995. Produtores: Steve Harris e Nigel Green

1. Sign of the Cross (Harris) 11:17; 2. Lord of the Flies (Gers, Harris) 5:03; 3. Man on the Edge (Gers, Bayley) 4:13; 4. Fortunes of War (Harris) 7:23; 5. Look for the Truth (Harris, Gers, Bayley) 5:10; 6. The Aftermath (Harris, Gers, Bayley) 6:20; 7. Judgment of Heaven (Harris) 5:12; 8. Blood on the World's Hands (Harris) 5:57; 9. The Edge of Darkness (Harris, Gers, Bayley) 6:39; 10. 2 A.M. (Harris, Gers, Bayley) 5:37; 11. The Unbeliever (Gers, Harris) 8:10

Nota: Blaze Bayley substitui Bruce Dickinson nos vocais. As faixas extras do disco dessa época são "Justice of the Peace" (Murray, Harris), "I Live My Way" (Harris, Gers, Bayley), "Virus" (Harris, Gers, Murray, Bayley) e os covers "My Generation", do The Who, e "Doctor, Doctor", do UFO.

VIRTUAL XI

Março de 1998. Produtores: Steve Harris e Nigel Green

1. Futureal (Harris, Bayley) 2:55; 2. The Angel and the Gambler (Harris) 9:52; 3. Lightning Strikes Twice (Murray, Harris) 4:50; 4. The Clansman (Harris) 8:59; 5. When Two Worlds Collide (Murray, Bayley, Harris) 6:17; 6. The Educated Fool (Harris) 6:44; 7. Don't Look to the Eyes of a Stranger (Harris) 8:03; 8. Como Estais Amigos (Gers, Bayley) 5:30

BRAVE NEW WORLD

Maio de 2000. Produtor: Kevin Shirley; coproduzido por Steve Harris

1. The Wicker Man (Smith, Harris, Dickinson) 4:35; 2. Ghost of the Navigator (Gers, Harris, Dickinson) 6:50; 3. Brave New World (Murray, Harris, Dickinson) 6:18; 4. Blood Brothers (Harris) 7:14; 5. The Mercenary (Gers, Harris) 4:42; 6. Dream of Mirrors (Gers, Harris) 9:21; 7. The Fallen Angel (Smith, Harris) 4:00; 8. The Nomad (Murray, Harris) 9:06; 9. Out of the Silent Planet (Gers, Harris, Dickinson) 6:25; 10. The Thin Line Between Love & Hate (Murray, Harris) 8:26

Nota: Bruce Dickinson substitui Blaze Bayley nos vocais. Adrian Smith retorna, transformando a banda em um sexteto.

DANCE OF DEATH

Setembro de 2003. Produtor: Kevin Shirley; coproduzido por Steve Harris

1. Wildest Dreams (Smith, Harris) 3:52; 2. Rainmaker (Murray, Harris, Dickinson) 3:48; 3. No More Lies (Harris) 7:21; 4. Montségur (Gers, Harris, Dickinson) 5:50; 5. Dance of Death (Gers, Harris) 8:36; 6. Gates of Tomorrow (Gers, Harris, Dickinson) 5:12; 7. New Frontier (McBrain, Smith, Dickinson) 5:04; 8. Paschendale (Smith, Harris) 8:27; 9. Face in the Sand (Smith, Harris, Dickinson) 6:31; 10. Age of Innocence (Murray, Harris) 6:10; 11. Journeyman (Smith, Harris, Dickinson) 7:06

Nota: Além de versões alternativas, as únicas músicas dessa época que não estão no disco são as *jams* "More Tea Vicar" (Iron Maiden) e "Pass the Jam" (Iron Maiden).

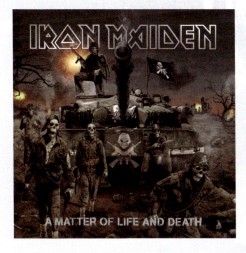

A mais monocromática das capas do Maiden.
COLEÇÃO DE
DAVE WRIGHT

A MATTER OF LIFE AND DEATH

Agosto de 2006. Produtor: Kevin Shirley; coproduzido por Steve Harris

1. Different World (Smith, Harris) 4:17; 2. These Colours Don't Run (Smith, Harris, Dickinson) 6:52; 3. Brighter than a Thousand Suns (Smith, Harris, Dickinson) 8:44; 4. The Pilgrim (Gers, Harris) 5:07; 5. The Longest Day (Smith, Harris, Dickinson) 7:48; 6. Out of the Shadows (Harris, Dickinson) 5:36; 7. The Reincarnation of Benjamin Breeg (Murray, Harris) 7:21; 8. For the Greater Good of God (Harris) 9:24; 9. Lord of Light (Smith, Harris, Dickinson) 7:23; 10. The Legacy (Gers, Harris) 9:20

DISCOGRAFIA SELECIONADA

Apesar da aparente falta de um Eddie clássico, esta é uma relativamente tradicional capa de um disco do Maiden.
COLEÇÃO DE DAVE WRIGHT

THE FINAL FRONTIER

Agosto de 2010. Produtor: Kevin Shirley; coproduzido por Steve Harris

1. Satellite 15... the Final Frontier (Smith, Harris) 8:40; 2. El Dorado (Smith, Harris, Dickinson) 6:49; 3. Mother of Mercy (Smith, Harris) 5:20; 4. Coming Home (Smith, Harris, Dickinson) 5:52; 5. The Alchemist (Gers, Harris, Dickinson) 4:29; 6. Isle of Avalon (Smith, Harris) 9:06; 7. Starblind (Smith, Harris, Dickinson) 7:48; 8. The Talisman (Gers, Harris) 9:03; 9. The Man Who Would Be King (Murray, Harris) 8:28; 10. When the Wild Wind Blows (Harris) 10:59

ÁLBUNS AO VIVO

LIVE!! + ONE EP **(NOVEMBRO, 1980)**
MAIDEN JAPAN EP **(AGOSTO, 1981)**
LIVE AFTER DEATH **(OUTUBRO, 1985)**
A REAL LIVE ONE **(MARÇO, 1993)**

Faça sua escolha: Bruce, Eddie ou algum DJ do inferno aos berros.
COLEÇÃO DE DAVE WRIGHT

A REAL DEAD ONE **(OUTUBRO, 1993)**
LIVE AT DONINGTON **(NOVEMBRO, 1993)**
ROCK IN RIO **(MARÇO, 2002)**
BBC ARCHIVES **(NOVEMBRO, 2002)**
BEAST OVER HAMMERSMITH **(NOVEMBRO, 2002)**
DEATH ON THE ROAD **(AGOSTO, 2005)**
FLIGHT 666 **(MAIO, 2009)**
EN VIVO! **(MARÇO, 2012)**

Ao vivo, o Maiden "passa o rodo" mundo afora.
COLEÇÃO DE DAVE WRIGHT

DISCOGRAFIA SELECIONADA

COLETÂNEAS

Sucessos não apenas dos primeiros 10 anos, esta é a primeira caixa de CDs da banda.
COLEÇÃO DE
DAVE WRIGHT

THE FIRST TEN YEARS (**ABRIL, 1990**)
BEST OF THE BEAST (**SETEMBRO, 1996**)
EDDIE'S HEAD (**DEZEMBRO, 1998**)
ED HUNTER (**JULHO, 1999**)
EDWARD THE GREAT (**NOVEMBRO, 2002**)
EDDIE'S ARCHIVE (**NOVEMBRO, 2002**)
THE ESSENTIAL IRON MAIDEN (**JULHO, 2005**)
SOMEWHERE BACK IN TIME: THE BEST OF 1980–1989 (**MAIO, 2008**)
FROM FEAR TO ETERNITY: THE BEST OF 1990–2010 (**JUNHO, 2011**)

VIDEOGRAFIA

LIVE AT THE RAINBOW (**MAIO, 1981**)
VIDEO PIECES (**JULHO, 1983**)
BEHIND THE IRON CURTAIN (**OUTUBRO, 1984**)
LIVE AFTER DEATH (**OUTUBRO, 1985**)
12 WASTED YEARS (**OUTUBRO, 1987**)
MAIDEN ENGLAND (**NOVEMBRO, 1989**)
THE FIRST TEN YEARS: THE VIDEOS (**NOVEMBRO, 1990**)
DONINGTON LIVE 1992 (**NOVEMBRO, 1993**)

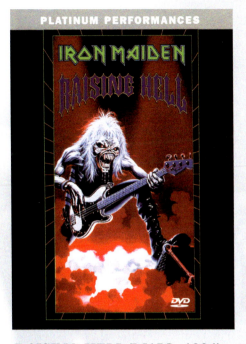

Ao dizermos adeus, perguntamos mais uma vez: seria Steve, na verdade, uma encarnação do Eddie?
COLEÇÃO DE
DAVE WRIGHT

RAISING HELL (**MAIO, 1994**)
CLASSIC ALBUMS: THE NUMBER OF THE BEAST (**DEZEMBRO, 2001**)
ROCK IN RIO (**JULHO, 2002**)
VISIONS OF THE BEAST (**JUNHO, 2003**)
THE EARLY DAYS (**NOVEMBRO, 2004**)
DEATH ON THE ROAD (**AGOSTO, 2005**)
FLIGHT 666 (**MAIO, 2009**)
EN VIVO! (**MARÇO, 2012**)
MAIDEN ENGLAND '88 (**MARÇO, 2013**)

FONTES

ENTREVISTAS COM O AUTOR

Nota: As citações no livro que não estão creditadas ao longo do texto são todas resultado das seguintes entrevistas com o autor:

Bayley, Blaze, 1998.

Bayley, Blaze, 8 de março de 2003.

Byford, Biff, 11 de outubro de 2011.

Di'Anno, Paul, 19 de novembro de 2000.

Di'Anno, Paul, 15 de outubro de 2001.

Di'Anno, Paul, 21 de abril de 2006.

Dickinson, Bruce, 1998.

Dickinson, Bruce, 11 de setembro de 2001.

Dickinson, Bruce, 10 de fevereiro de 2002.

Dickinson, Bruce, 3 de agosto de 2003.

Gers, Janick, 1º de agosto de 2000.

Harris, Steve, 13 de outubro de 1995.

Kay, Neal, 2010.

Murray, Dave, agosto de 2005.

Riggs, Derek, 13 de dezembro de 2005.

Riggs, Derek, 23 de março de 2006.

Riggs, Derek, 7 de abril de 2006.

Riggs, Derek, 8 de abril de 2006.

Smallwood, Rod, outubro de 2005.

Smith, Adrian, agosto de 2000.

Smith, Adrian, 1º de agosto de 2000.

Snider, Dee, 1º de agosto de 2006.

Stratton, Dennis, 2010.

Z, Roy, 6 de janeiro de 2000.

FONTES ADICIONAIS

Nota: As citações no livro que estão creditadas ao longo do texto, ou seja, entre parênteses ao final da declaração, são originárias das seguintes fontes:

Andrews, Rob. "Iron Maiden: British Bashers Prove They Are Kings of the Heavy Metal Heap." *Hit Parader* 243 (dezembro de 1984).

Beal, Jim Jr. "Passion is What Keeps Iron Maiden on the Road." *San Antonio Express-News* (15 de agosto de 2012).

Begai, Carl. "Iron Maiden: Do You Wanna Dance?" *Brave Words & Bloody Knuckles* 73 (outubro de 2003).

Begai, Carl. "Welcome Back to a Scary Metal Record!" *Brave Words & Bloody Knuckles* 17 (abril/maio de 1997).

Collingwood, Chris. "Stab Your Back." *Sounds* (10 de maio de 1980).

Cummings, Winston. "Quest of Honor." *Hit Parader* 259 (abril de 1986).

Doran, John. "Iron Lion Scion: Steve Harris Interviewed by John Doran." *The Quietus* (15 de outubro de 2012).

Ewing, Jerry. "Meet the New Band ..." *Metal Hammer* 75 (junho de 2000).

Henderson, Tim. "A 'Dark' Return for the Masters of 'Fear'-ful Metal!" *M.E.A.T.* 33A (junho de 1992).

Henderson, Tim. "Bruce Dickinson: I Quite Like Being a Cult Phenomenon." *Brave Words & Bloody Knuckles* 90 (2005).

Henderson, Tim. Dance of Death review. *Brave Words & Bloody Knuckles* 73 (outubro de 2003).

Henderson, Tim. "Hallowed Be Thy Name!" *Brave Words & Bloody Knuckles* 41 (julho de 2000).

Henderson, Tim. "Steve Harris Talks to BraveWords.com About British Lion." *BraveWords.com* (27 de setembro de 2012).

Henderson, Tim. "The Man Behind Eddie's Mask." *Brave Words & Bloody Knuckles* 66 (janeiro de 2003).

Holloway, Alan. "Nicko's Virtual Reality." *Hard Roxx* 38 (dezembro de 1998).

Honey, Matthew. "Iron Maiden Interview." *Hard Roxx* 31 (maio de 1998).

Irwin, Colin. "Eddie, the Maiden, and the Rue Morgue." *Melody Maker* (4 de abril de 1981).

Lafon, Mitch. "Iron Maiden's Adrian Smith Talks Primal Rock Rebellion." *BraveWords.com* (12 de julho de 2012).

Lang, Dave. "The Song Remains the Same?!" *Metal Hammer* 49 (abril de 1998).

Lawson, Dom. *The Final Frontier* review. *BraveWords.com* (agosto de 2010).

Masters, Drew. "M.E.A.T.'s Choice Cut of the Month: Iron Maiden." *M.E.A.T.* 17 (outubro de 1990).

Masters, Drew. "Metal on the Rise: Iron Maiden." *M.E.A.T.* 42 (maio de 1993).

Millar, Robbi. Iron Maiden/Praying Mantis concert review. *Juke* (5 de dezembro de 1981).

Millar, Robbi. *Live After Death* record review. *Sounds* (12 de outubro de 1985).

Montague, Sarah. Interview with Bruce Dickinson. *HARDtalk* (28 de maio de 2012).

No Prayer for the Dying record review. *Circus* (30 de novembro de 1990).

O'Neill, Lou Jr. "Partying the Night Away with Iron Maiden." *Circus* 389 (31 de julho de 1992).

FONTES

Reesman, Bryan. "Kevin Shirley." *Mix* (1º de março de 2002).

Reynolds, Dave. "The Maiden's Prayer." *Kerrang!* 320 (dezembro de 1990).

Secher, Andy. "Iron Maiden: Exclusive Steve Harris Interview." *Hit Parader* 231 (dezembro de 1983).

Sharp, Keith. "Iron Maiden: Adding a Bit of Character." *Music Express* 69 (junho de 1983).

Sharp, Keith. "Maiden Drummer Beats 'Looney' Tag." *Music Express* 73 (novembro de 1983).

Silver, Dan. "We're Better Musicians than Metallica, We're Better Players than They Are." *Metal Hammer* 62 (maio de 1999).

Simmons, Sylvie. "Last of the Summer Whine." *Sounds* (26 de setembro de 1981).

Slevin, Patrick. "Interview with Iron Maiden: Conquered Earth; Next, the Final Frontier." *Aquarian Weekly*, (8 de julho de 2010).

Sledge, The. "Bruce Dickinson: Tattooed Millionaire." *M.E.A.T.* 11 (abril de 1990).

Small, Aaron. *En Vivo!* review. *BraveWords.com* (março de 2012).

Smith, Monty. *The Number of the Beast* record review. *New Musical Express* (3 de abril de 1982).

Smith, Robin, Rosalind Russell, Malcolm Dome, and Brian Harrigan. "A-Z of Heavy Metal." *Record Mirror* (1º de março de 1980).

Spencer, M.R. "Iron Maiden: The Ugly Face of Rock?" *Sounds* (12 de outubro de 1985).

Sutherland, Jon. *The Number of the Beast* record review. *Record Review* (agosto de 1982).

Sobre o Autor

Martin Popoff já foi descrito como "o mais famoso jornalista de heavy metal do mundo". Com quase 8.000 resenhas de discos (mais de 7 mil publicadas em seus livros), Popoff, extraoficialmente, já escreveu mais resenhas do que qualquer outra pessoa na história do jornalismo musical, em todos os gêneros. Além disso, publicou mais de 40 livros sobre hard rock, heavy metal, classic rock e colecionismo musical. Foi editor-chefe da hoje extinta revista *Brave Words & Bloody Knuckles*, a mais famosa publicação de metal do Canadá, e também contribuiu para a *Revolver*, *Guitar World*, *Goldmine*, *Record Collector*, *BraveWords.com*, *Lollipop.com* e *HardRadio.com*, assim como para muitas gravadoras, escrevendo biografias de bandas. Trabalhou por dois anos como pesquisador do premiado documentário *Rush: Beyond the Lighted Stage*, assim como do *Metal Evolution*. É autor do gráfico de gêneros do metal usado em *Metal: A Headbanger's Journey*, e de episódios do *Metal Evolution*.

Nascido em 28 de abril de 1963, em Castlegar, Colúmbia Britânica, Canadá, Martin cursou MBA e foi sócio de uma empresa de design gráfico, antes de se tornar crítico de rock em tempo integral, em 1998.

Gillan, Max Webster e ZZ Top são suas três bandas favoritas de todos os tempos. Atualmente, Martin mora em Toronto e pode ser encontrado pelo e-mail martinp@inforamp.net ou pelo site www.martinpopoff.com.

Bibliografia Completa de Martin Popoff

2 Minutes to Midnight: An Iron Maiden Day-by-Day (2013)

Rush: The Illustrated History (2013)

Scorpions: Top of the Bill (2013)

Epic Ted Nugent (2012)

Fade to Black: Hard Rock Cover Art of the Vinyl Age (2012)

It's Getting Dangerous: Thin Lizzy 81–12 (2012)

We Will Be Strong: Thin Lizzy 76–81 (2012)

Fighting My Way Back: Thin Lizzy 69–76 (2011)

The Deep Purple Royal Family: Chain of Events '80–'11 (2011)

The Deep Purple Royal Family: Chain of Events Through '79 (2011)

Black Sabbath FAQ (2011)

The Collector's Guide to Heavy Metal: Volume 4: The '00s (2011; em coautoria com David Perri)

Goldmine Standard Catalog of American Records 1948–1991, 7ª edição (2010)

Goldmine Record Album Price Guide, 6ª edição (2009)

Goldmine 45 RPM Price Guide, 7ª edição (2009)

A Castle Full of Rascals: Deep Purple '83–'09 (2009)

SOBRE O AUTOR

Worlds Away: Voivod and the Art of Michel Langevin (2009)

Ye Olde Metal: 1978 (2009)

Gettin' Tighter: Deep Purple '68–'76 (2008)

All Access: The Art of the Backstage Pass (2008)

Ye Olde Metal: 1977 (2008)

Ye Olde Metal: 1976 (2008)

Judas Priest: Heavy Metal Painkillers (2007)

Ye Olde Metal: 1973 to 1975 (2007)

The Collector's Guide to Heavy Metal: Volume 3: The Nineties (2007)

Ye Olde Metal: 1968 to 1972 (2007)

Run For Cover: The Art of Derek Riggs (2006)

Black Sabbath: Doom Let Loose (2006)

Dio: Light Beyond the Black (2006)

The Collector's Guide to Heavy Metal: Volume 2: The Eighties (2005)

Rainbow: English Castle Magic (2005)

UFO: Shoot Out the Lights (2005)

The New Wave of British Heavy Metal Singles (2005)

Blue Oyster Cult: Secrets Revealed! (2004)

Contents Under Pressure: 30 Years Of Rush At Home & Away (2004)

The Top 500 Heavy Metal Albums of All Time (2004)

The Collector's Guide to Heavy Metal: Volume 1: The Seventies (2003)

The Top 500 Heavy Metal Songs of All Time (2003)

Southern Rock Review (2001)

Heavy Metal: 20th Century Rock and Roll (2000)

The Goldmine Price Guide to Heavy Metal Records (2000)

The Collector's Guide to Heavy Metal (1997)

Riff Kills Man! 25 Years of Recorded Hard Rock & Heavy Metal (1993)